扬州大学大运河文库
扬州大学中国大运河研究院科研项目

扬州运河谈

李智 著

河海大学出版社
HOHAI UNIVERSITY PRESS
·南京·

图书在版编目（CIP）数据

扬州运河谈 / 李智著. -- 南京：河海大学出版社，
2024. 8. -- ISBN 978-7-5630-9134-8

Ⅰ. K928.42

中国国家版本馆CIP数据核字第2024AB7324号

书　　名 / 扬州运河谈
YANGZHOU YUNHE TAN
书　　号 / ISBN 978-7-5630-9134-8
责任编辑 / 齐　岩
特约编辑 / 胡　媛
特约校对 / 董　瑞
装帧设计 / 刘昌凤
出版发行 / 河海大学出版社
地　　址 / 南京市西康路1号（邮编：210098）
电　　话 / （025）83737852（总编室）
　　　　　 （025）83722833（营销部）
经　　销 / 全国新华书店
印　　刷 / 三河市元兴印务有限公司
开　　本 / 880毫米×1230毫米　1/32
印　　张 / 9.375
字　　数 / 217千字
版　　次 / 2024年8月第1版
印　　次 / 2024年8月第1次印刷
定　　价 / 98.00元

谨以此书

献给中国大运河申遗成功十周年

序言

　　记得2007年9月在扬州举办的首届世界运河名城博览会和世界运河名城市长论坛上，时任中国文化部部长的孙家正在主旨发言中讲过，"大运河之于运河城市来说，不是生母，便是乳娘"。这个比喻生动地反映了城市城镇和运河相互依存、相互成就、同生共长、兴衰与共的关系。扬州作为运河的长子不仅有唯一见诸史籍记载的早期运河，它所反映的城河关系更是在全流域中具有突出的代表性。大运河扬州段的代表性和价值主要表现在：

　　一、吴王夫差开凿邗沟，首次用人工方式沟通长江、淮河两大自然水系，为之后黄（河）海（河），黄（河）淮（河），长江、钱塘江之间的运河开凿以及隋大运河的形成起到了重要的示范作用。

　　二、在漫长的封建时代，为便利交通，保障漕运，运河工程建设几乎没有停止过，大运河扬州段留下了序列完整的历史河道，形成了丰富复杂的运河网络。

　　三、无论是唐宋时期还是明清时期，大运河扬州段都是这条生命线上的关键段。它沿用的时间最长，贡献巨大，直到今天还在发挥着重要作用，呈现着最佳的鲜活的状态。

　　四、淮扬运河段曾集中了中国农耕文明时期治水用水的智慧经验和最先进的工程技术，是治水用水及与水患反复斗争的主战场。

　　五、大运河扬州段城市、城镇分布密集，历史遗迹、遗产点众多。

　　六、大运河扬州段非物质文化遗产十分丰富，为文学艺术的传承创新作出过巨大的贡献，曾经是昆曲的第二故乡、京剧的"摇篮"，对我国的"四大名著"以及《儒林外史》《聊斋志异》等文学著作的诞生都有过影响和贡献。扬州画派、扬州民歌、扬州曲艺、扬州手工艺都是蜚声海内外的品牌项目。

七、扬州曾是海上丝绸之路南线和北线的交汇点,也是海上丝绸之路和陆上丝绸之路的交汇点,大运河扬州段则是陆上丝绸之路和海上丝绸之路的连接线和延长段。

这本《扬州运河谈》从不同的侧面谈到大运河扬州段的故事。扬州自西周时期的邗国算起,迄今已有3000年左右的历史。今年适逢扬州城庆2510周年,又是大运河申遗成功10周年,李智先生的新著从约3000年前的古邗国出发,以大运河扬州段为主线,结合历年的考古新发现,串联起一系列的历史事件,时代跨度大,内容丰富,图文并茂,集知识性、趣味性为一体,为广大读者了解扬州、了解大运河历史提供了重要的资料。李智先生新著的出版是他学术研究的阶段性总结,也为今年的纪念活动献上了一份厚礼。

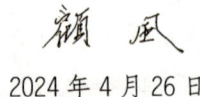

2024 年 4 月 26 日

(本序作者曾任大运河联合申报世界文化遗产办公室主任,扬州市文物局局长,研究员,现为江苏省文史馆馆员,扬州中国雕版印刷博物馆、扬州博物馆名誉馆长)

自序

今年是大运河申遗成功十周年，作为一名曾经在文物系统工作10多年、亲历大运河申遗和保护的一线工作人员，总要为扬州的母亲河——大运河写点什么吧。扬州是大运河的原点城市、申遗牵头城市、世界运河之都，是全省唯一一个全域划入大运河文化带国家规划核心区的地级市。为深入挖掘大运河历史文化资源，讲好新时代扬州运河文化故事，我撰写了这本《扬州运河谈》。本书从一个个专题、一件件器物、一座座墓葬、一组组古建筑、一个个民间故事入手，仔细探究，细细品味，而后去粗取精、去伪存真，由此及彼，由表及里，或就事论事，或将研究生发开去，或得出一个新结论，或联系一个新故事，或述说一件好文物，或钻入二十四史的故纸堆，将晦涩难懂的文言文转化为通俗易懂的当代文章。下面就具体说说这本书的三大特点。

一、我想谈点网上看不到的、别人没说过的

这不是一本系统介绍扬州运河基本情况的书，如果您想查阅扬州运河的河道情况，可以上网搜。这本书想谈的是网上没有的一些新观点、新角度，比如我们今天都在讲扬州是运河的原点城市，古邗沟是第一条文献记载的、具有明确开凿年代的运河，那么有没有人想过，邗沟为何叫邗沟？那是因为在西周时期，扬州曾经存在着一个邗国，后来古邗国在春秋时期被吴国所灭，再后来，吴王夫差在今天的扬州开运河、筑城，所用名称依然沿用"邗"，所以才有了

邗城和邗沟。那么存在于西周至春秋时期的古邗国究竟是什么面貌，很多人都不了解，我们这本书就用一个章节，从考古发掘资料和文献资料入手，最大限度地复原古邗国的衣食住行、农林牧渔、手工业、钱币、风俗习惯、葬俗等鲜为人知的内容，这是在网上搜不到，也看不到的内容。

还有一些内容是独家披露的，比如隋炀帝墓申报全国重点文物保护单位时的价值评估。2018年7月，第八批全国重点文物保护单位的申报工作正式启动，我当时在邗江区文体局文物科工作，隋炀帝墓正在我区境内，由扬州市文物局统一安排，我和扬州市文物考古研究所的薛炳宏副研究员分工协作，共同撰写隋炀帝墓申报全国重点文物保护单位的材料。我负责撰写的部分包括了隋炀帝墓的价值评估，这份隋炀帝墓的价值评估较好地展现了隋炀帝墓的历史价值、艺术价值、科学价值、文化价值和社会价值，得到了省里和国家层面专家的认可，一次性通过评审。这份过审的隋炀帝墓价值评估，我已将全文摘录在第三章第一节中。

还有些内容是别人没总结过的，书中回顾了隋江都宫兵变，复盘了隋炀帝被弑杀的经过，这些内容在《资治通鉴》《隋书》等相关文献中都有记载，本书对隋炀帝江都宫之死的前后经过做了白话文翻译和整理，还原了完整的江都宫兵变的前后情况。平心而论，江都宫兵变的整个过程是一场不可能成功的兵变，但是偏偏成功了，虽然历史不容假设，但是我还是觉得，如果隋炀帝能够抓住几个关键的节点，就会逆风翻盘，改变被弑杀的命运，具体是哪几个节点，详细内容可以到第三章第二节翻阅。

还有一些内容是纠正前人认识的，例如史可法墓祠内有一尊史公铁炮，日军占领扬州期间，将其掳走，之前有的学者认为日本人之所以掳走铁炮，是担心史公铁炮会唤起扬州人民的抗日爱国热情，然而这种说法并不完全合理。我们可以设想一下，日军如果担心史可法会唤起中国人民的抗日热情，为何没有将史可法最重要的遗迹——史可法墓和史可法祠夷为平地，然后将所有遗物都带走，而是仅仅选择带走一件史可法的铁炮？我们应该注意到，这件铁炮与其他遗物的不同之处，是它不仅在制作上与史公有牵连，更多的是它自身所独具的文物价值、军事研究价值、艺术价值和时代价值，这些才是最重要的原因。所以，日军掳走史公铁炮是为了泯灭中华民族的爱国热情这一说法是不准确、不全面的，更主要的原因是侵华日军对中国的文物掠夺政策。日本帝国主义发动侵华战争，不仅是要灭亡当时的中国，更是要消灭我国的历史文化，割断中华文化传承的血脉，扫除实施文化殖民的障碍，始终将"文化毁灭"作为征服中华民族的重要手段和目标。正因为如此，日军侵华期间，疯狂掠夺中国文物，破坏能够证明中华优秀传统文化的实物。我们回顾史公铁炮丢失这段悲惨的历史，是要揭露和批判日本侵略者对我国文化遗产的破坏和掠夺的罪行，使我们更加深刻地认识日本帝国主义侵华的实质，以史为鉴，警钟长鸣！

二、我想谈点深入浅出的内容

比如，第二章里讲述了汉代扬州运河边上的诸侯王。汉代先后有荆国、吴国、江都国、西汉广陵国和东汉广陵国计5个诸侯国在扬州地区建都城，诸侯王共有11位，分别为荆王刘贾，吴王刘濞，江都王刘非、刘建，西汉广陵王刘胥、刘霸、刘意、刘护、刘守、刘宏和东汉广陵王刘荆。这些诸侯王的生平散落在《史记》《汉书》《后汉书》等古代史书中，有些内容晦涩难懂，有些内容重复交叉，有些记载有出入。为了更好地将这些古文展现给读者，我"搜尽文献打草稿"，把涉及这些诸侯王的古文找到，用白话文翻译出来，然后综合整理，形成了系统介绍扬州汉代 11 位诸侯王的白话文表述，文中还根据考古和文献资料，深入浅出地分析了这些诸侯王的终葬之地。

又比如，隋炀帝墓 M1 出土了一件隋炀帝的腰带——十三环蹀躞金玉带，这个金玉带的名字就很拗口，"蹀躞"（dié xiè）二字也都是生僻字，很多读者并不了解其含义，本书就详细介绍了"蹀躞"二字的本身含义和引申含义，介绍了蹀躞带的由来，梳理了蹀躞带的发展脉络，解读了隋炀帝的腰带为什么必须是十三个环。隋炀帝的夫人萧皇后的墓中也出土了一件非常奇怪的文物，叫作双人首蛇身陶俑，这件陶俑是两个人面对面相对而视，两个人的手臂都是马前腿的形状，手部为马蹄形。双人胸部以下都是圆柱状蛇身，蛇身上翘，后翻至头顶，呈交尾状。对于这件双人首蛇身陶俑，如何解读其内涵呢？作者考证了不同时期、不同形态的人首蛇身形象的内涵，最终确定隋炀帝墓出土的双人首蛇身陶俑应释读为伏羲女娲俑。本书还介绍了和隋炀帝有关的一些民间传说，收录了开运河的"麻胡子"传说、隋炀帝与琼花的传说、楼船殿脚女拉纤的传说、隋堤烟柳的传说、"迷楼"的故事。隋炀帝的传说影响较大，为研究扬州的历史、文化、社会形态、民风民俗等提供了宝贵资料。总体来看，隋炀帝的传说多是对隋炀帝的鞭笞，归罪于他的荒淫无度，给老百姓带来了灾难性的负担。

再比如第七章，讲的是运河边上的美食。扬州因运河而生，因运河而兴，居住在运河边上的扬州人逐渐形成了"早上皮包水"的生活习惯。所谓"皮包水"，就是早上喝早茶。扬州饮茶之风兴于唐代，聚会品茗为扬州茶宴的最初形式。清乾嘉年间,李斗著《扬州画舫录》记载了很多茶楼茶坊。民国年间,扬州的茶馆、茶社有20多家,以"三春"(富春、冶春、共和春)为代表。2022年11月29日,联合国教科文组织公布了新一批人类非物质文化遗产名录,由中国申报的非物质文化遗产项目"中国传统制茶技艺及其相关习俗"顺利入选。在"中国传统制茶技艺及其相关习俗"中,扬州市国家级非物质文化遗产项目"富春茶点制作技艺"项目位列其中。说到富春茶点制作技艺,大致可以将其分成两大块,一是"茶",这个茶专指"魁龙珠茶";二是"点",这个点包含了富春创立和继承发扬过程中的各类茶点,如三丁包、翡翠烧卖等。但是不管是"茶"还是"点",都离不开富春这家"店"。本书就从"店""茶""点"这三个方面讲述了富春的美食旧事。

三、我想谈些运河边上的古遗址和遗产点

"汴水流,泗水流,流到瓜洲古渡头。"世界遗产瓜洲运河像一条扁担,一头挑着最南端的瓜洲古镇,一头挑着最北端的高旻寺行宫,可惜的是,扁担两头的古迹都没有被完整地保存下来。瓜洲运河最南端的瓜洲古镇毁于清朝末年的塌江,整个古镇完全没入江中。本书介绍了瓜洲古镇的形成和衰落过程,梳理了瓜洲古镇千年来的大事记。

瓜洲运河最北端的高旻寺行宫,毁于咸丰年间的战火,如今只剩下一座山门和一些地下的遗址。本书介绍了高旻寺行宫和高旻寺的前世今生,重点讲述了曹寅与康熙皇帝、天中塔、高旻寺行宫、高旻寺第一任方丈纪荫的故事。其中,康熙皇帝对高旻寺行宫的态度一波三折,最具有故事性。曹寅在未经康熙皇帝许可的情况下私

自为其建造高旻寺行宫，等到行宫快要建成的时候，才上折子向康熙汇报，康熙在奏折上朱批了六个字："行宫可以不必。"所以，康熙皇帝对曹寅建造高旻寺行宫还是不同意的。然而，康熙皇帝第五次南巡时，入住高旻寺行宫后，又极其喜欢这个地方，前后住了9天。他在高旻寺行宫居住期间，被寺庙的磬声吵醒也没有生气，还专门作诗，留下墨宝。康熙皇帝即将离开高旻寺行宫的时候，一改之前"行宫可以不必"的不赞赏态度，授意内务府等衙门对高旻寺行宫建造捐款较多的曹寅、李煦、李灿等人论功行赏，加官进爵。然而两年后，第六次南巡，又驻跸高旻寺行宫，这次他感觉自己住在这么好的行宫里有点太奢靡了，于是写了一篇《述怀》自我检讨了一番，又把这篇检讨书贴在墙上，展示给扬州人民。

  本书还重点介绍了世界遗产大运河的遗产点扬州盐宗庙。中国民间有"三百六十行，无祖不立"的说法，也就是各行各业都有自己的"祖师爷"。各行业的从业者祭拜本行业的祖师爷以寻求庇佑，有的还为祖师爷建起庙宇，在重大节日举行隆重的祭祀仪式或庙会活动，形成了一种独特的文化现象。盐业自然也不例外，盐宗庙就是这种文化现象的具体表现之一。

目录

第一章　邗沟开凿前传
——出土文物视角下的古邗国概貌

第一节　邗国遗宝　　　　　　　　　　　　　　　003
　　　　——破山口青铜器的发现始末
第二节　江淮大地上第一个诸侯国　　　　　　　017
　　　　——邗国
第三节　从出土文物视角看邗国的农业　　　　　023
第四节　从出土文物视角看邗国的手工业　　　　027
第五节　邗国的风俗初探　　　　　　　　　　　035
第六节　从出土文物视角看邗国的商业与货币　　041
第七节　从出土文物视角看邗国的建筑　　　　　043
第八节　古邗国的灭亡与古邗沟的开凿　　　　　048

第二章　邗沟河畔的王
——扬州汉代诸侯王及其遗存

第一节　扬州汉代诸侯王概述　　　　　　　　　055
第二节　汉代建都扬州的第一个诸侯王　　　　　060
　　　　——荆王刘贾及其遗存

第三节　汉代建都扬州的第二个诸侯王　　　　064
　　　　——吴王刘濞及其遗存

第四节　汉代建都扬州的第三个诸侯王　　　　085
　　　　——江都王刘非

第五节　汉代建都扬州的第四个诸侯王　　　　094
　　　　——江都王刘建

第六节　汉代建都扬州的第五个诸侯王　　　　100
　　　　——广陵王刘胥

第七节　刘胥以后的五位西汉广陵王　　　　　108

第八节　东汉扬州地区唯一的诸侯王　　　　　115
　　　　——广陵王刘荆

第三章　只换雷塘数亩田
——运河开凿者隋炀帝

第一节　扬州唯一一座帝王陵寝　　　　　　　123
　　　　——隋炀帝墓

第二节　隋炀帝之死与真假帝陵　　　　　　　136

第三节　隋炀帝墓 M1 精品文物　　　　　　　153
　　　　——十三环蹀躞金玉带赏析与研究

第四节　隋炀帝墓 M2 精品文物　　　　　　　166
　　　　——双人首蛇身陶俑释读

第五节　有关隋炀帝的传说　　　　　　　　　185

第四章　齐公凿新河
——瓜洲运河

第一节　瓜洲运河与瓜洲镇　　　　　　　　　　　　193
第二节　瓜洲运河河畔的高旻寺与曹寅　　　　　　　207

第五章　运河边上的忠魂
——史可法和他的铁炮

第一节　史可法其人　　　　　　　　　　　　　　　225
第二节　铁炮的发现与考证　　　　　　　　　　　　229
第三节　史公铁炮被日寇掠夺事件原因分析　　　　　235

第六章　中国大运河遗产点
——扬州盐宗庙的故事

第一节　扬州盐宗庙概况　　　　　　　　　　　　　247
第二节　扬州盐宗庙源于泰州盐宗庙　　　　　　　　252
第三节　扬州盐宗庙改为曾公祠　　　　　　　　　　257

第七章　运河之城的极致饮食
——世界级"非遗"富春茶点旧事

第一节　富春茶点的起源　　　　　　　　　263
　　　——富春茶社

第二节　一壶水煮三省茶　　　　　　　　　267
　　　——魁龙珠茶

第三节　富春茶点的代表性美食　　　　　　270
　　　——一品双绝

参考资料　　　　　　　　　　　　　　　277

后记　　　　　　　　　　　　　　　　　280

第一章

邗沟开凿前传
——出土文物视角下的古邗国概貌

西周至春秋早期,江苏地区除吴国外,重要的方国还有奄、宜、干(邗)、徐、钟吾等国。这其中,邗国地处今扬州,并在扬州留下了深刻的历史印记。古邗国是国家级历史文化名城扬州建城历史的发端,是扬州历史中不可或缺的组成部分,对古邗国的探索研究具有十分重要的意义。由于古邗国距今已经有3000多年,其留存下来的文献资料几乎没有,考古资料也相对较少,这就给邗文化留下了诸多的谜团。作者通过整合考古资料和文献资料,对邗文化进行适当的丰富和拓展,力求从历史文献中考证出邗国的建国年代、国君、疆域、灭亡时间等基本信息,通过对出土文物的研究还原邗国的农业、手工业、风俗、建筑等诸多内容。

第一节　邗国遗宝
——破山口青铜器的发现始末

一、破山口出土青铜器赏析

在邗国的出土文物中，目前能追溯到的出土最早的是1930年扬州仪征破山口发现的一批青铜器。这批青铜器现陈列于南京博物院历史馆展厅中，作者选取了最具邗国文化特色的器物，介绍如下：

西周晚期四凤铜盘（图1.1）[1]。盘是古代盥洗用器，古人在祭祀之前必须进行沐浴以表示对祖宗或神灵的虔诚。该盘"高20.4厘米，口径纵84厘米、横78厘米，圈足纵64.2厘米、横59.5厘米"[2]，形体硕大。敞口，浅腹，下附圈足，腹外缀有对称的双耳。口沿上饰站立的凤鸟4只。这件四凤铜盘的形制与中原的大盘有较大的差异，应是古邗国的本地工匠所铸造。

西周晚期至春秋早期鱼龙纹铜盘（图1.2）[3]。该铜盘"高12.5厘米，口径36.6厘米，腹深7厘米，圈足深4.8厘米"[4]，也是盥洗用器，与四凤铜盘相比，体形较小，应为洗手用。一般情况下，盘

---

[1] 仪征市博物馆：《仪征出土文物集粹》，文物出版社，2008，第16页。
[2] 王志敏、韩益之：《介绍江苏仪征发现的几件西周青铜器》，《文物参考资料》1956年第12期。
[3] 仪征市博物馆：《仪征出土文物集粹》，文物出版社，2008，第17页。
[4] 王志敏、韩益之：《介绍江苏仪征发现的几件西周青铜器》，《文物参考资料》1956年第12期。

与匜同出,即盘与匜是配套使用的。使用时,一位仆人执匜,将匜中水徐徐倒出,贵族用匜内流出的水洗手,另一位仆人捧盘,用盘接住洗手流下来的水。带有双耳

图1.1 四凤铜盘

且浅腹的盘,大多出现在西周中期。与这件鱼龙纹铜盘类似的青铜器,在中原以及其他地方也发现过。

图1.2 鱼龙纹铜盘

西周晚期素面铜鼎(图1.3)[1]。该鼎通体素面,上腹部有一道凸棱,耳立在口沿上,垂腹,圆柱足。鼎是烧煮食物用的炊器,也是

---

[1] 仪征市博物馆:《仪征出土文物集粹》,文物出版社,2008,第18页。

第一章 邗沟开凿前传——出土文物视角下的古邗国概貌

最主要的礼器之一,尤其是在西周,用鼎的数量往往与身份等级有关:天子享用九鼎八簋,诸侯享用七鼎六簋,大夫级别享用五鼎四簋,上士享用三鼎二簋,下士享用一鼎一簋。鼎从商代至汉代一直沿用,其演变规律总结起来大致如下:早期的鼎是深腹圆底,而后演化为浅腹圆底,继而演化为垂

图1.3 素面铜鼎

腹、近似平底,再后来演化成半球形腹;鼎足的演化规律则是从锥形足演化为柱状足,再演化为半圆形蹄足。掌握鼎腹部和鼎足的演化规律,对青铜鼎的年代判定是很有帮助的。这件素面铜鼎为垂腹,圆柱足,故应为西周晚期的器物。

西周晚期饕餮纹铜甗(图1.4)[1]。它是一件蒸煮器,分上、下两段,下半段作鬲,用来盛水,上半段相当于现在的蒸笼,用来盛放食物,进行蒸煮。

春秋早期鸟纹铜尊(图1.5)[2]。其造型为三段式,大部分素面,仅中腹部饰一道变体鸟纹。三段式尊在中原地区出现在商代,而南方地区则出现在春秋,故这件尊可以作为典型的南方青铜器。

云纹铜铲(图1.6)[3]。铲形体硕大、厚重,"铲口至系垂直距离35.5厘米"[4],后有长柄,柄的后端有銎,可纳木柄,柄与铲的交接

---

[1] 仪征市博物馆:《仪征出土文物集粹》,文物出版社,2008,第19页。
[2] 仪征市博物馆:《仪征出土文物集粹》,文物出版社,2008,第23页。
[3] 仪征市博物馆:《仪征出土文物集粹》,文物出版社,2008,第25页。
[4] 王志敏、韩益之:《介绍江苏仪征发现的几件西周青铜器》,《文物参考资料》1956年第12期。

部有一个半圆形耳,可以系绳。铲的边缘饰一道卷云纹。该器物较为罕见,可能是用来铲炭火的器具。

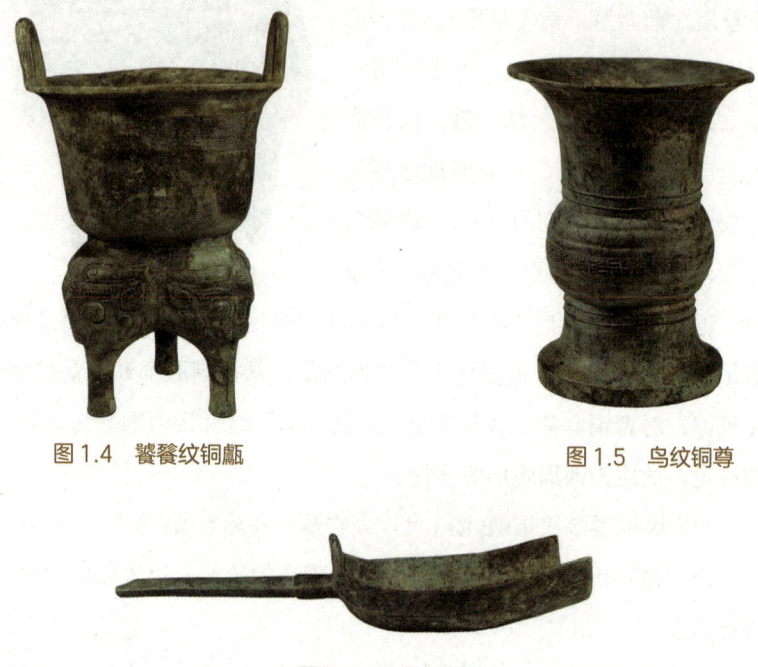

图 1.4　饕餮纹铜鬲　　　　　　　图 1.5　鸟纹铜尊

图 1.6　云纹铜铲

二、民国年间盗挖破山口国宝旧事

说起这些青铜器的来源,还有一个传奇的故事,这个故事的整理者是南京博物院研究员张敏。1985 年冬,南京博物院和仪征市文化局联合在破山口和破山口北面的烟袋山进行了长达 3 个月的考古发掘。其间,张敏先生在李家营和史家营,对民国年间村民集体上山挖宝的历史旧事做了调查,并走访了多位当年亲自参加过挖宝或围观过挖宝的60岁以上的老人。结合仪征市文化局孙庆飞的调查,他基本了解到了1930年仪征破山口大墓出土青铜器的过程,并撰写成《破山口青铜器三题》一文。[1]文中讲述了民国年间扬州仪征破山口"挖宝"的传奇故事,大致内容如下:

在距离仪征县城约三公里的地方,有个由多个山头连绵组成的小土山,这个地方叫破山口。破山口山上草木茂盛,山前山后村庄的孩子们经常到山上放牛。1930年秋天的一个下午,几个在山上放牛的小孩肚子饿了,准备烤红薯吃。于是他们在破山口南坡挖了一个坑,刚挖下去几锹,忽然碰到了一件圆圆的青铜器的口沿,被刮去铜锈的地方还金光闪闪。大家激动不已,七手八脚地挖出来一看,原来是个"铜罐子"。由于怕大人知道,他们又将铜罐子埋回了土里。几天后,正巧村里来了个换糖的,这些小孩便将铜罐扒了出来,拿去换了一大块麦芽糖,然后高高兴兴地分食了。

换糖的人拿到这件铜罐后越看越觉得是一件古物,上面不仅铜锈斑驳,还有花纹。于是他就将铜罐子带到了一江之隔的镇江,找了一家大的古董店,卖给了古董商。据说他卖了200块大洋,也有人说卖了500块大洋,总之是发了大财。

获此大利后,这个换糖的又来到破山口附近的李家营和史家营两个村庄找这些小孩,到处打听之前的铜罐是在什么地方挖出的,同时鼓动村里的人去挖,他愿出高价收购,大的50块大洋一件,小的20块大洋一件。于是住在破山口附近的李家营和史家营两个村的人在1930年12月19日的清早,陆陆续续地来到破山口,开始大肆挖宝。

一时间,破山口上人头攒动,山上山下土锹洋镐一齐上阵,钉

---

[1] 张敏:《破山口青铜器三题》,《东南文化》2002年第6期。

耙锄头此起彼落，随着青铜器一件一件被挖出来，山上山下哭的、笑的、叫的、跳的乱作一团，那些看热闹的更是里三层外三层地把破山口围得水泄不通。这蔚为壮观的挖宝场面从早晨一直持续到黑夜，在掘地三尺后，看着山上这个再也没有希望的大坑和四围千疮百孔的"破山"，众人才意犹未尽地回去了。一连几日村民都兴奋不已，茶余饭后人人都在谈论挖宝的事，这时谁也不愿意把挖出来的宝贝卖给那个换糖的，个个都在盘算是到扬州还是到镇江去卖个好价钱。

破山口挖宝的事在当地可谓轰动一时，消息不胫而走。仪征县里有个天主堂，天主堂里的加拿大传教士听说此事，马上去找县长，要求县长立即处理此事，并允诺将出巨资收购这批古物。第二天县长便派人下乡调查，并向乡人宣传，地下挖出的都是"国宝"，国民人人要爱国，挖到的国宝一律要上缴，由政府换成洋钱以充国库，上缴的人既往不咎，不上缴的人将严惩不贷。乡人不理那一套，宣传了一天，不见成效，竟没有一人上缴。下派的人回到仪征之后，便立即将宣传不果、"乡人愚昧不可教也"等向县长做了汇报。据说县长大人听到这个消息，气得七窍生烟，双手直抖，胡子直翘。乡人自然也非等闲之辈，下派的人刚走，乡民就立即行动起来，当晚便将宝物四处埋藏，草垛里、灰堆里、粪缸里、猪圈里、菜地里、水沟里，凡能想到的肮脏的隐蔽之地，都成了宝物的藏身之处。

第三天凌晨，正在睡梦中的乡民忽然被惊醒，从仪征来的荷枪实弹的马队，一下子将李家营和史家营团团围住。县长大人乘着小轿，带着一队军警也随后赶到。军警将所有的人都赶到史家营村前的空地上，由县长训话。县长大人清清嗓子，装模作样讲"国难当头，匹夫有责，挖到的宝贝必须缴公以充国库，如若不缴，严惩不贷"

云云。然乡民面面相觑，一言不发，任凭你唇焦舌烂，我自岿然不动。就这样一直僵持到了下午，一件古物也没有收缴上来。县长大人终于按捺不住，下令："再不上缴便要抓人，一家抓一个，关在大牢里。要想回家也可以，以物易人，以物赎人，缴一件宝物赎一个人。"乡民听了仍不予理睬，一个个无动于衷。在这种僵持不下的情况下，县长下令军警出动，不分青红皂白，一家抓一个男丁，五花大绑，由马队武装押解到仪征县，关在县大牢内。

这边抓人的刚走，那边两个村子里霎时间乱成一片：哭爹的、喊娘的，抱怨声、咒骂声此起彼伏，家家自叹倒霉，人人怨声载道，财还没发到，人倒给抓了，这日子怎么过呢？而没挖到宝物的更是冤枉：你们想发财，倒弄得我家的男人平白无故地被抓走了。尽管如此，仍没有人将宝物上缴，就这样一天又一天地僵持下去。

转眼间到了农历腊月底，县里仍然没有放人的意思，眼看就要过大年三十了，一家人如不能团圆，这年也过不安。终于有人按捺不住，将宝物偷偷挖了出来，到县里去赎人了。乡人一看有人回来了，也纷纷效法，一家一家都将宝物偷偷地挖了出来送到县里，那些被抓的人也一个一个地被赎了回来。据说一共赎回来三四十个人，也就是说共上缴了三四十件青铜器。县长大人看看该缴的也都缴了，没缴的估计也榨不出油水了，于是就将那些家里没有拿宝物来赎的人统统放了回去，让这些人回去过一个团圆年，自己也算积了一点阴德。一场轰轰烈烈的挖宝风波到此终于收场了。破山口成了一座名副其实的"破山"，而乡民的发财梦也就此破灭了。

县长得到这批宝物后，留下一部分存放在县政府以遮人耳目，大部分则卖给了加拿大传教士，可能有 20 余件青铜器由传教士带到了国外,至今下落不明。至于加拿大传教士究竟是花了多少银两买走的,这已无从稽考了。

1939年4月,这批剩下来的青铜器又遭损失,"日本人山田拿去铜鬲一件(图1.7)"[1]。这件被日本人拿去的铜鬲,没有详细的尺寸和纹饰记载,但是从留存下来的资料图片可见,该鬲颈部装饰有一圈火纹,甚为精美。火纹(图1.8)旧称圆涡纹、涡纹。在《周礼·冬官考工记》就有"火以圆"的记载,也就是说火纹是太阳的标志,因此它的特征是圆形的,中间略有凸起,沿边有四至八道旋转的弧线,表示光焰的流动。青铜器上的火纹最早见于夏代晚期斝的腹部,形式比较原始,只有圆形,而没有火焰旋转的弧线。商代早期火纹已很普遍,青铜器

图1.7 被日本人拿走的火纹铜鬲

图1.8 火纹

---

[1] 王志敏、韩益之:《介绍江苏仪征发现的几件西周青铜器》,《文物参考资料》1956年第12期。

的腹上、柱上都常见装饰火纹，而且有明确的火焰。商代中期的青铜器的腹部常见饰六个或七个火纹。商代晚期和西周早期火纹的装饰部位以青铜鼎、簋的腹部为多，其他青铜酒器、水器上比较少见，这可能是因为食物的烹煮与火有关。到春秋战国时代，单个火纹的装饰变得极为华丽，火纹作双钩。火纹的流行时间很长，从夏代晚期直至战国，尽管变化不大，但从未间断过。

剩余的青铜器一直作为固定资产保存在仪征县衙里，到了1948年，人民解放军集聚江北，眼看仪征就要解放，留在仪征的这批青铜器这时已辗转到了一个姓雷（一说姓来）的县长手里，雷县长怕青铜器落入共产党的手中，于是将这批青铜器砌在了仪征县城南关帝庙的夹墙里。1949年仪征解放后，冥顽不化的雷县长至死也没有将此事吐露出来。不久，县里成立了文物管理委员会，管理全县的文物，而文物管理委员会的办公地点恰恰就设在了关帝庙。

到了1955年的某一天，不知是因下雨还是年久失修，关帝庙内的夹墙忽然坍塌，一件件青铜器从墙里滚了出来，大家喜出望外，这批不见踪影的青铜器居然在"失踪"多年后又戏剧性地回到了仪征县文物管理委员会。大家拆除了夹墙，对文物进行了清点，共计11件（套）。1956年，仪征县文物管理委员会将其全部上缴给江苏省文物管理委员会，后由省文管会将其移交给南京博物院。前文我们所提到的南京博物院展厅里陈列的四凤铜盘等邗国青铜器，有一部分就是当年藏在关帝庙夹墙里的。

三、破山口文化遗存——邗国国君墓

（一）破山口是一座古墓葬

在科学的考古工作中，地下埋藏大量文物的情况主要有三种：一是古遗址，如申遗成功的新石器时代的良渚古城遗址，该遗址出土器物包括玉器、陶器、石器、漆器、竹木器、骨角器等，总量达1万余件。二是窖藏，如西安市何家村唐代窖藏，该窖藏出土的一批唐代金银器共1000多件，分别埋藏在2个大陶瓮和1个银罐之中。其中各式精美的金银器做工精细，造型精美绝伦，艺术价值极高，多为唐代皇室的日常用品。三是古墓葬，如汉代的海昏侯墓，该墓是汉废帝刘贺的墓葬，位于江西省南昌市新建区大塘坪乡观西村，是已发现的面积最大、保存最好、内涵最丰富的汉代列侯等级墓葬。自2011年发掘以来，已出土1万余件（套）珍贵文物。那么破山口遗存属于哪一类的文化遗存呢？

1930年，当地人确实是在破山口盗挖出土了大量的青铜器，但是，民国年间的盗挖行为只关注挖宝，没有留下判定破山口文化遗存性质的任何资料。为了摸清破山口文化遗存的性质，南京博物院于1959年4月趁苏北重点调查古文化遗存之机，去破山口做了一次探掘，发现了一个南北长约3.8米、东西宽约2.6米的长方形墓坑，尽管只发现了坑底的一部分，但是根据发掘情况推测，应为竖穴土坑墓。墓坑出土的青铜器包括青铜戈1件、青铜镞23枚、青铜斧2件、青铜钺1件、青铜镰1件、青铜矛1件，以及一些青铜器的碎片和其他小型青铜器；出土的玉石器主要有30余粒管状或珠状的绿松石；出土的陶器主要有陶鬲、陶罐的残片等。从出土器物的组合来看，有青铜礼器、兵器、工具和玉石制成的装饰品,显然与一般的墓葬规律相吻合。由此可见,破山口文化遗存的性质应为一座贵族墓葬,而不是窖藏或者是古遗址。这一观点也得到了考古界的一致认可。

(二)破山口大墓的年代为西周晚期至春秋早期

既然破山口遗存是一座古墓葬,那么这座墓葬是什么年代的呢?

首先,从陶器的造型和纹饰分析,该墓葬年代为西周。1985年冬,南京博物院和仪征县文化局联合在破山口和破山口北面的烟袋山进行了长达3个月的考古发掘,发现了一些陶器的残片。陶器是考古工作中判定年代的重要依据,因为陶器是古代人类相当长时间内日常生活中最常见的器具之一,具有分布广、数量大、易保存等特点。陶器耐腐蚀、耐风化,是最常见的古代遗物之一。陶器易碎,易更新,是古代各种文化生产量最大的产品之一。陶器易生产,广泛见于新石器时代以来的各时期、各民族文化中,因此,陶器对考古研究有着重要的意义。特别是史前和夏、商、周考古中,陶器是考古学研究和断代最为重要的一类器物。专家根据破山口发现的陶器的造型和纹饰分析,得出这些出土的陶器具有西周时期陶器的典型特征。

其次,从出土的青铜器的时代来看,其时代大多为西周晚期,个别可能出现较早,有的可能沿用到春秋早期,如四凤铜盘的年代大致为西周晚期至春秋早期,素面铜鼎的年代大致在西周晚期,饕餮纹铜甗的年代约为西周晚期,鸟纹铜尊的年代约为春秋早期。因此,破山口的这批青铜器的年代可定为西周晚期至春秋早期。

最后,从出土青铜器的器类上来看,破山口出土器物中有炊器、酒器等礼器,但缺少与鼎相配的簋一类的盛食器,如常见的九鼎八簋、七鼎六簋。但是总的来看，器类还是比较全的，如鼎、鬲、甑的炊器组合，尊、瓿、盂的酒器组合，还有大盘、小盘等水器，尤其是尊、鬲及大盘等，明显超过一般的三鼎墓的规模，可见其等级还是很高的，很可能为五鼎大夫或七鼎诸侯王一级的贵族。

由此可见，扬州仪征破山口的文化性质应为西周晚期至春秋早期的一座诸侯王级别的墓葬。因此"破山口西周墓可能为吴国灭邗国之前的最后一个邗国国君的墓葬"[1]。

四、盗掘古墓，必受法律制裁
——以当代法律审视"挖宝"行为的法律后果

许多古墓葬中都蕴含着一个时代重要的历史文化内涵，其墓葬规制、陪葬品，都蕴含着一些重要的信息，成为我们考古和研究历史的重要参照。而盗墓者对墓葬的破坏和对文物的盗掘，使得原本完整的体系变得支离破碎，甚至消失，让历史还原和学术研究变得困难重重。民国年间的集体盗挖古墓的行为给破山口大墓造成了严重的破坏，更致命的是破山口大墓里有着邗国历史和文化的重要信息，关乎邗国文化、文明的重现，破山口大墓被盗挖，损失的不仅仅是若干文物，更导致整个邗国文明遗存的脉络被打断，其损失无可估量。

作者从事文物工作多年，内心对文物有着特殊的情怀和深刻的感情，转述破山口大墓被盗挖的故事的时候，心中是带着惋惜与悲凉的。作者不禁在想，类似的事件如果发生在当代，会受到怎样的

---

[1] 张敏：《破山口青铜器三题》，《东南文化》2002年第6期。

法律制裁呢？

　　破山口盗掘事件中，村民集体上山盗掘古墓葬。《中华人民共和国刑法》第三百二十八条规定："盗掘具有历史、艺术、科学价值的古文化遗址、古墓葬的，处三年以上十年以下有期徒刑，并处罚金；情节较轻的，处三年以下有期徒刑、拘役或者管制，并处罚金；有下列情形之一的，处十年以上有期徒刑或者无期徒刑，并处罚金或者没收财产：（一）盗掘确定为全国重点文物保护单位和省级文物保护单位的古文化遗址、古墓葬的；（二）盗掘古文化遗址、古墓葬集团的首要分子；（三）多次盗掘古文化遗址、古墓葬的；（四）盗掘古文化遗址、古墓葬，并盗窃珍贵文物或者造成珍贵文物严重破坏的。盗掘国家保护的具有科学价值的古人类化石和古脊椎动物化石的，依照前款的规定处罚。"可知此类事件中，所有参与盗掘的人员均应被依法"处三年以上十年以下有期徒刑，并处罚金；情节较轻的，处三年以下有期徒刑、拘役或者管制，并处罚金"；同时，挖到青铜器的人员，如果青铜器被鉴定为珍贵文物，则适用于加重处罚的情节，应被"处十年以上有期徒刑或者无期徒刑，并处罚金或者没收财产"。

　　破山口盗掘事件中，民国时期的仪征县县长将出土的青铜器出售给加拿大人。《中华人民共和国刑法》第三百二十五条规定："违反文物保护法规，将收藏的国家禁止出口的珍贵文物私自出售或者私自赠送给外国人的，处五年以下有期徒刑或者拘役，可以并处罚金。单位犯前款罪的，对单位判处罚金，并对其直接负责的主管人员和其他直接责任人员，依照前款的规定处罚。"这位县长的行为在现在将会被"处五年以下有期徒刑或者拘役，可以并处罚金"。

　　破山口盗掘事件中，倒卖出土文物的文物贩子又该怎么处理呢？

《中华人民共和国刑法》第三百二十六条规定："以牟利为目的,倒卖国家禁止经营的文物,情节严重的,处五年以下有期徒刑或者拘役,并处罚金;情节特别严重的,处五年以上十年以下有期徒刑,并处罚金。单位犯前款罪的,对单位判处罚金,并对其直接负责的主管人员和其他直接责任人员,依照前款的规定处罚。"

由此可见,这个事件如果发生在当代,所有参与盗掘古墓的人员、参与倒卖破山口青铜器的人员、私自将文物出售给外国人的县长,都是要去坐牢的。因此,我觉得应在这个民国时期盗挖破山口大墓的故事上印上一排大大的水印文字:"违法行为,切勿模仿!"

第二节　江淮大地上第一个诸侯国
　　——邗国

一、古邗国人的来源

　　扬州地域文化古老悠久，早在 5 000～7 000 年前就有史前的原始部落存在。例如 1993 年至 1996 年，考古发掘的高邮龙虬庄新石器时代遗址便代表了江淮地区的史前文化。夏商时期，扬州地区还处于火耕水耨的阶段，人口稀少，未建国，文献甚少涉及，亦极少发现相关的遗迹。关于古邗国人的来源，有学者认为和今山东潍河流域的寒部落有关。黄帝联盟中有寒部落，寒哀为黄帝驾驭马车，为寒氏族始祖。"寒""干"古通。夏时，寒浞被伯明氏所逐，投东夷族后羿为相。但寒浞"行媚于内，取贿于外，愚弄其民"，乘后羿毫无防备，杀羿夺权。寒浞夺后羿妻室，生二子，封子浇于过（今山东莱州市），封豷于戈。后，夏朝中兴，少康灭浇于过，少康子后杼又灭豷于戈。寒人分干、戈两族。今山东潍坊，原叫寒亭，为古寒国所在。寒被夏灭后，族人南迁，商末经由徐州（今徐州有寒山）南迁至淮水流域定居。他们成了淮河中下游的土著民族以后，据有临淮一大片土地，成为东夷中势力较为强大的一股力量。商朝末年，纣王残暴掠夺东方诸夷，激起了夷人的强烈反抗，《左传·昭公四年》记载："商纣为黎之蒐，东夷叛之。"当时扬州地区的土著居民也可能参加了这次反抗运动。

二、邗国的建立及疆域

邗国的建立和君主：公元前1046年，周武王灭商，并于西周初年确立了宗法制和分封制，把一批自己的嫡系亲属或功勋卓著的大臣分封到各地建立国家。诸侯在其封国内享有世袭统治权，也有服从天子命令、定期朝贡、提供军赋和力役、维护周室安全的责任。

邗国也是西周时期建立的，那么被分封为邗王、建立邗国的国君究竟是哪一位？早期史料并无记载，后世提及的有两种说法：一种说法是周公旦的后代。东汉王符《潜夫论·五德志》记载："姬之别封众多，管、蔡、成、霍、鲁、卫、毛、聃、郕、雍、曹、滕、毕、原、酆、郇，文之昭也。邗、晋、应、韩，武之穆也。凡、蒋、邢、茅、胙、祭，周公之胤也。"另一种说法是周武王姬发的儿子，名邗叔。据说，邗叔作为王室成员参加了讨伐东夷的战争，后封于邗地。（宋祝穆等《古今事文类聚·后集》）

西周初年的邗国，以本地土著为主，极少数为姬姓周人，也就是少数周朝奴隶主贵族统治多数被征服的族人，"其土既非周人所有，其民也与周人不类"。如果没有坚强的武力作为后盾，这些外来者的统治地位是难以巩固的。

邗国的疆域：邗国处于江淮东部地区，封地面积较大（图1.9）。《说文解字》记载："邗，国也，今属临淮。"也就是说，邗国的范围大致与西汉的临淮郡相当。据考证，邗国疆域的"分布范围主要在古邗沟两岸，包括今天的扬州、仪征、邗江、江都、高邮、宝应、金湖、盱眙、天长等沿河市县"[1]。具体来说，邗国疆域的四至范围如下：

---

[1] 张敏：《邗·邗城·邗文化》，《"扬州建城历史探源"专题学术研讨会会议论文集》，2015，第9页。

东临大海,南隔长江与吴国相望,西与群舒、六、英等国为邻(今安徽舒城县、六安市、霍邱县一带),北与淮河下游的嬴姓小国淮夷接壤,规模在同时期诸侯国中不可小觑。

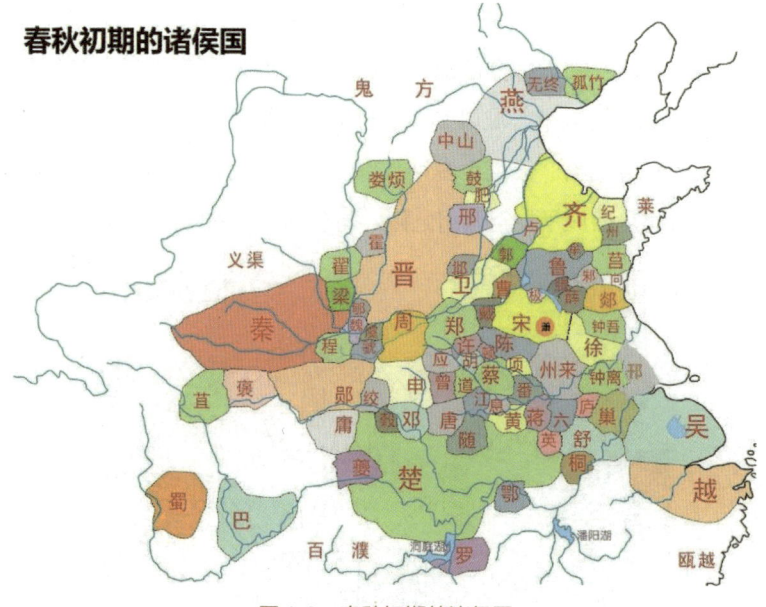

图 1.9 春秋初期的诸侯国

三、邗国的城址和遗址

邗国的城址:一是仪征佐安城(图 1.10)。该城址位于仪征市,南京博物院考古部于 1982 年曾进行过考古调查,推定该城址时代为春秋早中期。由于未经正式考古发掘,研究人员推测在春秋时期的佐安城之下,可能还叠压着邗国的城址。20 世纪 70 年代,在仪征化纤联合工业公司项目建设过程中，城址已被全部毁坏。二是姜堰天目山城址（图1.11），城址位于姜堰城区北部。2000—2002年，南京博物院对城址进行了两次考古发掘，发掘面积1 167平方米。天目山城址为西周时期的古城，城址规模不大，分内城和外城，有城墙和河道。外城平面近似椭圆形，东西长约170米，南北宽约160米，面积约25 000平方米。城内发现了台基、房址、灰沟、灰坑和墓葬，并出土了一批文物。天目山城址具有江淮地区周代文化的共性特征，其沿用时间从西周早期至两周之际，与邗国存亡的时间大致相同。

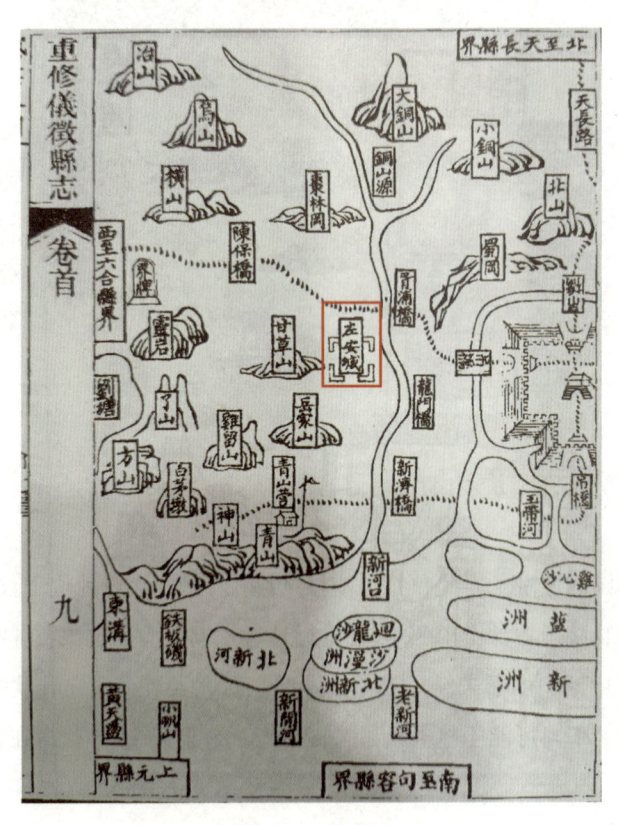

图1.10　佐安城

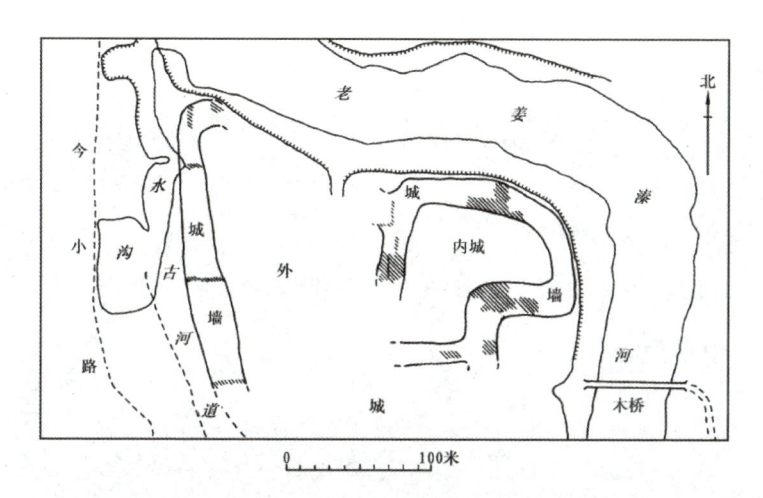

第一章 邗沟开凿前传——出土文物视角下的古邗国概貌

图1.11 天目山城址（城墙平面图）

邗国的遗址：20世纪50年代以来，在扬州市郊和仪征境内先后发现了一批邗国的遗址和遗迹，其中经过考古发掘的邗国遗址有仪征甘草山、神墩、荷叶地、郭山、虎山，盱眙的六郎墩等。其中，神墩遗址（图1.12）、甘草山遗址（图1.13）、郭山遗址、虎山遗址规模宏大，遗存丰富。特别是1982年发掘的胥浦甘草山遗址，是长江以北首次发掘的青铜时代文化遗址，出土遗物有石器、骨器、陶器、原始瓷、铜器等。1995年发掘的陈集神墩遗址，呈圆台形，占地1万平方米以上，是一处西周古文化遗址，发现了大规模的红烧土和排房建筑，出土了较为丰富的陶器、骨角器，其中一件用麋鹿骨磨制而成的戈，在本地区较为罕见，极其珍贵。

图 1.12　神墩遗址

图 1.13　甘草山遗址考古发掘现场

第三节　从出土文物视角看邗国的农业

现代广义的农业是农业（种植业）、林业、畜牧业、副业、渔业（水产业）五业的统称。如果用现代农业的观点来审视邗国的农业，根据现有考古资料推测，邗国的农业生产主要包括种植业、林业和渔业。

一、种植业

现代的种植业是农业的主要或基本组成部分，通常指栽培农作物以取得产品的生产部门，主要包括粮食作物、蔬菜等的生产。民以食为天，中国传统的饮食及饮食习俗在周代尚处于形成之中，周以农业立国，但是总体水平较为低下，食物种类不算丰富，"周代的主食为黍稷稻粱……菜肴中既有多种家畜、家禽，也有野味，食肉是贵族的特权"[1]。虽然邗国的相关遗址中并未发现农田的遗迹，也未发现有粮食的遗存，但是在古邗国的聚落遗址——扬州甘草山遗址发现了石镰2件（图1.14），"一件呈镰刀形，尖部瘦而长，握柄处厚而宽，背厚刃薄；一件呈半月形，比较粗厚，刃部不明显"[2]。

---

[1] 朱绍侯、张海鹏、齐涛：《中国古代史（新版　上册）》，福建人民出版社，2004，第79页。
[2] 袁颖：《仪征胥浦甘草山遗址的发掘》，《东南文化》1986年第1期。

镰刀是用于砍割的农具，镰刀的发现，说明当时已经有了农业耕种。更为重要的是，1959年4月在邗国国君墓葬——破山口大墓的残坑中发现了青铜镰1件。青铜器在商周之际都属于礼器，也

图1.14 甘草山出土的石镰

就是说这件青铜农具并非农业生产的实用器物，而是统治阶级在重大祭祀场合使用的器物，是象征着王权的器物。特别是青铜镰的发现，说明镰这种用于收割的农具极为重要，被统治者铸造成青铜器以彰显其神圣，镰已经成为象征农业丰收的神器。

二、林业

现代林业实指培育保护和利用森林的生产部门，主要包括造林、营林和对成熟林的利用。西周时期的邗国草木繁盛，还没有人为的规模化造林育林，百姓多是就地取材砍伐树木以供日常使用。砍伐树木必备的工具就是斧，斧是利用

图1.15 甘草山出土的石斧

杠杆原理和冲量等于动量的改变量原理来运作的，是一种用于砍削的工具，其分为两个部分：斧柄和斧头。斧柄一般为木质，邗国出土的斧头有石质和青铜质两种。古邗国的聚落遗址——扬州甘草山遗址出土石斧4件（图1.15），"均系扁平长方形，有一面刃，也有两面刃的。其制作方法，一种利用石核进行加工磨制，一种是打成

石片而后磨制"[1]。

在古邗国的城市遗址——天目山遗址中发现石斧4件（图1.16），"其中一件褐色砂岩。磨制。斧刃残，斧身有对穿孔。残长5厘米，深灰色石料。另一件双面刃，有单面穿孔。残宽7.7厘米、残高5.3厘米"[2]。1959年4月在邗国国君墓葬——破山口大墓的残坑中发现了"青铜斧2件……青铜钺1件"[3]。青铜钺和青铜斧作为礼器，是权力的象征。

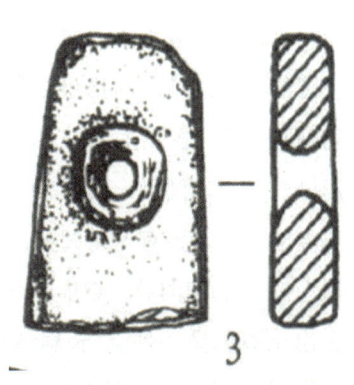

图1.16 天目山出土的石斧

木材砍伐下来以后，用于修整木材的工具是锛（音bēn）。锛是指木工用的一种平木器、削平木料的平斧头。一般是双刃，一刃是横向的，用于削平木材；另一刃是纵向的，用于劈开木材。锛一般用于去除树皮或大概轮廓的粗糙加工。古邗国的聚落遗址——扬州甘草山遗址就出土了石锛3件，"全部呈长条形，通体磨光。有两件上窄下宽一面刃……一件为上宽下窄，两面刃"[4]。

三、渔业

现代的渔业亦称水产业，指采集、捕捞与人工养殖、繁殖水产

---

[1] 袁颖：《仪征胥浦甘草山遗址的发掘》，《东南文化》1986年第1期。
[2] 朱国平、王奇志、王正奎：《江苏姜堰天目山西周城址发掘报告》，《考古学报》2009年第1期，第150页。
[3] 张敏：《破山口青铜器三题》，《东南文化》2002年第6期。
[4] 袁颖：《仪征胥浦甘草山遗址的发掘》，《东南文化》1986年第1期。

经济动植物的生产部门。古邗国时期的渔业还较为原始，以采集、捕捞水产为主。在古邗国的聚落遗址——扬州甘草山遗址发现了陶网坠4件（图1.17），这四件夹砂红陶，"体形微长，呈椭圆形，两端有齐平的，有略呈弧度的。两端各有一条凹槽，大概作为系绳用"[1]。古邗国的城市遗址——天目山遗址中也出土石网坠1件，"长扁圆柱形，采用粗软石料磨制，一头刻0.22～0.4厘米凹槽，另一头有1.2～1.3厘米半圆孔。通体磨平，长7.5厘米"[2]。

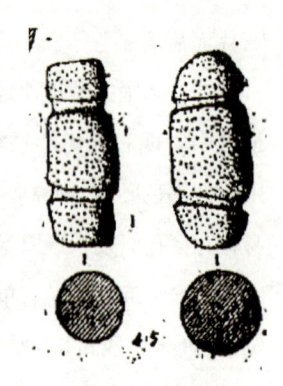

图1.17　甘草山陶网坠

对于将捕鱼作为重要谋生手段之一的邗国先民来说，小小陶网坠是渔网捕鱼必不可少的重要配件，因为在渔网周边绑上网坠，可以增加渔网重量，从而使渔网能迅速沉入水中，将鱼网住。我们的祖先最迟在6000多年前的半坡时期，就已经开始使用渔网了。这一点，可在全国各地新石器遗址出土的陶网坠中得以印证。那时先民撒网和拉网都要用网坠，其形制大同小异，表面均打磨光平，中间一般设一横向凹槽，两端各有一个竖向凹槽，这类网坠被称为双缢形网坠，凹槽也称绳槽，用于把网坠固定在网上。虽然网坠经济价值不高，但透过网坠，我却感受到，在被夕阳染红的湖泊中，古邗国人捕鱼归来、鱼儿满仓时的喜悦心情。

---

[1] 袁颖：《仪征胥浦甘草山遗址的发掘》，《东南文化》1986年第1期。
[2] 周煜、黄炳煜：《天目山、单塘河古遗址调查简报》，《东南文化》1986年第2期。

第四节　从出土文物视角看邢国的手工业

商周时期手工业采用的是"工商食官"制度。"工"是指百工，也就是全体手工业者；"商"是指官贾；"食官"是指靠官府所给的粮食生活。也就是说，商周时期，政府将全国的手工业者和商人集中起来，设官统一管理，为他们提供衣食，驱使他们为政府服务。在西周时期，王室和各诸侯国拥有各种手工业作坊，占有大量手工业者即"百工"，并设工官管理。作坊内设有监工，督促众工劳动。生产用料及食宿皆由官府提供，按工师设计的官方"图程"生产各种器物，"工有不当，必行其罪"[1]。这是一种政府占有工商业者并进行垄断性经营的制度。

一、青铜铸造业

青铜铸造业是邢国政府手工业的重要部门，邢国国君墓葬——破山口大墓出土的青铜器类别有礼器、酒器、水器、兵器和工具，按照青铜器的造型风格大致可分为三类。

第一类青铜器是中原器或仿中原器，其造型风格与中原器相同或相近，中原器有饕餮纹甗，仿中原器有素面铜鼎、方格纹铜瓿、

---

[1] 何盛明：《财经大辞典》，中国财政经济出版社，1990，第101页。

云雷纹铜尊、鸟纹铜尊、鱼龙纹铜盘等，这些器物在前文已经介绍，不再赘述。

第二类青铜器的造型风格与一江之隔的吴国青铜器相同或相近，如素面的独耳铜鬲和双耳铜鬲等。本书重点介绍一下独耳素面铜鬲（图1.18）[1]。鬲为烧煮食物的炊器。这件独耳铜鬲高28.8厘米、口径18.2厘米，侈口，束颈，鼓腹，高分裆，三锥形袋足。腹中部置一半环耳。通体素光无纹，铸造简练，独耳的造型具有明显的地方特色。

图1.18 独耳素面铜鬲

第三类青铜器具有独特的地方风格，既不见于中原，也不见于江南，如凤鸟纹铜盉、四凤铜盘、云纹铜铲等。其中四凤铜盘、云纹铜铲在前文已经有介绍，不再重复。重点介绍一下凤鸟纹铜盉（图

---

[1] 仪征市博物馆：《仪征出土文物集粹》，文物出版社，2008，第20页。

1.19）[1]。盉为盛酒用的酒器，该盉通高29.8厘米，附盖，盖钮作三叉形，盖面饰阴线凤鸟纹，盖与鋬之间以环相连，垂腹；上腹部饰鸟纹和环螭纹；管状流，半环形鋬上部作兽首形，三圆柱足，造型优美，装饰手法独特。

图1.19 西周凤鸟纹铜盉

破山口大墓出土的青铜器基本包括了西周时期青铜器的所有器类（仅缺少乐器类）。这些青铜器精美绝伦，其文化特征是交融了北方青铜文化因素和南方青铜文化因素，同时还含有一定的邗国地方性文化特征，这表明邗国青铜器的冶铸技术在中原影响下已达到了较高的水平。

另一个体现邗国青铜冶铸手工业技术水平的是铸剑技术。春秋战国时期，剑在战争中的作用逐渐凸显，各国的铸剑技术迅速发展，

---

[1] 仪征市博物馆：《仪征出土文物集粹》，文物出版社，2008，第21页。

其中，尤以吴、越地区为代表。吴越之剑制作精良，形状合理、质地优良，总体水平高于其他各地。吴越之剑之所以能够达到较高的水准，在很大程度上来自邗国青铜工匠的贡献。《淮南鸿烈解》记载："干音寒。干国在今临淮，出宝剑，盖为莫邪、洞鄂之形也。"邗国被吴国灭亡后，依附于邗国贵族和国君的邗国青铜铸造工匠失去了经济来源，一部分邗国的青铜铸造工匠被吴国掳走，继续为吴国制作青铜兵器；还有一部分青铜铸造工匠逃亡到越国、楚国等地，为这些国家的铸造机构服务，使得这几个南方诸侯国青铜兵器生产技术水平得到了明显提升。历史记载和出土文物中留存了一些邗国青铜铸造工匠流落到他国后制作青铜剑的证据。

邗国工匠在越国铸剑的一些证据：中国国家博物馆藏有一残剑。一面残存"戉州句"3字铭文，另一面残存有"余邗工利"4字铭文，"州句"应是指越王州句，他是春秋越国历史上武功最为显赫之君王，从公元前448年到前412年，在位长达30余年。"余邗工利"应理解为剩下来的邗国工匠"利"，也就是说这位来自被灭掉的邗国的工匠"利"，为越王州句制造了这件青铜宝剑。《庄子·刻意》曰："夫有干越之剑者，柙而藏之，不敢用也，宝之至也。"这说明邗国铸剑工匠在越国期间，提高了越国的铸剑水平，使得越国成为公认的宝剑产地。

邗国工匠在吴国铸剑的一些证据：邗国铸剑工匠在吴国期间，同样提高了吴国的铸剑水平。《战国策·赵策》记载："夫吴干之剑，肉试则断牛马，金试则截盘匜。"《吕氏春秋·卷十二·知分》和《淮南子·道应训》均记载了一个类似的故事，一个人用吴国干遂城（高诱注："干遂，吴邑。"）生产的宝剑斩杀蛟龙，救了一船人。内容如下：

"荆有次非者，得宝剑于干遂。还反涉江，至于中流，有两蛟夹绕其船。次非谓舟人曰：'子尝见两蛟绕船能两活者乎？'船人曰：'未之见也。'次非攘臂袪衣，拔宝剑曰：'此江中之腐肉朽骨也！弃剑以全己，余奚爱焉！'于是赴江刺蛟，杀之而复上船，舟中之人皆得活。荆王闻之，仕之执圭。孔子闻之曰：'夫善哉！不以腐肉朽骨而弃剑者，其次非之谓乎？'"

邗国工匠也有一些流落到其他国家的。《搜神记》就记载有干将、莫邪为楚王铸剑的传说："楚干将、莫邪为楚王作剑，三年乃成。"《列士传》中则记载："干将莫邪为晋君作剑，三年而成。"不管是为哪个国君铸剑，其主角都是干将。有一种说法认为，所谓的"干将"，其实是"干匠"，也就是邗国的工匠，他们来自邗国，被统称为"干匠"，所以"干将（匠）"才会出现在不同的国家为君王铸剑。《搜神记》属于志怪类小说，也不能作为信史使用，故此干将、莫邪二人为楚王作剑的事情也许并非史实。但是任何神话故事都会有它的本源，所以作者大胆推测，在春秋战国时期，确实存在着一批擅长铸剑的匠人，这些匠人来自邗国，被称为"干匠"，也就是后世传说中的"干将"。

二、纺织业

邗国古遗址中出土了大量纺轮。纺轮是最早的捻线工具，使用时，在纺轮中间的小孔插一个木柄或骨柄，用食指和拇指捻动木柄使纺轮旋转起来，将杂乱的纤维拧在一起，形成一股缠绕在木柄上的线，或用同样的方法把单股的线合成多股的更结实的"线"。在西周时期，用纺轮纺线的工艺已经相当成熟，纺线成为女性一项必备的技能。那个时候，如果生了女孩，别人就要送一个纺轮。据《诗经·小雅·斯干》记载，生了男孩则"载寝之床，载衣之裳，载弄之璋（注：一种半圭形玉器）"，生了女孩则"载寝之地，载衣之裼（注：包婴儿的被），载弄之瓦（注：纺轮）"。这里的"瓦"就是指纺轮，诗歌祝贺主人子孙繁盛，生男长成执玉璋，贵为王侯；生女，则要送纺轮，以期盼长大后，精于女工，善及夫家。后代生男称"弄璋之庆"、生女称"弄瓦之喜"也是来源于此。

考古人员在古邗国的聚落遗址——扬州甘草山遗址中，发现了石纺轮1件，呈扁圆形，中心钻孔，紫红色，通体磨光。两面均刻画细线条，似菱形网状花纹。我们不难想象，捻线时，这枚石纺轮旋转起来，菱形网状花纹幻化成一个美丽的同心圆。此刻，艺术的美渗透进了邗国先民朴素的生产劳动之中。石纺轮的使用不仅给当时邗国先民带来了生产、生活的便利，还带来了精神的愉悦和艺术的享受。

扬州甘草山遗址中发现的更多的是陶纺轮，共10件，绝大多数为泥质红陶，灰陶仅有一件，是夹细砂的。分为三式：

"Ⅰ式：4件，扁平圆形，四周边缘有棱角，边缘中间有一道凸棱。平面正中有穿孔，三件是素面。其中一件在一面的平面上饰有等称的九个圆圈纹（图1.20）。

"Ⅱ式：4件，扁平圆形，平面正中穿孔，素面。

"Ⅲ式：2件，两端小，中间宽似算盘珠，中间四周边缘有一道宽四公分的边，平面正中穿孔，素面。"[1]

---

[1] 袁颖：《仪征胥浦甘草山遗址的发掘》，《东南文化》1986年第1期。

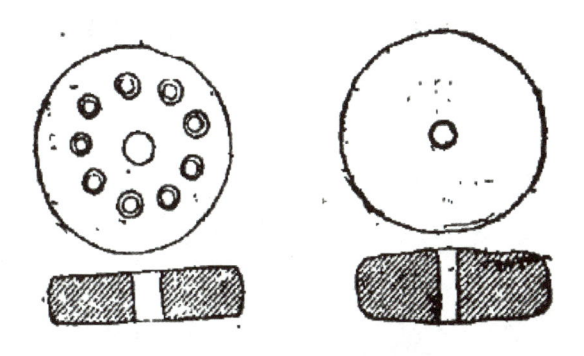

第一章 邗沟开凿前传——出土文物视角下的古邗国概貌

图1.20 甘草山出土纺轮图

古邗国的城市遗址——天目山城址也出土了大量陶纺轮,共6件,具体情况如下:"(探方编号)T4625⑧:3,灰陶。扁柱形,中有孔。直径4.7厘米、厚0.9厘米、孔径0.7厘米。(探方编号)T4625⑧:4,灰陶。扁柱形,外侧弧,中有孔。直径5.4厘米、厚1.1厘米、孔径0.8厘米。(探方编号)T4625⑥:2,黑皮陶。扁柱形,中有双面对钻穿孔。直径5.2厘米、厚1.2厘米、孔径0.8厘米。(探方编号)T4522④:8,黑皮陶。陶片磨制而成,近椭圆形,中有双面对钻穿孔。长轴6.2厘米、短轴5.6厘米、孔径0.4厘米。(探方编号)T4425⑧:4,黑皮陶。双圆台形,体较厚,中有孔。直径2.7厘米、厚2厘米。"[1] 纺轮是纺织手工业发展到一定阶段的产物,在邗国遗址中发现大量的纺轮,说明距今3000多年前的邗国先民已经可以纺线缝制衣物,用于御寒保暖、遮羞装饰。纺轮的大量发现,对研究江淮地区手工艺史的发展和文明史的进程具有重要意义。实际上,这纺轮纺线的原始手工

---

[1] 朱国平、王奇志、王正奎:《江苏姜堰天目山西周城址发掘报告》,《考古学报》2009年第1期,第148-149页。

艺在数千年后的今天仍在沿用，如今在苏北地区的广大农村，老大娘们有时还将几枚铜钱叠压起来，在钱孔中插一根筷子，制成类似纺轮的"捻子"纺线呢。

第五节　邢国的风俗初探

一、邢国的成丁礼——凿齿

对邢国的成人礼习俗的推断源自《管子·小问》,书中记载了管子和婢子的一段对话,婢子说:"公其毋少少,毋贱贱。昔者吴、干战,未龀不得入军门。国子摘其齿,遂入,为干国多。"婢子意思是说,你不要轻视年少的人,也不要看不起下人。想当年吴国和邢国发生战争,未成年者不得参军,公卿大夫的年幼子弟便凿齿(表示已成年)参军,为邢国的军队增加了兵源。我们从这里可以看出当时的邢国还保留着凿齿成人的原始习俗,在邢国人的"成丁礼"上,即将成年的孩子将被摘去门齿,以表示其成为大人,可以结婚和参军。

凿齿也称折齿、摘齿、摘齿、缺齿、断齿、打牙等,它是产生于古代原始部落民族中的习俗,是人们有意识地拔取或敲断某些健康前位齿的行为。凿齿的方式有敲掉、拔掉、锯平、毁损等多种,多在青春期对称地拔、毁中间或两侧上牙门齿或犬齿。牙齿是人体重要的消化器官和发声器官,拔牙需要承受相当大的痛苦,没有足够的理由,人们是不会施行这种伤害自己身体的行为的。大部分学者认为凿齿习俗与获得成丁及成婚资格有关。

那么这个凿齿的习俗源自哪里呢?上古神话《山海经》中多次提到有"凿齿"习俗的部落。如《山海经·大荒南经》中记载,"有人曰凿齿，羿杀之。有蜮山者，有蜮民之国，桑姓，食黍，射蜮是食"。再如《山海经·海外南经》记载了后羿打败"凿齿"的故事："羿与凿齿战于寿华之野，羿射杀之，在昆仑虚东。羿持弓矢，凿齿持盾，一曰戈。"

《山海经》一书毕竟是上古神话，不足以为据。在中国，科学考古发掘资料证实的"凿齿"习俗，可溯源到大约距今6800年的山东滕县北辛文化中期，随后在我国其他地区的史前遗址中也发现了拔牙人骨的存在，例如：山东省汶上县东贾柏村贾柏遗址、兖州王因遗址、泰安大汶口遗址、曲阜西夏侯遗址、诸城呈子遗址、诸城枳沟前寨遗址、茌平尚庄遗址、邹城野店遗址、莒县陵阳河遗址、广饶五村遗址、胶州三里河遗址，江苏省邳州大墩子遗址、邳州梁王城遗址、常州圩墩遗址，上海青浦县崧泽假山墩遗址，安徽省亳州富庄遗址、蒙城县尉迟寺遗址，河南省淅川下寨遗址，湖北省房县七里河遗址、枣阳市雕龙碑遗址，福建省闽侯县昙石山贝丘遗址，台湾地区圆山遗址、鹅銮鼻遗址、卑南墓群、澎湖锁港遗址，广东省广州市增城区金兰寺贝丘遗址、佛山市河宕贝丘遗址、佛山市南海区大同圩灶岗贝丘遗址、佛山南海区百西乡鱿鱼岗贝丘遗址，香港地区东湾仔北遗址，四川省成都市十街坊遗址、四川省大邑高山古城等。研究人员通过梳理这些遗址的考古材料发现：随着纬度的下降，这些拔牙遗迹的年代越往南越晚。这是由于"凿齿"习俗随着部落的迁徙和文化的传播，逐步向外扩张的结果。

进入商周时期，仍沿袭"凿齿"习俗的国家以古邗国作为代表。起源于山东大汶口地区的"凿齿"文化在邗国盛行，一种可能是江淮地区也是该文化的辐射范围；另一种可能是邗国人有一部分就是由山东大汶口文化地区迁徙而来的。而后者的可能性较大,这也从一个侧面印证了前文所说的"古邳国人和今山东潍河流域的寒部落有关"。

那么古邳国灭亡以后,其他地区还有没有这种成人礼呢?三国时期地方志书《临海水土异物志》记载:"夷洲女已嫁,皆缺去前上齿。"这里的"夷洲",是指台湾岛,也就是说三国时期台湾岛上的女性居民,有凿齿后再成婚的习俗。清代的郁永河在《裨海纪游》中也记载了类似的习俗,只不过清代的习俗是男女双方都要凿齿,具体情况如下:"女择所爱者,乃与挽手。挽手者,以明私许之意也。明日女告其父,召挽手少年至,凿上腭门牙二齿授,女亦二齿付男,期某日就妇完婚,终身归以处。"清代的黄叔敬在《台湾使槎录·番俗六考》中也有类似记载:"成婚,男女俱去上齿各二,彼此谨藏,以矢终身不易。"直至20世纪三四十年代,在贵州、广西的部分仡佬族和仫佬族中还存在丧葬仪式中"拔牙"的习俗。在世界其他地区,如邻近的日本、朝鲜、越南和东南亚的印度尼西亚、泰国等临海国家也发现了相关的考古学和民族志材料。甚至非洲的埃及、尼罗河流域、东非、尼亚沙湖流域、赞比西河流域、刚果、几内亚和澳洲、环太平洋的海岛地区的土著居民中也广泛流行这种习俗。

"凿齿"以标志成人的习俗并非西周时期普遍的成人仪礼,而是邳国特有的风俗文化。西周时期是各种礼仪制度创建和完善的时期,周文化被称为"礼文化",从出生、成人到婚嫁、死丧都有一定的仪礼来规范人(主要是贵族)的行为。西周时期正统的成人礼是这样的:当男孩长到20岁时,要行成人的冠礼。冠礼由筮卜定吉日,届时邀请亲朋为证人,冠礼中先后加冠三次,由请来的贵宾为青年加冠,并加以勉励和告诫。仪式结束,该男子遂成为贵族社会的一员。冠礼还包括命字的仪礼,有了字,表示成年之后可为人之父了。

二、邗国的葬俗——选"风水宝地"

邗国的墓葬发掘数量不多,根据目前资料,整合破山口大墓、天目山遗址中发现的墓葬特点,推断出邗国葬俗如下。

(一)贵族墓葬选在"风水宝地"

西周时期,已经形成了对于阳宅和阴宅的一些堪舆术。如《尚书·召诏序》载:"成王在丰,欲宅邑,使召公先相宅。"就是说周成王在准备修建"宅邑"之前,先找到了擅长看风水的召公进行"相宅",这说明阳宅在建造之前必须进行风水堪舆。那么西周时期阴宅(墓葬)是否也会先看风水呢?作者通过对古邗国国君的墓葬——破山口大墓的风水选址研究发现,西周时期墓葬的选址观念和后世的墓葬风水观念有诸多相似的地方。

首先,破山口大墓建在蜀冈龙脉之上。《读史方舆纪要·卷二十三·南直五》记载:"蜀冈,(扬州)府城西北四里。绵亘四十余里,西接仪真、六合县界,东北抵茱萸湾,隔江与金陵相对。上有蜀井,相传地脉通蜀也。"蜀冈是江淮地区的一条龙脉,而破山口这座小山,正是在蜀冈龙脉之尾。

其次,破山口墓葬的选址符合后世风水布局。破山口大墓所在的位置,北面背靠蜀冈龙脉的主脉,南面则是一马平川的平原,平原再往南则是长江。"墓葬背山面水,面对平原的环境特点和《葬书》

中所说的'前涧（朱雀），地阔，有溪水绕过，后冈（玄武），有高山作为屏间'的形势要求极为符合。这样的风水布局和后世风水中前有照、后有靠的墓葬选址思想也是一致的。"[1] 因此破山口大墓所在的位置是一块绝佳的"风水宝地"。这一墓葬选址原则，与一江之隔的镇江大港一带的吴国贵族墓地的风水选择基本一致，有异曲同工之处。这也反映了在当时已经形成了长江两岸通行的"墓葬风水术"，当时的吴国和邗国有着相似的风水堪舆技术。邗国贵族墓地的发现，也从侧面反映了当时墓葬风水选址的情况。

（二）奴隶墓葬"悲惨凄凉"

邗国境内的天目山西周城址发现有墓葬1座（图1.21），"该墓位于城墙拐角处，为长方形竖穴土坑墓，墓底长84厘米，宽29厘米，墓葬深84厘米，填黄褐色花土，土质松软"[2]。该墓葬没有陪葬品，墓中存有较差的人骨，为侧身屈肢葬。这种葬姿是把死者身体蜷曲起来，据说是为了还原在母体中的状态，以求再生。墓主人的头朝向东略偏南的方向。

经专家鉴定，此墓的墓主人为未成年人，是非正常死亡，埋在城墙拐角处，有祭祀的性质，说明墓主人身份为奴隶。为什么要用活人祭祀呢？西周天目山城址所处的西周时代为奴隶制社会，拿奴隶祭祀是常态。在当时统治者的眼中，奴隶就是生产工具，和牲口

---

[1] 李智：《西汉诸侯王崖墓的风水选择及其原因初探》，《学理论》2009年第4期。

[2] 朱国平、王奇志、王正奎：《江苏姜堰天目山西周城址发掘报告》，《考古学报》2009年第1期，第135页。

没什么区别。史书上有相关记载："乃夹于南门，用俘，皆施佩衣，衣先馘入。""武王在祀……乃以先馘，入燎于周庙。"翻译过来的意思就是，周武王在得到天下之后，在周庙和南城门杀了很多的人用来作为祭品祭祀。我们所熟知的甲骨文也记载了很多用活人祭祀的事件，如甲骨文中的"姣妾"，就是烧死女奴来求雨；"沉妾"，就是把女奴投入水中以祭神；"伐羌"，就是杀死羌奴以祭祖。所以在天目山城池建设开工前，邗国统治者照例进行了占卜，并用活人进行了祭祀，以保证工程顺利，城池金汤永固。

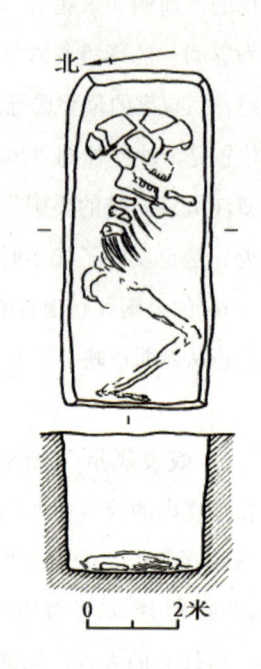

图 1.21　天目山西周城址墓葬

第六节　从出土文物视角看邢国的商业与货币

由于农业和手工业生产的发展进步，商业成了不可缺少的社会经济部门。"当时在'工商食官'的制度下，商业由国家垄断，在较大的都邑中出现了市场，有管理市场的'质人'。交易的商品，除了比较珍贵的'宝货'和兵器、牛马、丝帛等各种物资外，还有奴隶。"[1]奴隶的价格，据《曶鼎》铭文所记，五名奴隶才值"匹马束丝"（图1.22）。商贾在市场上进行贸易，都由"质人"制发买卖的契券。

图1.22　五名奴隶＝"匹马束丝"

西周时期，在商业交换中，主要的货币是以朋为计算单位的"贝"。目前发掘的邢国的遗址中，并未发现"贝"这一类货币，说明当时以物易物的交换比较多。铜也被用作交换手段，"青铜曾经是中国早期的一种称量货币"[2]。青铜以锊或锾为重量单位。古邢国的城市遗

---

[1] 朱绍侯、张海鹏、齐涛：《中国古代史（新版　上册）》，福建人民出版社，2004，第74页。

[2] 戴志强、周卫荣：《中国早期的称量货币：青铜——长江下游地区出土青铜块的科学验证》，《中国钱币》1995年第2期。

址——天目山遗址中发现了11件青铜块(图1.23)[1],据学者考证,"这十一件青铜块,应为邗国的货币"[2]。民间的贸易活动,也在城邑内外展开,但一般数量较少,大都以物易物,相互交换一些日用必需品。例如前文所说的甘草山遗址中出土的纺轮纺出的线、织成的布,就可以用来作以物易物的交换,作为古代邗国先人自给自足自然经济的补充。正如《诗经·卫风·氓》中所吟唱的"氓之蚩蚩,抱布贸丝",这反映的就是西周时期百姓以家庭手工业产品相交换的场景。

图1.23 天目山遗址出土的青铜块

---

[1] 窦亚平、窦广才:《江苏姜堰天目山西周城址出土青铜块刍议》,《江苏钱币》2014年第2期,第4页。
[2] 窦亚平、窦广才:《江苏姜堰天目山西周城址出土青铜块刍议》,《江苏钱币》2014年第2期,第3页。

第七节　从出土文物视角看邗国的建筑

一、邗国人住在哪里——干栏式建筑

西周时期，人们的居住条件有了一定的改善，北方地区多为半地下式，南方多为干栏式房屋。正如晋人张华在《博物志》中所说："南越巢居，北朔穴居，避寒暑也。"

古邗国先民的住房情况在天目山城址中发现较多，首先要介绍的是天目山城市遗址中发现的大型台基，它有可能是宫殿一类的大型建筑的基座。该大型台基"为人工堆筑，位于内城中部偏北，东西长约15米、南北宽约10米"[1]。台基未进行发掘，所以用途不明，但是一般来说，这类大型台基多是作为宫殿一类的大型建筑的基座。

其次要介绍的是古邗国房屋的建筑形制。天目山城址发现了房址3座，为"立柱式地面建筑"[2]，也就是干栏式建筑。干栏式建筑，即干栏巢居，是在木（竹）柱底架上建筑的高出地面的房屋，这是远古时代的一些地区，特别是南方较为潮湿地区的建筑风格。从考

---

[1] 朱国平、王奇志、王正奎：《江苏姜堰天目山西周城址发掘报告》，《考古学报》2009年第1期，第134页。

[2] 朱国平、王奇志、王正奎：《江苏姜堰天目山西周城址发掘报告》，《考古学报》2009年第1期，第134页。

古发现看，中国新石器时代的河姆渡文化、马家浜文化和良渚文化的许多遗址中，都发现埋在地下的木桩以及底架上的横梁和木板，表明当时已产生干栏式建筑。干栏式房子的主要特点是使房子与地面隔离而达到有效的防潮目的。除此之外，还具有有效地利用空间、一房多用的效能。西周时代的湖北蕲春毛家嘴遗址中，也发现规模较大的干栏式建筑。

天目山城址编号为F1和F3的房址"仅揭露三柱洞，保留未扩方清理"[1]。因此这两个房屋的情况尚不明确。考古发掘中重点清理的是编号为F2的房址，该房址"堆积为灰褐色土夹大量红烧土层，出土遗物较少。F2的建筑基面为经过烧烤的第10层……清理24个柱洞，布局平面近长方形，东南部为门道。内部应有分隔。长约10.5（米）、不包括门道宽8.6（米）、包括门道宽9.8米"[2]。也就是说编号为F2的房屋是长方形的。房屋整体面积约100平方米，这样大的房屋在当时也算是豪宅了。房屋大门开在东南方向，方便采光、通风和避寒，因为扬泰地区位于北半球北纬32°15′至33°25′之间，东南向的房屋从一早开始就接受更多的阳光照射，冬暖夏凉，日照时间长，采光好。古代邗国先民将房屋大门的朝向选在东南方向，充分展现出古人的生活智慧和建筑理念，直至今日，我们的房屋朝向还是以坐北朝南为主。

---

[1] 朱国平、王奇志、王正奎：《江苏姜堰天目山西周城址发掘报告》，《考古学报》2009年第1期，第134页。

[2] 朱国平、王奇志、王正奎：《江苏姜堰天目山西周城址发掘报告》，《考古学报》2009年第1期，第134页。

最后要介绍的是房址的柱洞（图 1.24）[1]。天目山城址发掘出土的房屋遗址中的柱洞平面以椭圆形为主。F2 房址中较有特色的是编号为 F2Z1 的柱洞，情况如下："近圆形，直径 40（厘米）、深 64 厘米。在 24 厘米深处出现内柱洞，直径 20（厘米）、深 40 厘米，填灰褐色土，内柱洞有碳化木柱残段。"[2] 这个柱洞的特点是近似圆形，柱洞内残存有碳化木柱残段，由此可知该房屋的柱子为圆形，通过对该柱洞残存的碳化木柱进行检测，还可以确定当时邗国人建筑房屋是采用什么木材，但这一检测在考古发掘报告中并没有反映出来，期待以后的进一步研究。F2 房址中编号为 F2Z10 的柱洞也较有特色，情况如下："椭圆形，长轴 96（厘米）、短轴 54（厘米）、深 60 厘米。在 30 厘米深处出现内柱洞，长轴 38（厘米）、短轴 26（厘米）、深 30 厘米，填灰褐色土。"[3] F2Z10 的柱洞的特点是形状为椭圆形，说明当时使用的柱子也是椭圆形的，而 F2Z1 的柱洞的形状为近似圆形，说明当时使用的柱子也是近似圆形的。房屋柱子形状的不同说明古代邗国人在建造房屋时对于房屋柱子的选择还较为原始，就地取材制作柱子时，仅仅考虑实用性，还没有考虑柱子大小、形状的整齐划一，也就是较少地考虑到房屋的美观性。

---

[1] 朱国平、王奇志、王正奎：《江苏姜堰天目山西周城址发掘报告》，《考古学报》2009 年第 1 期，图版叁。

[2] 朱国平、王奇志、王正奎：《江苏姜堰天目山西周城址发掘报告》，《考古学报》2009 年第 1 期，第 134 页。

[3] 朱国平、王奇志、王正奎：《江苏姜堰天目山西周城址发掘报告》，《考古学报》2009 年第 1 期，第 134 页。

图 1.24　天目山遗址房屋遗址（柱洞）

二、邗国城市的城墙怎么建造——堆筑法

《江苏姜堰天目山西周城址发掘报告》显示，天目山遗址有内外城墙，外城城墙沿河内侧分布，城址平面略呈椭圆形，东西长 170 米、南北宽 160 米，面积约 25 000 平方米，城墙残缺严重，不连续地保有北侧和西侧的部分城墙，东侧城墙与内城合一。内城城墙保留相对完整，位于外城内的东北部，以西城墙、南城墙与外城相隔离，内城边长约 70 米，面积约 4 000 平方米。这么大范围的城墙是怎么建造起来的呢？据考古发现，主要的建造办法是平地用土堆筑，现存城墙的下部断面为梯形，两侧坡度约 45 度，城墙底部宽约 20 米、现存城墙高约 1 米。城墙有两次堆筑现象，堆土层面的形成顺序为

自河边向城内渐晚，先后堆土各层次均呈坡状倾斜（图1.25）。

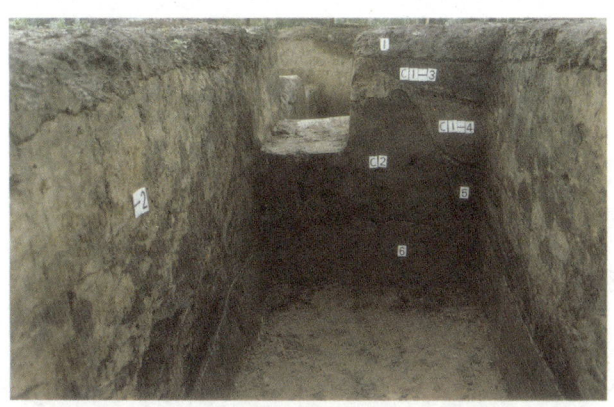

1. T4527北壁城墙剖面（南—北）

2. T4321城墙转角处剖面（北—南）

图1.25 天目山遗址城墙剖面[1]

---

[1] 朱国平、王奇志、王正奎：《江苏姜堰天目山西周城址发掘报告》，《考古学报》2009年第1期，图版贰。

第八节　古邗国的灭亡与古邗沟的开凿

一、吴国强大后灭邗国

据史籍记载，吴国的历史可上溯到商末。周族领袖周太王有意传位于幼子季历和季历之子姬昌，作为兄长的太伯和仲雍为遂父亲的心愿，主动逃避到南方的荆蛮之地，自号"句吴"。此说虽不能轻易否定，但目前还没有得到考古学的证实。

吴国的发端能够得到印证的是西周武王时期，"是时周武王克殷，求太伯、仲雍之后，得周章，周章已君吴，因而封之……列为诸侯。"1954年在位于镇江丹徒大港镇东的烟墩山发现了吴国国君周章的墓葬。吴国世系清楚，从周章到夫差共21世。吴国早期的疆域在今宁镇地区，不在太湖地区，这也是根据多年来的考古发现和研究，学术界得出的科学结论。

《史记·吴太伯世家》记载："寿梦立而吴始益大，称王。"也就是说吴国的逐渐强盛是在第19代国君寿梦执政以后。寿梦即位，始称吴王。作为姬姓诸侯，寿梦打破常规：亲自朝拜周天子，并访问中原诸侯国，与他们建立友好关系；任用晋国大夫申公巫臣训练吴国士兵，让他们学习如何使用战车以及排兵布阵之法，使吴国的军事实力得到迅速提升。正如《史记·索隐》中记载的那样："寿梦初霸，始用兵车。"

二、邗国灭亡的时间和迁徙

邗国被吴国吞并的时间史籍没有记载。对这一历史事件发生的时间，学术界主要有两种意见：

一种意见认为在西周晚期或两周之际。依据之一是，《管子·小问》篇中记述了在齐相管仲执政前爆发了吴邗战争。在这场战争中，弱小的邗国举全国之力进行了殊死抵抗，形势岌岌可危。有可能在这场战争中或在此不久后，邗国便灭亡了。依据之二是，记载天下大事的《左传》里没有记录这一历史事件。《左传》作为编年体史书，最早起自鲁隐公元年（前722年）。《左传》未记载，说明事件可能发生在公元前722年之前。

另一种意见认为，吴邗兴替完成于吴王寿梦执政时期。寿梦即位后，吴国逐渐强盛，不仅敢于主动进攻一些小国，而且敢于挑战南方诸侯大国楚国。在寿梦执政期间，吴国的势力范围已到达淮河中下游南岸。根据寿梦二十三年（前563年）在柤地（今江苏邳州北）会盟的情况分析，吴邗兴替应发生在这次会盟之前（《左传·襄公十年》载："十年春，会于柤，会吴子寿梦也。"）。

邗国被吴国灭亡后，邗国人的一支留在了江淮一带，后被并入宋国；一支南迁至姑苏附近，后融入吴国；一支南迁到江西南昌东部的余干县境内，他们与越人融合；还有一支迁徙到赣水流域，未与吴越人融合，独自繁衍生息，他们身材魁梧，体形高大，世居枭阳（今江西鄱阳），被称为"赣人"。

三、吴王夫差筑邗城开邗沟

吴王夫差即位后,于公元前494年大败越军于夫椒(今江苏苏州太湖中洞庭西山),继而攻破越都(今浙江绍兴),使越国屈服。在以为解决了后顾之忧后,夫差效仿先王寿梦,调整战略重点,把注意力放在了与北方诸侯的争霸上。由于吴王阖闾执政期间,吴都已迁到了苏州附近,要跨越长江、淮河才能与齐国交战。实现战略重点转移,必须要解决距离过远、后勤补给线太长的问题。于是,公元前486年,吴王夫差在扬州地区筑邗城,开邗沟,也就是《左传·哀公九年》中记载的"吴城邗,沟通江淮"。邗沟是采用人工的方式,对邗邑(今江苏扬州境内)至末口(位于今江苏淮安市)之间的自然河流、湖泊进行连缀,形成的一条运河。(图1.26)

邗沟开凿的意义重大,总结起来,主要有四点:

1. 邗沟是中国历史上具有明确历史纪年的最早的运河;

2. 邗沟是中国历史上首次通过人为干预将长江、淮河两大水系连接起来的河流;

3. 邗沟为中国运河的开凿,特别是隋朝大运河的开凿提供了重要的示范;

4. 开创了扬州作为运河城市历史的新纪元。

吴邗城筑成后,夫差又自称邗王。两年之后,在齐吴"艾陵之战"(艾陵,在今山东济南市莱芜区东北)中,吴国打败了齐国。

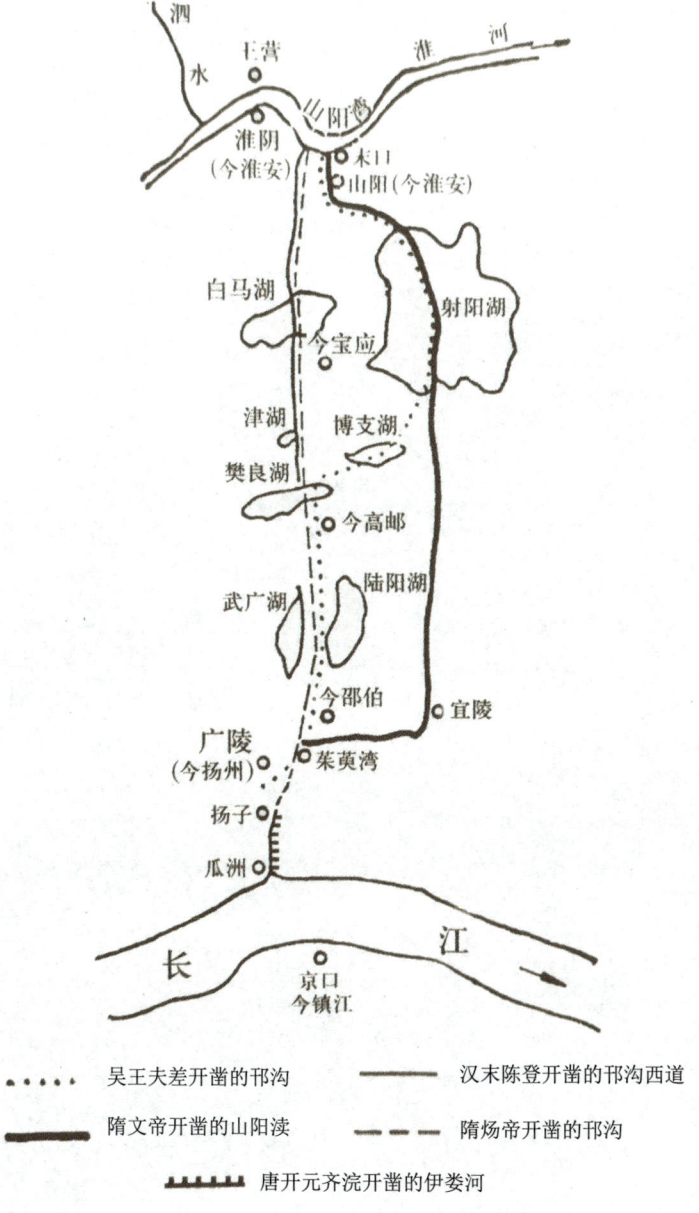

第一章 邗沟开凿前传——出土文物视角下的古邗国概貌

▲图1.26 邗沟开凿示意图

第二章
邗沟河畔的王
——扬州汉代诸侯王及其遗存

纵观整个汉代，在扬州建都的诸侯王共有11位，他们都是汉高祖刘邦的宗亲或者后裔，这些居住在古邗沟畔的诸侯王有的励精图治，做出了一系列可圈可点的政绩，恩泽江淮，百姓称颂，如吴王刘濞。有的荒淫无道，穷奢极欲，数度谋反，被朝廷惩戒，如西汉广陵王刘胥、江都王刘建、东汉广陵王刘荆。而更多的诸侯王则是庸庸碌碌，平淡一生，乏善可陈，如西汉广陵王刘霸，刘意、刘护、刘守。本章内容『搜尽文献打草稿』，把涉及这些诸侯王的古文找到，用白话文翻译出来，然后综合整理，形成了系统介绍扬州汉代11位诸侯王的白话文表述，文中还根据考古和文献资料，深入浅出地分析了这些诸侯王的终葬之地。

第一节 扬州汉代诸侯王概述

一、汉代全国诸侯王封立概述

早在楚汉战争时期,刘邦(图2.1)为了网罗各股军事力量,与楚霸王项羽争夺王位,曾分封了韩信、英布、彭越等一些重要将领为王,他们在汉军大旗之下,使刘邦终成帝业。

图 2.1 刘邦

汉初的政治体制基本沿袭秦制,但在中央集权制度下,又恢复了秦代已废除的分封制,也就是采用"郡国并行制"的政治制度。"汉封功臣,大者王,小者侯也。"[1] 汉初一共有7位异姓王,分别为

---

[1]〔汉〕司马迁:《史记》,中华书局,1959,第802页。

楚王韩信、梁王彭越、淮南王英布、赵王张耳、燕王臧荼、韩王信、衡山王吴芮。此外，刘邦还封了功臣萧何等140多人为列侯。这些异姓诸侯国地域连贯，占据了较好的自然资源，如靠近海边的拥有鱼盐之利，占据铜矿山的可以自由铸铜币，拥有水陆交通优势的可以发展贸易。这些日渐强大的异姓诸侯还拥有自己的军队，并逐渐成为汉王朝统治的不稳定因素。出于政治考虑，公元前202年起，汉高祖刘邦以谋反等罪名为借口，逐步清除异姓诸侯国，先后将韩信、彭越、英布、臧荼等人杀掉，把张敖废为列侯，至公元前195年，汉高祖刘邦基本完成异姓诸侯国的清除工作，仅留下一个势力最小的长沙国。

清除异姓王以后，刘邦开始分封刘氏子侄为王，并杀白马为盟，立下"非刘氏而王者，天下共击之"的誓约，这是想要依靠刘氏宗族的力量作为皇权的羽翼。此时除了长沙国外，楚、齐、赵、代、梁、淮阳、淮南、吴、燕九国均为刘氏子弟封国，而汉朝中心为关中，汉高祖刘邦实际上的自领区域仅有15个汉郡。《史记》中是这样记载的："高祖子弟同姓为王者九国，唯独长沙异姓……而内地北距山以东尽诸侯地，大者或五六郡，连城数十，置百官宫观，僭于天子。汉独有……十五郡。"[1] 其实，封国的存在，对中央集权而言必然是个离心力，尽管汉高祖刘邦也曾规定王国的相、太傅、内史、中尉等官吏由中央委派，希望以此限制诸侯王的权力，但未能起到应有的作用。

汉高祖刘邦去世后，吕后执政。吕后执政期间至文帝期间，诸侯国区域也发生了一定的改变。梁国、赵国相继被吕后所废，诸侯

---

[1]〔汉〕司马迁：《史记》，中华书局，1959，第801-802页。

国区域以及诸侯王经过相应调整,至高后八年(前180年),增置诸侯国为8个,分别为燕、赵、吕(原梁国)、常山(由赵国分割出来)、淮阳、济川(原齐国疆域)、鲁(原楚国疆域)、琅琊。吕后死后,文帝即位,除长沙国外,同姓诸侯国齐、楚、赵复国且仍归旧地。此时诸侯国的实力较高帝时期而言,仍旧十分雄厚,对汉朝中央政府仍存有潜在威胁。文帝末年,长沙国由于无后除国,疆域并入周边地区,正如《史记》记载:"讫于孝文,异姓尽矣。"[1]

汉景帝时期,朝廷一方面继续实行文帝时期的部分政策,"众建诸侯而少其力"[2],另一方面削藩。削藩的一系列政策和做法导致在景帝三年(前154年)发生了以吴王刘濞为首发动的"七国之乱"。平叛之后,楚国得以续国,吴国及其他一些叛乱诸侯国被废,各诸侯国又进行了调整,情况较七国叛乱前又产生了相当大的改变。汉景帝中元六年(前144年),诸侯国多达25个,是西汉时期诸侯国最多的时期。此时诸侯国国力已经大不如前。汉武帝之后,随着"推恩令"等一系列政策的推行,中央加强了对地方的控制,因此,诸侯国在汉武帝之后对中央的隐患越来越小。直至王莽时期,诸侯国尽废。经历过王莽新政等一系列混乱,到了东汉,为了稳定社会,光武帝借助汉朝宗室的力量建立了东汉政府。与西汉时期分封诸侯国不同的是,为了避免西汉诸侯国势力过大的情况出现,东汉光武帝有意识地将诸侯国划分成相对较小的区域。到了建武十三年(37年),社会稳定,出于政治考虑,东汉光武帝开始着手清理诸侯国。当时,诸侯王国基本定为13国。几经调整,在光武帝晚期最终形

---

[1] 〔汉〕班固:《汉书》,线装书局,2021,第134页。
[2] 〔汉〕班固:《汉书》,中华书局,1962,第2356页。

成 12 个诸侯王国、81 个汉郡的情况。东汉光武帝时期，诸侯王国疆域与西汉诸侯王国发展鼎盛期已不可同日而语，诸侯王国与郡的疆域规模基本相当，这种分封理念也一直贯穿整个东汉时期。东汉明帝时期王国增加为 17 国，这也是东汉最为鼎盛的时期。东汉章帝到安帝时期，诸侯王国变化总体较少，汉郡变化较大。东汉顺帝之后一直到东汉晚期，诸侯王国数量上虽有增减，但整体实力趋于下滑，实力难与中央抗衡。到了东汉末年，地方豪强割据局面开始出现，这与东汉庄园经济有着紧密联系。

二、汉代扬州地区诸侯国封立概况

汉代扬州地区先后有西汉荆国、吴国、江都国、广陵国和东汉广陵国共计 5 个诸侯国在此建都城，城址在今扬州城北蜀冈之上。虽然扬州地区汉代诸侯国因战乱、反叛、谋反等原因不断更替、几经易主，但扬州一直是这些诸侯国的国都，这使得扬州地区成为当时中国东南一带的政治、经济、文化的中心之一，并成就了扬州地区的繁荣和辉煌。

汉代第一个建都扬州的诸侯国是荆国，荆国立国时间极短，荆国国君刘贾被叛军英布所杀后，荆国灭。而后是吴国，但是吴王刘濞发动了"七国之乱"，兵败国除，原来的吴国改封为江都国，由"七国之乱"中平乱有功的汝南王刘非为江都王，"治吴故地"。刘非于汉元朔二年（前 127 年）去世，其子刘建即位，后刘建谋反，武帝元狩二年（前 121 年），江都国被废，改为广陵郡。到了汉元狩六年（前 117 年），武帝封其子刘胥为广陵王，仍以广陵（在今扬州市西北蜀冈上）为都城，管辖四县，即广陵、江都、高邮、平安。西汉的广陵国一直延续到王莽新朝时期，最后一个广陵王刘宏被王莽贬为庶民，广陵国也由此改为江平郡。

东汉明帝永平元年（58年），广陵郡改为广陵国，刘荆被立为广陵王。永平十年（67年），广陵王刘荆畏罪自杀，国除。广陵国被废为郡。刘荆之子刘元寿在永平十四年（71年）被封为广陵侯，自此广陵一直以侯国传承，食故国6县。东汉前期，鉴于前朝历史教训，刘秀对行政区划做了大规模调整，不仅在西汉郡国并行制基础上改成三级建制，而且恢复了刺史制度。广陵国（郡）在东汉时期多属徐州刺史部。根据《汉书·地理志》，西汉平帝元始二年，徐州刺史部管辖地区有楚国、泗水国、广陵国、琅琊郡、东海郡、临淮郡，区域相当于现在江苏的苏北、山东南部和皖东北部的部分地区。东汉时徐州刺史部辖琅琊国、东海郡、彭城国、下邳国、广陵郡（国）。

纵观整个汉代，都城位于扬州的诸侯王共有11位，分别为荆王刘贾、吴王刘濞、江都王刘非、江都王刘建、西汉广陵王刘胥、西汉广陵王刘霸、西汉广陵王刘意、西汉广陵王刘护、西汉广陵王刘守、西汉广陵王刘宏和东汉广陵王刘荆。

第二节　汉代建都扬州的第一个诸侯王
　　　　　　——荆王刘贾及其遗存

一、刘贾生平

刘贾（？—前196年），沛郡丰邑（今属江苏徐州丰县）人，刘邦的远房兄弟。刘邦初起事反秦的时候，刘贾就参与了。汉王刘邦从汉中返回来平定三秦，任刘贾为将军，让他平定"塞地"，然后从东边进攻项羽，刘贾出色地完成了任务。

汉高祖四年（前203年），汉王刘邦在成皋战败，北渡黄河，得到张耳、韩信军队的接应，大军驻扎在修武，深挖壕沟、高筑营垒，准备坚守不战。而后刘邦派刘贾率领两万步兵、几百名骑兵，渡过白马津，深入项羽所辖的楚国腹地进行偷袭。这次偷袭任务是非常危险且具有挑战性的，刘贾带兵深入敌后，烧掉了项羽多年来囤积的粮草，破坏了楚军的粮食基地，使这一地区无法给项羽的军队供应军粮。楚军得知粮食基地被破坏后，气急败坏，派兵来围剿刘贾，刘贾以逸待劳，以守为攻，坚守营垒，并与彭越保持互相增援的态势，使楚国军队的进攻毫无成效。楚国军队无可奈何，无功而返。

汉高祖五年（前202年），汉王刘邦追击项羽到了固陵，派刘贾南渡淮水包围寿春。刘贾率领军队急行军，准时到达指定地点，然后派人寻找机会招降楚大司马周殷，并成功策反了周殷。周殷帮助刘贾攻下九江，而后刘贾率领部队在垓下与武王英布的军队会合，对项羽形成了合围之势。垓下之围后,项羽自刎而死,历时4年多的楚汉战争终以刘邦的胜利而告终。刘邦平定天下之后,许多功臣被封为王,但偏偏漏掉了刘贾。

汉高祖六年(前201年)春天,刘邦废黜楚王韩信,并把他囚禁起来,他的领地被分为两国。这时候,由于高祖刘邦的儿子年幼,兄弟少,又没有贤才,便想封同姓家族的人为王来镇抚天下,于是就下诏令说:"将军刘贾有功,及择子弟可以为王者。"群臣附议。

于是"立刘贾为荆王,王淮东52城",都城在现在的扬州,这也是汉代都城在扬州的第一个诸侯国。荆国辖东阳、鄣、会稽3郡,计52城,包括今天的江苏、安徽、浙江、江西及福建部分地区,是当时最大的诸侯国之一。

不久,刘邦又怀疑梁王彭越欲谋反,先是削其封爵,后又将其杀害,诛灭三族,还将彭越尸体剁为肉酱,"赐食"各地诸侯,以示儆戒。当肉酱送到淮南王英布面前时,英布吓得面如土色,料定下一个变成肉酱的就是自己,于是决定先下手为强。史书记载,汉高祖十一年(前196年)秋,淮南王英布反叛,向东攻打荆地。荆王刘贾仓促应战,败走富陵(治今江苏淮安洪泽区西北),被英布的军队杀死。刘贾无后,荆国除。刘邦不顾身体有病,亲率大军征讨英布,英布败走江南,被人诱杀。

二、历史评价

由上文我们可以看到,刘贾对汉朝的建立是有功的,他的贡献主要是在楚汉相争中的战功,古人总结刘贾的战功有以下几点:"刘贾初从，首定三秦。既渡白马，遂围寿春。始迎黥布，绝间周殷。赏功胙士，与楚为邻。"正因为刘贾战功显赫，群臣对刘贾封王都表示支持。司马迁在《史记》中说："荆王王也，由汉初定，天下未集，故刘贾虽属疏，然以策为王，填江淮之间。"也就是说司马迁认为刘贾只是刘邦的远房宗亲，他被封王，不是因为和刘邦有宗亲关系，而是由于汉朝天下初定，尚未完全统一，他凭借自己的战功被封为王，镇抚江淮一带，这说明司马迁对刘贾的军功是非常认可的，态度也是很明确的。其他史书对荆王刘贾的评价也和司马迁的评价相类似，如班固在《汉书》中赞曰："荆王王也，由汉初定，天下未集，故虽疏属，以策为王，镇江、淮之间。"陆机在《汉高祖功臣颂》记载："肃肃荆王，董我三军。我图四方，殷荐其勋。庸亲作劳，旧楚是分。往践厥宇，大启淮渍。"

三、荆王刘贾的相关文化遗存

因荆王刘贾在位时间较短，所以留下的遗存较少，目前扬州地区发现的西汉早期的各类遗存中，尚未发现与荆王刘贾有直接关系的墓葬和文物，但是在与扬州一江之隔的镇江市，有一座刘贾墓（图2.2），该墓位于江苏省镇江市青云门鼓楼岗二村1号院内的台形坡地。刘贾墓坐东朝西，现存高冢直径3米，前竖白石墓碑，高1.9米，宽0.66米，上阴刻楷书"汉荆王之墓"五个大字，下首刻"万历甲午季夏吉旦立"九字。墓前有镇江市文物保护单位碑，碑上文字为：镇江市文物保护单位／荆王刘贾墓／（汉代）／镇江市人民政府一九八二年五月公布／镇江市文物局二〇一二年七月重立。墓前原建有荆王庙，

第二章 邗沟河畔的王——扬州汉代诸侯王及其遗存

唐先天二年（713年）重修过，历唐、宋、明、清，屡有兴废，后毁于清咸丰三年（1853年）。2012年镇江文物部门对刘贾墓进行了修缮。

图2.2 荆王刘贾墓

第三节　汉代建都扬州的第二个诸侯王
——吴王刘濞及其遗存

高祖十一年（前 196 年）秋，淮南王英布反，荆王刘贾为英布军所杀。汉高祖刘邦亲自领兵打败了英布。高祖十二年（前 195 年），刘邦决定改荆国为吴国，封刘濞为吴王，依旧领 3 郡 53 县，都城为广陵。

一、吴王刘濞生平

（一）平叛有功封吴王，"有反相"高祖后悔

刘濞（前 215 年—前 154 年），沛县丰邑（今属江苏徐州丰县）人，西汉宗室，刘仲之子（刘仲是汉高祖刘邦的亲哥哥），也就是汉高祖刘邦的亲侄子。高祖平定天下七年后，封刘仲为代王。后来，匈奴进攻代国，刘仲没有守卫国土，反而丢弃封国逃跑，一路跑到洛阳，然后去向亲弟弟刘邦自首。刘邦念及是骨肉兄弟，不忍依法制裁，只是废黜刘仲的王号，贬他做了郃阳侯。

刘仲有个儿子叫刘濞，他的性格和他父亲不一样，刘濞第一次进入刘邦的视野，是在高祖十一年（前 196 年）的秋天。这时的刘濞正值青年，意气风发，勇敢坚毅，身体强壮，正如《史记》记载："（刘濞）年二十，有气力。"这一年淮南王英布反叛，向东兼并了荆

地，杀了荆王刘贾，挟持荆国的军队，西渡淮水，攻击楚国，刘邦亲自率军诛讨。刘濞以"骑将"的身份跟随刘邦，参加了这次平叛，并协助刘邦打败了英布。

刘濞第二次进入刘邦的视野，是在平定英布叛乱之后，原荆国的土地被汉中央王朝再次控制，但是荆王刘贾没有后嗣，无人继承。刘邦考虑到吴地区、会稽地区民风浮躁强悍，需要"壮王"才能压得住他们，而刘邦的儿子们年龄都很小，不适合去，于是刘邦就想到了刘濞，封立刘濞为吴王，统辖3郡53县。

刘濞第三次进入刘邦的视野，是在刘濞被封为吴王以后。刘濞拜受吴王印后，刘邦心里还是有些不放心，于是把刘濞召入宫中准备嘱咐他几句，同时也让宫中的术士给刘濞相个面。术士看到刘濞的相貌后，悄悄地告诉刘邦："（刘濞）若状有反相。"也就是说，从面相上看，刘濞有反叛之相。这让刘邦心生悔意，但既然他已经对刘濞封王授印了，就不好再收回，于是轻拍着他的后背，告诫他说："我大汉立国五十年后，东南方向将有叛乱发生，难道是你吗？然而天下同姓是一家人，你千万不要造反啊！"刘濞惊恐地叩着头说："不敢。"

（二）坐大东南民安乐，意外丧子埋隐患

西汉孝惠帝、高后时期，天下初定，郡国的诸侯们都各自努力安抚百姓，发展生产，吴国也是一样。吴国的豫章郡有出产铜的矿山，吴王刘濞就招募天下亡命之徒来此采铜矿，铸铜钱，并利用沿海的优势，煮海水为盐。铜盐之利使得吴国国力强盛，吴国首都扬州地区成为东南第一繁华地。直至几百年后的南朝时期，鲍照在《芜城赋》中还依然怀念着扬州当年的繁华："当昔全盛之时，车挂辖，人架肩，

廛闬扑地，歌吹沸天。孽货盐田，铲利铜山。才力雄富，士马精妍。"

汉文帝时，刘濞的儿子刘贤入京，得以陪伴皇太子刘启（刘启即以后的汉景帝）喝酒博弈。吴太子刘贤性格轻佻、剽悍，平时又很骄矜，与皇太子刘启博弈时，态度不恭敬，为棋路相争，发生了争吵，皇太子刘启一怒之下拎起棋盘击打吴太子刘贤，没想到失手将其打死。汉文帝没有处罚皇太子刘启，只是派人将吴太子刘贤的遗体送回吴国埋葬。刘濞心中悲愤，说道："天下同宗，死长安即葬长安，何必来葬为！"于是，刘濞又派人把刘贤的尸体送回长安安葬。但是，按照当时的礼法，诸侯王及其亲属死后一般葬在自己的封地，吴王刘濞的儿子死后理应埋葬在吴国，而他将儿子的尸体送回长安是对当时中央政权和封建礼法的公然挑衅，而汉文帝也知道是自己的儿子打死了人家的儿子，自己理亏，所以对吴王刘濞的"叫板"行为采取了宽容政策，没有追究。

吴王自此逐渐违忤藩臣所应遵守的礼节，称病不肯入朝。皇帝派人暗访发现，刘濞其实没有病，只是因为儿子在京城被打死，心里有疙瘩，才称病不肯入朝的。此后，吴王的使臣一来京城，汉文帝就将他们拘禁责问并治罪。吴王刘濞感到汉文帝是专门针对他的，心生恐惧，便加紧了谋反的步伐。

后来，吴王刘濞派人进京行秋请的礼节，汉文帝又责问这个使者，使者对皇帝说："吴王确实没有病，但是近期吴国使者都被朝廷拘禁惩治，吴王只好称病不来。而且俗话说：'察见渊中鱼，不祥。'之前吴王假称生病不来朝廷朝拜，等到被朝廷察觉后，吴国使者都遭严厉诘问，这时吴王害怕皇上杀他，就只能继续装病，不来朝拜，这也是没有办法的办法。希望皇帝摒弃前嫌，给吴王重新开始的机会。"汉文帝觉得这个使者说得有道理，就赦免了吴国的使者，让他们回去，并赐给吴王几、杖，并说："吴王年纪大了，可以不入京朝见。"刘濞得以脱罪，也打消了谋反的想法。

（三）削减封地诸侯恐，吴王为首密谋反

晁错做皇太子刘启太子家令的时候，深得太子的宠幸，他多次怂恿太子说吴王刘濞有罪，应削减他的封地，也多次上书劝说文帝，文帝宽厚，不忍处罚吴王，吴王因此更加骄横。等到景帝即位，晁错为御史大夫，又劝景帝说："从前高祖刘邦刚刚平定天下时，兄弟少，儿子弱小，就只能赐封同姓的人，所以他的庶子都能被封为齐王，统辖70多个县，异母弟刘交做楚元王统辖40多个县，哥哥的儿子刘濞做吴王统辖50多个县，分封这三个人，就分去了天下的一半。现今，吴王因儿子被打死，假称生病不肯入京朝见，依照古法应斩，文帝不忍心，赏他几、杖，可见文帝对吴王的恩德非常优厚。吴王本当改过自新，然而他却更加骄横，凭借靠近铜矿，铸造钱币；凭借靠近海边，煮海水制盐；引诱天下亡命之徒，谋划叛乱。今削之亦反，不削之亦反。削减诸侯王，反得快，灾祸小；不削减诸侯王，反得晚，灾祸大。"

后来，楚王刘戊来朝见景帝的时候，晁错借机说楚王去年为薄太后服丧时，在服丧住的房子里偷偷淫乱，请求依法处死刘戊。景帝下诏赦免了刘戊的死罪，改为削减楚国的东海郡作为惩罚。随之又削减了赵王的河间郡，并以售卖爵位时舞弊的罪名，削减了胶西王刘卬的6个县。

吴国则被削减了豫章郡、会稽郡。吴王刘濞担心朝廷还会继续

削减吴国的土地，想要起兵发难，但又想到自己势单力薄，不如找其他被削地的诸侯一起谋反。他知道胶西王勇壮，好逞势斗胜，几个齐地的诸侯王都畏惧他，便派中大夫应高去试探胶西王。应高没有带书信，只是给胶西王传达了吴王的口信，他见到胶西王时说："吴王不肖，日夜忧虑，您也不是外人，吴王想把他忧虑的事情告诉您。"胶西王说："愿闻其详。"应高说："现在皇帝任用奸臣，被奸臣蒙蔽，追求眼前的利益，听信谗言，擅自改变法令，侵夺诸侯的封地，对封国要求越来越多，诛杀惩罚善良的人，这些情形日益严重。俗话说：'舐糠及米。'吴国和胶西国是诸侯国中比较大的两个，一旦被朝廷盯上，我们恐怕不能安宁了。吴王身患内疾，不能朝见皇帝20多年了，曾经担心被皇帝猜疑，又没有办法解释，现在走路都缩敛着肩膀小步走，每天都担忧不被朝廷谅解。我听说大王您也因为卖爵的事而被罚削减封地，但是据我所知，很多诸侯所犯的罪都不该用削减封地的方式处罚，所以朝廷对我们诸侯王的惩罚恐怕不只是削地这么简单，也许还会有下一步的处罚措施。"胶西王说："是的，确实如此。你觉得我们应该怎么办呢？"应高说："同恶相助，同好相留，同情相成，同欲相趋，同利相死。现在吴王自认为和大王有相同的忧虑，吴王想不顾个人安危，发动叛乱而为天下除害，您觉得可行吗？"胶西王吃惊地说："我哪里敢这样做呢？皇帝虽然对我们这些诸侯有些过分，但是我本来就有死罪啊，怎能不拥戴他呢？"应高说："御史大夫晁错，迷惑天子，侵夺诸侯，蔽塞忠贞贤良的人，这使得朝廷的大臣对他都有憎恨、怨恨之心，诸侯都有背叛之意，人臣之事他已做到极点了。现在彗星出现，蝗灾不断发生，这是万世难逢的好机会，乱世出英雄，吴王想以讨伐晁错为借口，起兵追随在大王的战车后面,驰骋天下,这样必然攻无不克,战无不胜,天下人没有敢不顺从的。大王您假如能够同意,那么吴王就率领楚王攻下函谷关,守住荥阳敖仓的粮食,抗拒汉兵,等待大王的到来。大王真的能够幸临,那么天下就可得,两个君主分治天下,不也是可以的吗?"胶西王说:"好。"应高回去报告吴王,吴王很高兴,但是还是担心胶西王不参与起兵,他就亲自到胶西,当面和胶西王订立盟约。而后胶西王派使者去联络齐王、淄川王、胶东王、济南王、济北王,他们都答应了。

(四)"清君侧,诛晁错",发动七国之乱

各诸侯受到削减土地的惩罚,都既震惊又恐惧,大多怨恨晁错。等到削减吴国会稽郡、豫章郡的文书发到了吴国,吴王首先起兵作乱。吴王刘濞征召吴国的全部士兵,并下令全国征兵,他说:"寡人年六十二,身自将。少子年十四,亦为士卒先。所以凡是年龄在十四至六十二岁之间的吴国臣民,都要应征。"就这样,吴王刘濞征召了一支20多万人的军队,他还派人到南边的闽越、东越去求援,东越也发兵跟随吴王。景帝三年(前154年)正月甲子,吴王刘濞先从广陵(今扬州)起兵出发,向西渡过淮河,与楚军会合。胶西王则在正月丙午这天杀死了朝廷派来的2000石以下的官员,胶东王、淄川王、济南王、楚王、赵王也都如此,胶西王为首领,和胶东王、淄川王、济南王一起向西进兵,率兵围攻临淄。赵王刘遂也反叛了,暗中派使者到匈奴商议联合作战的事。

吴王刘濞还派使者给各诸侯王送信,信件内容如下:

我吴王刘濞恭敬地问候胶西王、胶东王、淄川王、济南王、赵王、

楚王、淮南王、衡山王、庐江王、已故长沙王的儿子：

  我希望得到你们的支持！因为汉朝有个奸臣，他无功于天下，却屡次侵夺诸侯的土地，派官吏惩治各位诸侯王，专以侮辱诸侯王为能事，不用诸侯王的礼仪对待刘氏骨肉同胞，抛开先帝的功臣，选用坏人，惑乱天下，想要危害国家。皇帝体弱多病，不能明察政情。我想要起兵诛讨他们，恭敬地听从各位的指教。我吴国虽然狭小，土地也有方圆3000里；人口虽然少，精锐的士兵也有50万人。本人和南越国的交情也有30多年，他们的君主也愿意派军队跟随我，我们又可以得到30多万人。本人虽不才，愿亲自追随各位王侯。长沙王的儿子可平定长沙以北，然后迅速向西进攻蜀汉；派人告诉东越王、楚王、淮南王三个侯王，和我一起向西进攻；齐地诸王和赵王平定河间、河内后，有的进入临津关，有的和我在洛阳会合；燕王、赵王本来与匈奴王有盟约，燕王在北方平定代郡、云中郡，然后统领匈奴军队进入萧关，直取长安，纠正天子的错误，以慰高祖在天之灵。希望诸王勉力去做。楚元王的儿子、淮南的淮南王、衡山王、庐江王心中的怨愤已经积压十多年了，怨恨深入骨髓，想要有所行动已很久了，只是我不知诸王的心意，不敢听命。现在诸位王侯想要保存、延续自己的封国，那就和我一起扶弱锄强，来安定刘氏，这是宗庙社稷所希望的。我吴国虽然不算富裕，但是我30多年来一直节衣缩食，积攒金钱，打造兵器和铠甲，囤积粮食，都是为的今天，希望诸王努力利用这些条件。能逮捕、杀死大将军的，赏赐黄金5000斤，封邑万户；逮捕、杀死将军的，赏赐黄金3000斤，封邑5000户；逮捕、杀死副将的，赏赐黄金2000斤，封邑2000户；逮捕、杀死俸禄2000石的官员，赏赐黄金1000斤，食邑1000户；

逮捕俸禄1 000石的官员，赏赐黄金500斤，封邑500户，以上有功的人都可被封为列侯。那些带着军队或者城邑来投降的，士兵有万人，城中户口万户，就等同于杀死大将军的奖励；士兵或者城中户数达到5 000的，就等同于杀死将军的奖励；士兵或城中户数达到3 000的，就等同于杀死副将的奖励；士兵或城中户数达到1 000的，就等同于杀死2 000石的官员的奖励；那些投降的小官吏也依职位差别受到封爵赏金。其他的封赏都比汉朝规定的封赏多一倍。那些原有封爵和城邑的人，只会让你们增加，不会保持原状。希望诸王明确地向士大夫们宣布这些奖励标准，我不会欺骗他们的。我的金钱天下到处都有，不一定到吴国来取，诸王日夜使用也不会用完。如果诸王有应当赏赐的人可以告诉我，我将赏赐送过去。恭敬地奉告诸王。

（五）袁盎献计诛晁错，条侯奇谋破吴军

七国反叛的书信报知天子后，天子派太尉条侯周亚夫率领36个将军去攻打吴、楚联军；派曲周侯郦寄攻打赵国军队；将军栾布攻打齐国军队；大将军窦婴驻扎在荥阳，监视齐、赵两国的军队。

大将军窦婴在出征前，向皇帝推荐曾在吴国做过丞相的袁盎。袁盎当时正闲居在家，皇帝召他进见。袁盎进到宫中，皇帝正和晁错一起筹算军队和军粮的事情，皇帝问袁盎说："你曾做过吴王的丞相，知道吴国臣子田禄伯的为人吗？现在吴楚反叛，你的看法如何？"袁盎回答说："不值得忧虑，马上就能打败他们。"皇帝说："吴王刘濞即山铸钱，煮海水为盐，诱天下豪杰，积聚力量多年，等到60多岁，头发花白的年纪才谋反。如果吴王没有计划周全，才不会轻易发动反叛，你为什么认为刘濞会失败呢？"袁盎回答说："吴国有铜

矿和煮盐之利，这是事实，但是吴国没有真正有贤能的人！假如吴王真能得到有贤能的人，这些人应该辅佐吴王做合乎天理的事，不会让吴王反叛。吴王所得到的这些所谓的'人才'，其实都是无赖子弟，偷偷逃亡到吴国铸钱的奸邪之徒，所以他们才会互相勾结而反叛。"晁错说："袁盎分析得对。"皇帝问："你有什么好对策呢？"袁盎看了看四周，说："希望屏退您左右的人。"皇帝让身边的人退了下去，只有晁错还在。袁盎说："我所说的对策，是所有的大臣都不能听到的。"于是皇帝又屏退晁错。晁错急忙到东厢回避，但对此十分恼恨。此时，房间里只有汉景帝和袁盎二人，袁盎向皇帝献计道："吴、楚相互往来的书信中有这么一段话：'高祖封立刘氏子弟为王，并有各自的分封土地，现在贼臣晁错擅自贬谪责罚诸侯，削夺诸侯的土地。'他们就以'诛晁错'的名义造反，只要能恢复原来封地就会罢兵。现在的计策只有斩杀晁错，派使者赦免吴、楚七国的罪过，恢复原来被削减的封地，那么就可以兵不血刃地结束叛乱。"汉景帝听完，沉默良久，说："如果真是你说的这样，我不会因为爱惜一个人（晁错），而让天下的百姓遭受战火。"袁盎说："微臣的计策就是如此，希望皇帝认真地考虑。"

十多天后，汉景帝派中尉召晁错，骗晁错乘车巡行东市，晁错穿着上朝的衣服在东市被杀。然后，汉景帝派袁盎以侍奉宗庙的太常身份，德侯刘通以辅助亲戚的宗正身份，一起去招安刘濞。这时，吴、楚的军队正在围攻梁国的城池，吴王只愿意见宗正德侯，不肯见袁盎，宗正德侯见到吴王刘濞后，准备宣布圣旨，要求吴王跪拜接受皇上的诏令，吴王笑着回答说："我已为东帝，尚何谁拜？"吴王刘濞把宗正德侯和袁盎扣留在军中，想胁迫袁盎留下来为吴王效力。袁盎不肯，趁夜色逃出，徒步跑到梁王的军营，而后归朝，将情况报告给了景帝。景帝这才下定决心用武力讨伐叛乱。

条侯周亚夫乘坐六匹马拉的传车（古代驿站用来传递公文的专车），星夜兼程赶到河南，会兵荥阳。他到洛阳后，发现威望很高的豪侠——剧孟没有参与叛乱，心中大喜，说："洛阳得以保全，这是我没有想到的，剧孟没有叛乱，也是在我意料之外的，这样看来，荥阳以东不用发愁了。"条侯周亚夫之所以这么说，是因为剧孟是雒阳（今河南洛阳以东）一带有名的豪侠。他爱打抱不平，扶弱济贫，经常私下里保护江湖上的豪杰义士，而且不求报酬，因此黑白两道通吃，诸侯王们佩服他，老百姓爱戴他。他的母亲故世时，前来送葬的车达千乘之多。所以，周亚夫看到剧孟没有反叛，那么洛阳一带的人心就稳住了，洛阳也就保住了。

条侯周亚夫到达淮阳，见到了多年未曾谋面的门客邓都尉，问他："对付吴、楚叛军，你有什么好计策？"门客邓都尉说："吴兵锐气正盛，和他们交战很难取胜。楚兵浮躁，锐气不能保持长久。现在我有一计，将军不如率军在东北的昌邑筑垒坚守，把梁国放弃给吴军，吴军一定会用全部精锐军队攻打梁国。将军深挖沟高筑垒坚守，派轻骑兵断绝吴军的粮道。吴、梁两国军队会在交战中互相消耗，疲惫不堪，再加上您已经断了吴军的粮道，等到吴军粮草耗尽，您再用养精蓄锐的士兵去攻打那些疲惫已极的吴国军队，打败吴国是必然的。"条侯周亚夫说："果然是一条妙计。"按照他的计策，条侯周亚夫率军坚守在昌邑城南边，接着派轻骑兵断绝吴军粮道。

话说吴王率大军渡过淮河，与楚王军队一起向西进军，进攻梁国，在棘壁打败了汉军，乘胜向前，锐气极盛。梁国派兵攻打吴王，结果梁王的两个将军都被打败，士卒都逃回了梁国。梁王怕了，觉得自己抵挡不住吴国军队，于是多次派使者向条侯周亚夫报告情况、请求支援，但是周亚夫拒不增援。梁王又派使者在皇帝面前告周亚夫的状，皇帝派人命令周亚夫救援梁国，周亚夫还是坚持自己的计策不肯出兵。为了能抵御吴、楚大军，梁王启用了韩安国和张羽做将军，张羽与楚国有杀兄之仇，所以干劲很足，用了这两个将军以后，梁国军队和吴、楚军队打仗才略占上风。吴国的军队想要西进，但是梁国挡在前面据城坚守，吴军西进没有结果，就转而进攻周亚夫的军队。吴军想与周亚夫决战，但是周亚夫军队驻扎在下邑城，坚守营垒，不肯交战。

周亚夫之前就已经派轻骑兵断绝了吴国的粮道，吴国军队出现了断粮的情况，士兵饥饿，军心涣散，想要速战速决，在多次向周亚夫挑战无果的情况下，决定在夜里偷袭周亚夫营寨。吴军的计策是佯攻周亚夫营寨东南方向，实际上却从西北方向进攻。周亚夫身经百战，早已识破了吴军的计策，派人重点防备西北方向，当吴军从西北方向进攻的时候，遭到了周亚夫军队的重创。吴军大败，士兵溃散。吴王带着几千人连夜逃走，渡过长江逃到丹阳，寻求东越国的保护。东越拥有军队1万多人，他们又派人收容、集中吴国战败的逃兵，准备东山再起。汉景帝派人用厚利诱惑东越，东越同意归顺朝廷，于是东越骗吴王出去慰劳军队，然后用矛戟杀了吴王，装起他的头，派一部快车迅速报知汉景帝。

二月中旬，吴王军队被击垮的时候，汉景帝下诏书给将士们说："俗话说'为善者，天报之以福；为非者，天报之以殃'，高祖皇帝亲自褒奖功德，封立诸侯，幽王、悼惠王的封爵断绝了，孝文皇帝哀怜他们，格外给予恩惠，封立幽王的儿子遂、悼惠王的儿子卬为王，让他们奉祀他们先王的宗庙，成为汉朝的藩国，恩德与天地相匹配，光明与日月同光。吴王刘濞违背恩德违反道义，引诱天下逃亡的罪人为其效力，扰乱天下的钱币体系，称病不入京朝见20多年，大臣们多次呈请惩治刘濞的罪行，孝文皇帝宽恕他，希望他能改过从善。现在刘濞竟然与楚王刘戊、赵王刘遂、胶西王刘卬、济南王刘辟光、淄川王刘贤、胶东王刘雄渠盟约反叛，做出叛逆无道的事，发兵危害宗庙，残杀大臣和汉朝的使者，胁迫千万百姓，乱杀无辜，烧毁民舍，极为暴虐。现在胶西王刘卬等更加大逆不道，烧毁宗庙，掠夺宗庙中皇室的器物，我甚为痛恨他们。因此，我宣布，每一个将军都要勉励士大夫们英勇杀敌，杀得越多功劳越大，叛军的官员只要俸禄是300石以上的都要杀死，不要释放。胆敢有议论诏书和不执行诏书的，皆斩。"

吴王刘濞兵败后，楚王刘戊兵败，自杀而亡。胶西王、胶东王、淄川王围攻齐国的临淄，三个月都没有攻下。汉朝军队来到临淄城下，反叛的胶西王、胶东王、淄川王就各自率领军队逃回了自己的封国。胶西王自知有罪，他赤膊光脚，坐在草席上，喝着水，向他的母亲王太后谢罪。胶西王太子刘德说："汉军远道而来，我看他们已经很疲惫了，可以袭击他们。请重整军队进攻汉军，如果打不赢，我们再逃到海上也不晚啊！"胶西王说："军心已经涣散，指挥不动了。"胶西王没有听从太子刘德的话，军队没有进行反抗。汉将军弓高侯韩颓当送给胶西王的信写道："奉诏书前来诛讨不义的人，投降的赦免，恢复原来的爵位封土；不投降的诛。大王何去何从，我等待答复以采取相应行动。"胶西王到汉军营垒前赤膊叩头请求说："我刘印违犯王法，惊骇百姓，才使将军辛苦地远道而来，请求朝廷惩处我，把我碎尸万段！"弓高侯手持金鼓来见他，说："大王被战事所苦，我希望知道大王发兵的经过。"胶西王叩头膝行回答说："晁错是当政的大臣，他改变高祖皇帝的法令，侵夺诸侯的土地。我们认为这是不道义的，担心他会败乱天下，所以七国发兵，将要诛杀晁错。现在听说晁错已被诛杀，我们就收兵而归。"弓高侯说："大王如果认为晁错不好，为什么不报告天子？没有得到皇帝的诏书虎符，擅自发兵攻打遵守王法的其他诸侯国。由此看来，你们的本意并非要杀晁错啊。"这时，弓高侯拿出诏书向胶西王宣读，读完后，说："大王自己考虑应怎么办吧！"胶西王说："像我这样的人死有余辜。"就自杀了。太后、太子也都跟着死去。胶东王、淄川王、济南王也先后死去，封国被废除，收归汉朝。郦将军围攻赵都城10个月才攻克，赵王自杀。济北王因被劫持的缘故，才得以未被诛杀，被徙封为淄川王。

　　七国之乱平息后，同姓诸侯王的势力受到致命打击。汉景帝趁势收夺各诸侯国的支郡、边郡归朝廷所有，并进一步采取措施，削弱诸侯王的权力以加强中央集权：继续推行贾谊"众建诸侯而少其力"的计划，先后分封诸皇子为诸侯王；取消诸侯王任免封国官吏和征收赋税的权力，诸侯王不得继续治理封国，封国的官吏由皇帝派去；改革诸侯国的官制，改丞相为相，裁去御史大夫等官吏，使诸侯王失去了政治权力；规定诸侯王不能自治其国，无权过问封国的政事，只能按朝廷规定的数额收取该国的租税作为俸禄。自此，中央政权的权力大大加强，诸侯王的力量大大削弱。诸侯国虽仍然存在，但由于诸侯王失去了政治权力，其实际地位已与汉郡无异，已经不再具有同中央对抗的物质和军事条件了。

（六）刘濞战略多失误，条侯"奇兵"定乾坤

吴楚七国之乱的经过已经介绍完了，回顾这场叛乱，如果我们抛开政治上的是非对错不谈，仅仅谈军事指挥，那么吴王刘濞在军事战略上是出现了很多失误的。对比来看，条侯周亚夫则是用兵如神。

吴王叛乱发兵之前，吴臣田禄伯大将军说："军队集结在一起西进，只有一路人马，难以成功。我愿率领5万人为'奇兵'，溯长江、淮水而上，收聚淮南、长沙的军队，攻入武关，和大王会师，这是出'奇兵'的一步好棋啊。"然而，吴王太子不同意，规劝父亲说："父王起兵造反，不能把军队委以他人，必须亲自带兵，把军队交给别人，有太多的变数了。"吴王听了太子的话，没有采纳田禄伯的建议。吴国还有一位年轻的桓将军，他分析了吴国兵种的特点，提出了新的进兵战略，他说："我们吴国以步兵为主，步兵的优势是在险要地形作战机动灵活；而汉军多是战车骑兵，战车骑兵适宜在平地作战。我们应该充分发挥步兵的优势，放弃进攻沿途城邑，迅速西进，奔袭洛阳，占领洛阳的兵器库，以敖仓储备的粮食为军粮，依靠地形的险要守住洛阳，号令天下诸侯。这样的话，即使不能入关，天下大局也可在我们掌控之中。假如大王步步为营，在攻城陷地上耽误时间，等到汉军的援兵到了，他们的战车和骑兵进入梁国、楚国平坦的郊野，我们步兵的优势就没了，肯定打不赢。"吴王听后，征询老将军们的意见，老将军们说："这是年轻人贪功冒进的策略，没有深谋远虑！"于是吴王没有采纳桓将军的计策。

两位将军给吴王刘濞的用兵建议都属于"出奇兵"，这是中国古

代一种重要的用兵思想，正如《孙子兵法·兵势篇》里说："凡战者，以正合，以奇胜。故善出奇者，无穷如天地，不竭如江海。"这里的"正"是指用兵的常法，反映战争指导的一般规律；"奇"是指用兵的变法，反映战争指导的特殊规律，也就是说指挥员在作战中，要正确地使用兵力，灵活地使用战略战术。要想做到能"以奇胜"的关键就是要牵制和调动住敌人，让敌人跟着我们的节奏打，这样才能出其不意，攻其不备，获得最终的胜利。

吴王刘濞在反叛过程中，没有听取田禄伯大将军分兵两处的建议，让朝廷军队首尾不能相顾；也没有听取年轻的桓将军的计策，兵贵神速，迅速攻占汉朝政府的兵器库和粮库。相反，吴国大军行动迟缓，在进攻梁国的过程中受阻。这时，周亚夫听取了谋士的建议，出"奇兵"断了吴王刘濞的粮道，使吴王刘濞只得率领疲惫的军队去找周亚夫寻求决战，可以说，这场战争是吴王刘濞的军队被周亚夫来回调动，跟着周亚夫的节奏打的，周亚夫掌握了战争的主动权。我们不从政治、经济等其他方面考虑，仅仅从军事的战略、战术方面看，吴王刘濞是略逊一筹的，这也是他起兵失败的原因之一。

二、对刘濞的评价

吴王刘濞充分利用吴国的自然资源发展经济，在地方经济建设和民生福祉方面政绩颇丰。具体如下：

一是开山铸钱。古代货币都是用铜铸造，西汉初年，朝廷造币能力不足，允许地方自铸。吴国的豫章郡有出产铜的矿山，刘濞就招募天下亡命之徒来此铸钱。这就犹如拥有了一台国家印钞机，国库需要多少钱，就可以铸多少钱。

二是煮海为盐。盐是生活的必需品，汉初煮盐无税。当时的海边距广陵并不远，海边有海陵城（即今之泰州），刘濞就曾在这里设灶煮盐。随着煮盐规模的日益扩大，产盐量在满足吴国需要的同时，还大量远销到别的地方，"海陵仓"也由此而得名。盐是百姓生活的必需品，有了盐这个必需品，就可以用盐源源不断地换取全国其他地区的财富。

三是疏通水道。为了便利运盐，西汉吴王刘濞还主持开凿了运盐河，西起扬州茱萸湾（在今扬州市湾头镇）、东经海陵仓（在今泰州）至如皋蟠溪。从此，盐的运输就用舟船，效率大大提高。运盐河的开挖不仅促进了盐业的进一步发展，还方便了交通，推动了整个市场贸易的活跃和繁荣。这条运盐河一直到现在还在使用，它是贯通江苏省南通、泰州、扬州3市及其沿岸各市、县的主要航道，延伸于江苏省长江北侧，亦称通扬运河、盐河。清宣统元年（1909年）改称通扬运河。通扬运河这一名称沿用至今。

四是凝聚人心。每年的年初岁尾，吴王刘濞都要亲自去拜访、探望吴国中有才能的人，到闾里（相当于基层社区，25家为一闾）去慰问，给遵纪守法的平民以赏赐。汉代凡成年男子都必须应役。更卒的应役方式，既可以是亲自服役，亦可出钱雇人代役。亲身服役者称"践更"，出钱雇人代役者称"过更"，汉初役期不一，刘邦时几年1次，一次5个月；文帝时改为1年1次，为期1个月。

在吴国，如果百姓服"践更"役，也就是自己亲自去服役，那么吴国会给予服役人适当的经济补贴，这一笼络人心的政策在汉代其他地区是没有的。另外，吴王刘濞还包庇其他郡国的逃犯，如果其他郡国法吏到吴国追捕逃犯，吴王则不把逃犯交出去。

刘濞的这些措施实施了 40 年，使得起初地广人稀的长江三角洲逐渐人烟稠密，广陵也成为当时所有诸侯国中最为繁华富庶的都城。据《史记》记载，当时的吴国"国用富饶""能使其众"，可见吴国的社会各阶层都很拥戴吴王刘濞。直至清代，在扬州地区的邗沟大王庙里，人们将刘濞和春秋时期的吴王夫差一起作为神灵供奉，庙前楹联写道"曾以恩威遗德泽，不因成败论英雄"[1]。

但是，无论吴王刘濞对于地方经济发展和人民福祉有多大的贡献，也无法掩盖他不顾天下统一、人心思定的大势，处心积虑搞分裂、开历史倒车的罪恶行径。刘濞恃强骄纵，野心膨胀，为了自己的权力和地盘不被削弱，公元前 154 年，他联合其他 6 个诸侯国，打着"清君侧"的旗号发动叛乱，自以为登高一呼，会天下响应。结果，他错误估计了形势，也错误估计了自己，正月起兵作乱，当年的三月就全线溃散，在不足 3 个月的时间内，叛乱集团土崩瓦解，刘濞本人也最终落得众叛亲离、身死国削的下场。司马迁在《史记》中对吴王刘濞是这样评价的："吴王之王，由父省也。能薄赋敛，使其众，以擅山海利。逆乱之萌，自其子兴。争技发难，卒亡其本；亲越谋宗，竟以夷陨。"也就是说刘濞之所以被封吴王，是由于父亲被贬谪，高祖刘邦贬封吴王的父亲为郃阳侯后，才封刘濞为吴王的。吴王轻徭薄赋，获得了民众的支持，是因为他拥有铜矿和海盐的资源。而吴王最初叛逆作乱的念头缘于儿子刘贤被打死。最终，刘濞因维护封地而发难，落了个国灭的悲惨下场；刘濞不但不支持同宗的刘家王

---

[1] 李智：《扬城宝藏——扬州地区出土文物鉴赏与研究》，上海文艺出版社，2022，第 50 页。

朝，还要亲近外族的越人，发动叛乱，最后不仅自己没有落得好下场，反而被越人杀死。

三、扬州仪征庙山汉墓可能是吴王刘濞墓冢

《史记正义》引《括地志》记载："汉吴王濞墓在润州丹徒县东练壁聚北，今入于江。"练壁，今镇江市京口区谏壁街道。但是近年来，随着考古发掘工作不断深入，考古界对以扬州仪征庙山为中心的汉墓群的性质逐渐有了较清晰的认识，认为扬州仪征庙山汉墓很有可能是吴王刘濞的陵墓（图2.3）。

图2.3　庙山汉墓文物保护单位标志碑

第一，庙山是一座西汉早期诸侯王级别的大型土坑"黄肠题凑"木椁墓。庙山汉墓是一座人工堆积的覆斗型土山，海拔47米，位于

仪征市新集镇庙山村、新张公路东侧，东距扬州12公里，南离仪征20公里，周边紧邻着龙河、张集、刘集、杨庙等集镇。庙山汉墓的发现，是缘于团山汉墓的意外发现。1989年5月，位于庙山西北部的团山，因窑厂烧砖取土，发现了团山1号墓，出土了一大批珍贵的西汉文物。江苏省和扬州文物部门在团山汉墓考古发掘时，认为庙山应该也是一座规模比较大的汉墓。于是在1990年7月，考古发掘单位邀请江苏省地震局分析中心利用地球磁场精密测量（GPM）技术对庙山进行了勘探，发现庙山封土堆下有一长方形土坑，"南北长约32米、东西宽约18米、深约11米，其下部有一木质材料结构的墓葬，木质材料结构之间有一条明显的分界线，分为18米×18米和14米×18米两部分"[1]，推测这可能是一座古代墓葬。南京博物院考古专家对整个庙山地区的地形进行勘察，发现其与陕西茂陵（汉武帝陵墓）的形制一致，判断该地区极有可能存在一座大型汉代陵墓。

扬州文物考古研究所原所长印志华先生为摸清庙山汉墓内部情况，曾冒着生命危险，通过盗墓者废弃的盗洞，深入庙山汉墓内部观察情况。印志华先生回忆道："我系上保险绳下去，到了地下约12米的地方，手电筒照不透，下面水蒸气太大，镜头全模糊了，照片不好拍。我发现盗洞打在外层，盗墓贼没有进入主墓室，现场还看到了一些漆器和陶器。"凭借多年的考古经验，印志华先生判定庙山汉墓应该是一座西汉早期诸侯王级别的大型土坑"黄肠题凑"木椁墓。

第二，庙山汉墓周边的陪葬墓排列整齐，应该是经过规划的西汉诸侯王陵区。庙山的西北是团山，东南是舟山，两山的海拔均在

---

[1] 余国江：《仪征团山、庙山汉墓墓主人身份蠡测》，《秦汉研究》2016年第1期。

30至40米，比较对称。舟山和团山都曾发现过西汉墓。团山发现过4座汉代墓葬，墓主皆为女性，由北向南排列成行，间隔相近或相等，方向一致，大小有序，因而推测"团山和舟山的墓葬应是王陵的妻妾或僚属的陪葬墓"[1]。庙山汉墓周边还密集分布着众多中小型汉墓，包括郑家山、吴家山及周边赵庄、联营、下洼等汉墓集中区域，这些中小型汉墓有可能是庙山汉墓王陵区陪葬墓。"庙山及其周围有可能为一经过规划的西汉诸侯王陵区。"[2]

第三，庙山汉墓周边的陪葬墓出土的文物印证了庙山是刘濞墓。1990年5月，经南京博物院和仪征市博物馆筹备办公室抢救性挖掘，团山1—4号汉墓出土了大量陶器、漆木器、铜器、玉器。这些珍贵的器物都不是一般人能够享有的，应该是汉代的高级贵族所用。团山1号墓出土有"王""外厨""中厨""东阳"等铭文的漆耳杯8件，墨书"锺盖"青釉陶锺1件（一级文物），泥半两钱1万余枚，"邰晏"铜印1枚。根据出土器物造型和铭文，研究人员推断团山1号墓为西汉早期王侯级妻妾陪葬墓。墓葬时代"不晚于汉武帝元狩五年（前118年）"[3]。

2003年，距离庙山汉墓约4公里的杨庙镇，发现了西汉早期"刘毋智墓"[4]，在该墓清理出的漆耳杯底部，发现烙有"邰阳侯家"铭

---

[1] 张敏、孙庆飞、李民昌：《仪征张集团山西汉墓》，《考古学报》1992年第4期。

[2] 张敏、孙庆飞、李民昌：《仪征张集团山西汉墓》，《考古学报》1992年第4期。

[3] 张敏、孙庆飞、李民昌：《仪征张集团山西汉墓》，《考古学报》1992年第4期。

[4] 束家平、薛炳宏：《江苏扬州西汉刘毋智墓发掘简报》，《文物》2010年第3期。

文的印款，"郚阳侯"为吴王刘濞的父亲刘仲，烙有"郚阳侯家"印款说明该漆耳杯曾被吴王刘濞的父亲郚阳侯刘仲所拥有。同时这件漆耳杯上还刻写"吴家千二"铭文，说明这件耳杯又留给了吴王刘濞继续使用。这件耳杯流转的具体考证过程和细节，可以参考作者的另一本书《扬城宝藏——扬州地区出土文物鉴赏与研究》，在第127～130页的《"郚阳侯家"铭素面漆耳杯考证与研究》。这件耳杯的出土，说明该墓主人为吴王刘濞家族成员。

距离庙山汉墓西北1公里处，分布着刘集联营汉墓群。该汉墓群出土了带有铭文的漆耳杯及漆盘，一个漆耳杯上有针刻小篆二字"内官"；漆盘上有针刻文字"十五年内官赐器府义工秉造"。"十五年"应当为吴王刘濞纪年十五年（公元前180年），内官、府均为吴国机构。刘集联营汉墓群还出土了一枚"臣戚"铭文的铜印，表明了墓主人生前应当是吴国官员。由此推断，刘集联营汉墓群有可能是吴王刘濞王陵内官员陪葬墓区。

总体来看，扬州仪征庙山汉墓是吴王刘濞墓冢的可能性较大，但是在没有进行考古挖掘之前，谁也无法确认庙山汉墓的墓主人是谁。如果要揭开庙山汉墓墓主人的神秘面纱，唯一的办法是对庙山汉墓进行科学的考古发掘，用出土的文物证据来确定墓主人的身份，这是一项科学严谨的工作，在考古发掘得出结论之前，谁都不宜轻易下结论。为进一步保护庙山汉墓，2002年10月，庙山汉墓被列入江苏省文物保护单位名录，2013年5月又被升级成为全国重点文物保护单位。

第四节 汉代建都扬州的第三个诸侯王
——江都王刘非

七国之乱后,汉景帝徙封汝南王刘非统辖吴国原有封地,为江都王,江都国国都仍在今扬州蜀冈之上。

一、江都王刘非的生平

刘非(前168年—前128年)是汉景帝之子,与汉武帝刘彻为同父异母的兄弟。关于江都王刘非的生平,《史记·卷五十九·五宗世家第二十九》和《汉书·卷五十三·景十三王传第二十三》中的记载大致相同,摘录如下。

《史记·卷五十九·五宗世家第二十九》:"江都易王非,以孝景前二年用皇子为汝南王。吴楚反时,非年十五,有材力,上书愿击吴。景帝赐非将军印,击吴。吴已破,二岁,徙为江都王,治吴故国,以军功赐天子旌旗。元光五年,匈奴大入汉为贼,非上书愿击匈奴,上不许。非好气力,治宫馆,招四方豪杰,骄奢甚。立二十六年卒,子建立为王。"

《汉书·卷五十三·景十三王传第二十三》:"江都易王非以孝景前二年立为汝南王。吴、楚反时,非年十五,有材气,上书自请击吴。景帝赐非将军印,击吴。吴已破,徙王江都,治故吴国,以军功赐天子旗。元光中,匈奴大入汉边,非上书愿击匈奴,上不许。非好气力,治宫馆,招四方豪杰,骄奢甚。二十七年薨,子建嗣。"

综合《史记》和《汉书》中记载的内容,梳理刘非的一生如下:汉景帝前元二年(前155年)立为汝南王。前154年,吴楚七国叛乱之时,刘非15岁,有勇气,有力气,他上书皇帝,毛遂自荐,请求击吴,被任命为将军,破吴,徙为江都王,治故吴王所属之地。汉武帝元光年间,匈奴入边境,刘非又上书汉武帝,说愿意抗击匈奴,汉武帝没同意。刘非在江都国执政期间的政绩记载不多,仅仅记载了刘非"治宫馆,招四方豪杰,骄奢甚",多为负面记载,刘非在位二十七年薨。

二、董仲舒与江都王刘非

从江都王刘非的生平来看,他是景帝之子、武帝之兄。刘非虽是一介武夫,但却十分支持儒学,与当时的大儒董仲舒和睦相处,共同把江都国治理得井井有条。董仲舒(前179年—前104年),广川(今河北省景县西南部)人,西汉哲学家、儒学大家。汉景帝时任博士,讲授《公羊春秋》。汉武帝元光元年(前134年),汉武帝下诏征求治国方略,董仲舒在著名的《举贤良对策》中把儒家思想与当时的社会需要相结合,并吸收了其他学派的理论,创建了一个以儒学为核心的新的思想体系,深得汉武帝的赞赏。董仲舒提出的"天人感应"、"大一统"学说和"诸不在六艺之科、孔子之术者,皆绝其道,勿使并进"、"罢黜百家,独尊儒术"的主张均被汉武帝采纳。

《汉书》记载:"天子以仲舒为江都相,事易王。"(天子指汉武

第二章 邗沟河畔的王——扬州汉代诸侯王及其遗存

帝,易王指刘非)武帝派董仲舒(图2.4)为江都相,辅佐刘非,在一定程度上是想要董仲舒教化刘非,匡正兄长的不轨行为。董仲舒是中央政府派来的丞相,社会声望也很高,因此,江都王刘非非常敬重董仲舒,董仲舒也以君臣之礼相待,慢慢劝化他。

图 2.4 董仲舒画像

不久之后,江都王刘非非常郑重地向董仲舒请教了一个问题:"越王勾践与大夫泄庸、文种、范蠡谋划讨伐吴国,结果把吴国灭了。孔子说殷有'三位仁人',我认为越国的大夫泄庸、文种、范蠡,也可以称为'三位仁人',您觉得呢?我想到这个问题就来请教您了,就像齐桓公有问题就请教管仲一样。"

江都王刘非的这个问题看似简单,实则暗藏玄机。刘非所说的"越王勾践与大夫泄庸、文种、范蠡谋划讨伐吴国,结果把吴国灭了",这是一个典故。越王勾践三年(前494年),吴王夫差击败勾践于夫椒,并把他围困在会稽山上,勾践派遣文种贿赂吴国太宰伯嚭,向吴国求和。越王勾践在会稽之困中被吴王赦免回国后,任用文种和范蠡富国强兵。范蠡持纵横之术煽动吴国与晋国、齐国中原争霸,无暇顾及越国。而勾践则卧薪尝胆、亲自耕作,委曲求全、礼贤下士,赈济穷人、悼慰死者,与百姓同甘共苦,终于使得国力大增。越王勾践十五年(前482年),越王勾践趁吴王夫差北上会盟之际,征伐吴国,俘获吴国太子友。由于吴军疲惫,国力空虚,吴国遣使携重礼与越国媾和。越王勾践十九年(前478年),越国再度攻打吴国,在笠泽大败吴军。吴国自此一蹶不振。越王勾践二十四年(前473年),

087

越国灭吴国。这个典故里,越国首先是被吴国打得几乎灭国的,然而越王勾践任用大夫泄庸、文种、范蠡三位贤臣治理国家,经过"十年生聚,十年教训",最终灭掉了吴国。大夫泄庸、文种、范蠡三个人对于越国是有贡献的,但是这三个人同时也帮助越王勾践攻打了同样是诸侯国的吴国,这样的行为是儒家所不能接受的。同时,由于刚刚发生过吴楚七国之乱,诸侯国不听从中央政府的政令,擅自发动战争,这样的行为也是大逆不道的。而刘非把董仲舒比作辅佐齐桓公称霸诸侯的管仲,也就是希望董仲舒要像管仲辅佐齐桓公一样来辅佐自己称霸,说明江都王有称霸的思想,这是很危险的。

于是,董仲舒迅速思考,作答如下:"微臣愚钝,恐怕回答不好您的问题,我举个例子吧。我听说当初鲁国国君问柳下惠:'我想要讨伐齐国,怎么样?'柳下惠说:'不可。'柳下惠回家后面色忧愁,说:'我听说国君讨伐别国时,是不会向仁人询问对策的,鲁国国君关于伐齐的问题,怎么就问到我了呢!'这个例子里,柳下惠只是被鲁国国君问问都觉得羞耻,何况是越国的那三个人还使用各种手段伐吴、灭吴呢?从这个角度来看,越国一个仁人也没有。'夫仁人者,正其谊不谋其利,明其道不计其功。'所以孔子的弟子即便是小孩也羞于提到春秋五霸,因为春秋五霸是先行欺诈,后行仁义。只是耍手段而已,所以不足以被真正有道义的人提及。春秋五霸与其他春秋时期的诸侯相比算是贤德了,但春秋五霸和三皇五帝比起来,就像石头和美玉比美。"

董仲舒讲了柳下惠的故事,借古喻今进行规劝,指出"越国一个仁人也没有(越本无一仁)"。同时告诉刘非,所谓仁人,是"正其谊不谋其利,明其道不计其功"的仁。致力于以德教化民众而使社会风气大变，才是仁的最高境界，并暗示刘非不要称霸。刘非也是真心听进了董仲舒的规劝，回答说："善。"

史书上记载的刘非与董仲舒的对话只有这一段，其实这两个朝夕相处的君臣，平时的交流还是很多的。董仲舒会逐步向刘非讲述圣人之道，仁义是为君为臣之本，慢慢使刘非改掉了狂妄骄奢的毛病，没有了图谋不轨之心，忠君孝祖，安分守己。刘非在位27年，没有谋反之事，寿终正寝，得以善终。

在江都王刘非的支持下，董仲舒时刻以"兼善天下"为己任，在江都国兴礼乐、致教化，通过几年的兴学重教，百姓文化素质提高，文贤辈出，社会安定，江都称治，成为汉武帝初年发展成就排名居前的诸侯国。扬州人民对董仲舒的感情也很深，建董子祠以祭祀。今扬州城内的董井、大儒坊等，均与后人纪念董仲舒当年在江都国的政绩有关。

三、江都王刘非墓——大云山汉墓

（一）大云山汉墓的发掘

大云山汉墓位于江苏盱眙县马坝镇云山村大云山山顶，海拔73.6米，西距盱眙县城30公里，南距汉代东阳城遗址1公里，西南与青墩山、小云山汉代贵族墓地相邻。

2009年初，大云山发生了严重盗墓事件。2009年2—3月，由南京博物院考古研究所对现场进行调查与勘探，钻探表明山顶存在大型汉墓区。由于现场不断受到开山采石破坏，经国家文物局批准，2009年9月至2011年12月，南京博物院等单位对大云山汉墓区进行全面勘探与抢救性发掘，通过发掘，揭示出一处较完整的西汉江都王陵园，出土陶器、铜器、金银器、玉器、漆器等遗物1万余件（套）。许多遗物为首次发现，收获巨大。对大云山山顶的勘探与发掘表明，大云山山顶为一处西汉诸侯王陵园。尽管受到开山采石的破坏，但陵园总体布局仍十分清晰。陵园平面近正方形，边长490米。四面筑有陵墙，其中东墙中段较完整，地表上尚有长约150米的墙体保存较好，其余三面陵墙大多仅剩夯土墙基。陵园内共发现主墓3座、陪葬墓11座、车马陪葬坑2座、兵器陪葬坑2座。其中主墓、车马陪葬坑位于陵园南部，陪葬墓位于陵园北部，兵器陪葬坑位于陵园北侧，紧靠陵墙。整体布局排列有序，严谨规整。在陵园建筑设施方面，有关单位主要对陵园四面墙体、陵园内道路、排水暗沟、东司马道等遗迹进行了清理。

大云山汉墓M1墓平面呈"中"字形，墓室结构为"黄肠题凑"，包括外回廊、题凑、前室、中回廊、内回廊、内椁、外棺、内棺等部分。墓室南北均为斜坡形墓道，墓道底端均高于墓室底部。受石质所限，在墓室与墓道开凿过程中并未对墓壁进行打磨，但从墓壁清理过程中发现的残留土坯、石块、细泥腻子来看，墓室壁面的加工甚为讲究。具体流程为，先凿出墓室与墓道的轮廓，而后使用干土砖坯与打磨过的石块对墓壁中凹凸不平处进行修砌，使壁面保持齐整，再用灰白色细泥敷于墓壁与墓道底部，最终达到墓壁连同墓道底面全部光滑如一的效果。

大云山汉墓M1墓早年间（推断为魏晋时期）曾被盗掘，大部分文物被盗走，现存的文物主要保存在外回廊。外回廊在盗掘者到来之前就出现了坍塌，随葬品被覆压在黄土之下，躲过了盗掘者的魔爪。

第二章　邗沟河畔的王——扬州汉代诸侯王及其遗存

出土大量文物的外回廊分上下两层，上层放置了模型战车（车厢内放置了大量铁剑、刀、戟和弩机、箭镞、弹丸等兵器）、编钟、编磬、铜虎帐座、炊具、灯具［釭灯、雁足灯、五枝灯、鹿灯（图2.5）、豆形灯］、"江都宦者"铭文银盆等。

图 2.5　鹿灯

东回廊下层钱库区共出土了10万余枚半两钱，钱币出土时均摆放齐整。庖厨区内出土了一大批铜器，器类有釜、鼎、甗、钫、锤、盂、壶、杯、勺、洗等。陶器集中出土于东回廊下层南部，器类有鼎、罐、壶、盒等，部分器物内保存有海贝、动物骨骼、植物果实，还出土有多块"江都食长"封泥。棺室周边出土大量金缕玉衣残片。残留迹象表明，内棺为镶玉漆棺，做工极为精细。前室出土有玉戈、圭、璜、贝带、水晶带钩、鎏金铜框嵌龙纹玉板等。

大云山汉墓 M2 墓平面呈"中"字形，与 M1 墓东西并列。M2 墓室西南角与 M1 墓室东北角相距 13 米，两墓在同一封土堆内。墓室由一棺一椁、东西边厢、头厢、足厢构成。头厢主要陪葬笥、盒等漆器，足厢以随葬车马器为主。M2 墓出土陶器、漆器、铜器、金银器、玉器等遗物 200 余件(套)。其中，玉棺是二号墓最为重要的发现之一，玉棺主体结构清晰，是迄今为止发现最为完整的玉棺，这为研究汉代玉器殓葬制度、玉匣制度等相关课题提供了材料。

（二）大云山汉墓为刘非墓的依据

从大云山汉墓 M1 墓的形制与规格、墓室结构（黄肠题凑）、玉棺、玉衣制度以及高等级随葬品等诸多方面分析，可确定 M1 墓的墓主人身份为西汉诸侯王。再从大云山汉墓所在地先后分封的诸侯国看，大云山先后属于刘贾的荆国、刘濞的吴国、刘非与刘建的江都国。从随葬品来看，随葬的陶器既不见西汉晚期常见的仓、灶、井组合，也不见西汉初期浓厚的旧礼制风气，墓葬所出土的鼎、盒、壶组合为西汉早中期陶器的常见组合。而墓室东回廊内出土了大量半两钱币，未见五铢钱。综合来看，墓葬的时代不晚于西汉中期。由于墓葬内先后出土了刻有"江都宦者容一升重三斤"铭文铜行灯与"江都宦者沐盘十七年受邸"铭文银盘，表明这些随葬品应为江都国时期的手工制品。如此，早于江都国的荆国刘贾与吴国刘濞首先被排除，墓主人只可能与江都王有关，即墓主人为刘非与刘建父子。考古工作者通过对随葬器物的清理，发现多件含文字材料的器物，有"江都食长"封泥、"江都宦者沐盘十七年受邸"银盘、"廿一年南工官造容三升"漆器、"廿二年南工官"漆器、"廿七年二月南工官"耳杯等。《汉书·景十三王传》载："（刘非）二十七年薨，子建嗣。""（刘建）六年国除，地入于汉，为广陵郡。"由于刘建在位仅6年，刘非在位27年，上述含纪年文字的器物应为刘非在位时所制，随葬品的整体时代集中于刘非时期。"廿七年二月南工官延年大奴固造"纪年材料出于东回廊下层的漆耳杯底部，共清理出"廿七年二月南工官大奴固造"耳杯近100余件。值得注意的是，所有"廿七年二月南工官"耳杯全为明器。如此，在刘非死亡的当年专门制作的陪葬明器只能在刘非的墓葬中使用。综上所述，"大云山M1的墓主人当为第一代江都王刘非，大云山汉墓为西汉江都王刘非的陵园"[1]。

M2墓与M1墓埋于同一封土堆下，下葬时代早于M1。由于墓主使用了金缕玉衣、镶玉漆棺等高级别葬具，且墓葬出土了诸如错金银嵌宝石铜镇、"大官"铭文铜鼎、"私府"铭文铜盘等高级随葬品，结合墓葬在陵园内的相对位置等，认为"M2墓主人应为江都国王刘非的王后"[2]。

---

[1] 李则斌、陈刚、盛之翰：《江苏盱眙县大云山汉墓》，《考古》2012年第7期。
[2] 李则斌、陈刚、盛之翰：《江苏盱眙县大云山汉墓》，《考古》2012年第7期。

第五节　汉代建都扬州的第四个诸侯王
——江都王刘建

江都王刘非在位 27 年后薨，刘非的儿子刘建继承王位，成为第二代江都王，他也是汉代扬州地区的第四个诸侯王。刘建从小在王宫长大，养尊处优，《史记》和《汉书》中用大量篇幅记载了他荒淫无耻、无恶不作的行径。与刘建同时代的大臣们认为，刘建"所行无道，虽桀、纣恶不至于此"。

一、刘建生平

（一）与父争妻，乱伦荒淫

刘建做太子时，邯郸人梁蚡要将一个女子献给江都王刘非，太子刘建听说那女子很美，就偷偷找来，留下不放。梁蚡在外面见人就说："儿子和父亲争老婆！"刘建于是派人杀了他。梁蚡家里人上书告状，廷尉来调查，刚好碰上大赦，就未治刘建罪。

易王刘非在位期间，刘建就对易王所宠爱的美妾淖姬等美人垂涎三尺。江都王刘非去世还未下葬，刘建守丧时，就霸占了易王所爱的美人淖姬等 10 人。更为荒淫的是，刘建还和亲妹妹通奸，刘建的妹妹征臣已经出嫁，是盖侯儿子的妻子，因为江都王刘非去世，征臣回来奔丧,刘建又与她通奸。刘建的异母弟弟刘定国是淮阳侯,他是易王最小的儿子,他母亲希望儿子能继易王位,知道刘建的上述事情,就付钱给一个叫茶恬的男子上书告刘建淫乱,不宜继王位。事情交给廷尉后,廷尉却治茶恬受贿上书罪,斩首示众。

妹妹征臣回长安后,刘建又几次派人去长安接她来江都国,鲁恭王太后知道后,就写信给征臣说:"国中流言四起,请慎重,不要再去江都国。"后来刘建派使者吉向太后问安,太后哭着说:"你回去把我的话告诉你的王,他以前做的已够多的了,如今应当克制才是。难道他没听说燕、齐的事吗?(燕王、齐王与亲姐妹通奸而自杀)你回去告诉刘建,我替他担心,已经担心地哭了几次了。"使者吉回去后,将原话转告刘建,刘建大怒,将使者吉打骂一番。

(二)虐待下人,草菅人命

刘建宫中的宫娥姬妾稍有过失,就会被施以极端的惩罚。例如:剃光她们的头发,脖子上套上铁链,让她们用锡杵舂东西,一舂不中,就用鞭子打;或者放狼去咬她们,直至咬死,而刘建在一旁看得大笑;或者把她们关起来,不给吃的,让她们饿死,累计有35名无辜者死于刘建的惩罚。

刘建游章台宫时,让四个宫女乘一条小船,他故意用脚踩翻小船,致使四人都掉下水,其中两人被淹死。后来他去游雷陂,刮着大风,却让两个郎官乘小船驶入波涛中。船翻后,两个人都掉下水,他们抓住了翻船,在波涛中时隐时现。刘建在旁观看,哈哈大笑,致使二人都溺死。

（三）罪孽深重，意图谋反

刘建行事荒淫、暴虐，自己也知道罪大恶极，有很多国人对他痛恨至极。刘建害怕被朝廷惩戒，心中不安，便与王后成光共同唆使越人奴婢请神弄鬼，想咒皇上死掉。他曾对郎中令等人说道："汉廷使者若再来找我麻烦，我决不会一个人去死的！"

刘建也听说淮南王、衡山王有阴谋，怕他们攻打、吞并自己，便多制兵器。他封王后的父亲胡应为将军。中大夫疾力气很大，善于骑射，刘建便封他为灵武君。他还制作"黄屋盖"，私刻皇帝玉玺，铸将军、都尉金银大印，做汉朝使节鞭20个，绶带1 000多条，并准备好军官及拜爵封侯人的赏赐物品，画好了天下地形图及军情地图。刘建派人与越繇王、闽侯联络勾结，送去奇珍锦帛；越繇王、闽侯也送来荃布、葛布、珠玑、犀甲、翠羽及各种珍奇异兽。几次来往后，双方约定紧急时互相帮助。到淮南王谋反的事情被皇帝发现后，皇上追惩参与党羽，有些事情涉及刘建，刘建派人行贿毁灭了罪证。

刘建后来还对亲近的臣子说："我当诸侯王，皇上每年都派人来查案子，让我活得不快乐。不过，壮士不能等死，我要做别人不能做的事。"刘建长期随身佩带他父亲受赐的将军印，打着天子旗号出门。久而久之，皇上知道了，派丞相长史与江都丞相来查办他，搜出了兵器、玉玺、绶带、汉朝使节鞭等反叛用具。有司请求逮捕并处死刘建。皇上说："列侯、2 000石以上的官员、博士们，你们讨论一下怎么处罚刘建，讨论出一个结果告诉我。"参与讨论的人都说："刘建早已失去了臣子之道，很久以来一直蒙皇恩不忍治罪，至今发展成谋反。刘建所行之无道，就是夏桀、商纣也不至于如此。十恶不赦者上天也要诛杀。当以谋反罪将刘建正法。"皇上指示宗正、廷尉审问刘建。刘建自知罪责难逃,自杀而亡,王后成光等人被枭首示众。江都王刘建共在位6年,武帝元狩二年(前121年)江都国被废除,土地归汉,改称广陵郡。

江都国被废121年后,到了汉平帝时期,新都侯王莽当政,有意恢复已灭亡的旧王国,就封盱眙侯的儿子刘宫为广陵王,以继承易王。王莽篡位后,江都国又被废除。

二、刘建之女刘细君——第一位汉家和亲公主

刘细君(?—前101年),西汉宗室,汉江都王刘建之女。刘建企图谋反未成自杀后,江都国被废除,刘细君因年幼而幸免于难,成为罪臣之女。

汉武帝为抗击匈奴,派使者出使乌孙国,乌孙王猎骄靡愿与大汉通婚。元封六年(前105年),汉武帝钦命刘细君为公主,远嫁乌孙,为猎骄靡的右夫人,《汉书·卷九十六下·西域传第六十六下》记载如下:

"匈奴闻其(乌孙国)与汉通,怒欲击之。又汉使乌孙,乃出其南,抵大宛、月氏,相属不绝。乌孙于是恐,使使献马,愿得尚汉公主,为昆弟。天子问群臣,议许,曰:'必先内聘,然后遣女。'乌孙以马千匹聘。汉元封中,遣江都王建女细君为公主,以妻焉。赐乘舆服御物,为备官属宦官侍御数百人,赠送甚盛。乌孙昆莫(乌孙王猎骄靡)以为右夫人。匈奴亦遣女妻昆莫,昆莫以为左夫人。"

刘细君到乌孙后,自己建造宫室居住,在宫室内经常为乌孙国

王猎骄靡准备酒食宴饮,还将财物、丝织品等赏给乌孙王左右的贵人。但是乌孙王猎骄靡已经年老,和刘细君之间语言不通、无法交流,刘细君内心悲苦忧愁,无处倾诉,于是自己作歌唱道:

> 吾家嫁我兮天一方,
> 远托异国兮乌孙王。
> 穹庐为室兮旃为墙,
> 以肉为食兮酪为浆。
> 居常土思兮心内伤,
> 愿为黄鹄兮归故乡。

这首《细君公主歌》不久传到了汉武帝耳中,汉武帝很怜悯她,每隔一年就派使者送去帷帐、锦绣等物以示慰问。

乌孙王猎骄靡临死时,按照乌孙国习俗,让孙子军须靡娶刘细君。刘细君不同意,上书给汉武帝说明此事,汉武帝回信说:"从其国俗,欲与乌孙共灭胡。"汉武帝的意思是汉朝想要与乌孙国联合,一起消灭匈奴,希望刘细君能以大局为重,按照乌孙国风俗嫁给军须靡,继续维系大汉朝和乌孙国的和亲关系。刘细君看到汉武帝的回信后,深明大义,决定委屈自己,嫁给新的乌孙王军须靡,并与军须靡生有一女,名叫少夫。太初四年(前101年),只在乌孙生活五年的刘细君病逝。如今刘细君墓尚存,就坐落在新疆伊犁州昭苏县的乌孙山夏特大峡谷谷口。墓地距夏特古城约8公里,西接哈萨克斯坦,北扼奔腾不息的夏特河,南依巍峨挺拔的汗腾格里峰,东临乌孙山。墓高近10米,底部长近40米,是乌孙草原中规模最大的古墓

之一，距墓约五六百米处有刘细君的立像（图2.6）。

图 2.6　刘细君雕像

刘细君是史学家们将其芳名载入史册的第一位汉家和亲公主，也是"和亲"获得成功的第一人。刘细君的《细君公主歌》表达了她在塞外生活的艰难与悲愁，也标志着我国古代诗歌已开始从"诗言志"向"抒情"回归，是历史上的第一首边塞诗。

第六节　汉代建都扬州的第五个诸侯王
——广陵王刘胥

江都国被废除后,置为广陵郡,有4年没有封王。汉元狩六年(前117年),汉武帝立广陵国,封其子刘胥为王,领广陵、江都、高邮、平安四县,其封地范围已远远不及之前的荆国、吴国、江都国。

一、刘胥生平

(一) 受封广陵,加封食邑

刘胥(？—前54年),汉武帝刘彻第四子,母李姬。刘胥身材高大,体魄壮健,喜好游乐,力能扛鼎,可以空手与熊、野猪等猛兽搏斗。

元狩六年(前117年)四月乙巳日,在汉武帝综合考虑各个皇子的才力、智能,封地土地的贫瘠和肥沃,封地百姓的性格特点等因素后,把他的三个儿子分别封王,刘胥被分封为广陵王。汉武帝册封广陵王刘胥的策文内容如下:"维六年四月乙巳,皇帝使御史大夫汤庙立子胥为广陵王。曰:于戏,小子胥,受兹赤社!朕承祖考,维稽古建尔国家,封于南土,世为汉藩辅。古人有言曰:'大江之南,五湖之间,其人轻心。扬州保疆,三代要服,不及以政。'于戏!悉尔心,战战兢兢,乃惠乃顺,毋侗好轶,毋迩宵人,维法维则。《书》云:'臣不作威,不作福,靡有后羞。'于戏,保国艾民,可不敬与!

王其戒之。"

这段策文白话文翻译如下：元狩六年（前117年）四月乙巳日，皇帝使御史大夫张汤告庙，立皇子刘胥为广陵王。圣旨道：呜呼，儿子刘胥，授给你赤色的国土！我继承祖先的帝业，根据先王的制度，封给你国家，把你封在南方，你要世代为汉藩篱辅臣。古人有言："大江以南，五湖之间，这一带的人轻浮。扬州是保卫中原的边疆，三代时为王畿外围之地，所以政教不能到达。"呜呼！你要全心全意地治理这些臣民，不可掉以轻心，要小心谨慎，国家才能得到实惠，百姓才会成为顺民。不要不求上进，醉心于驰骋游猎，不要接近小人，一切要讲法律、讲原则。《尚书》上说："臣子不对百姓作威作福，就不会有辱使命。"呜呼，广陵王你务必敬天保民，务必谨慎从政！广陵王你一定要记住。

从这篇策文我们可以得知：首先，汉武帝认为广陵王统辖的吴越之地的百姓精明而轻浮，比较难以统治，所以汉武帝告诫广陵王刘胥说："不要不求上进，醉心于驰骋游猎，不要接近小人，一切要讲法律、讲原则。"其次，刘胥所在的广陵国有鱼盐的收益、铜山的财富，是天下人所羡慕的，所以天子告诫说"不作福"，其用意是说不要滥用吴国的财货钱币，做出超越朝廷标准的赏赐，以此来树立自己的声誉，使四方之人前来归附，言下之意是当年吴王刘濞曾凭借铜盐之利，招揽天下亡命之徒为吴国所用，广陵王刘胥，你千万不要效仿吴王刘濞啊。又说"臣不作威"，其用意是让作为臣子的刘胥不要在百姓中间树立自己的威信，而应该为皇帝树立威信，言下之意是当年吴王刘濞曾广泛收买人心，使得吴国社会各阶层的人都拥戴吴王刘濞，而不拥戴汉天子，广陵王刘胥，你千万不要效仿吴王刘濞啊。最后,汉武帝用策文来告诫刘胥:"(你要)世代为汉的藩属辅臣,务必敬天保民,务必谨慎从政!"言下之意是我们要共同保卫汉室江山,刘胥你不要谋反!

汉后元二年(前87年),刘胥的父亲汉武帝去世,刘胥的幼弟刘弗陵即位,即汉昭帝。始元元年(前86年)二月,汉昭帝加封刘胥食邑万户。元凤五年(前76年)正月,刘胥进京朝拜汉昭帝,汉昭帝又加封刘胥食邑1万户(《汉书·昭帝纪》载"作食邑一万一千户"),赐钱2000万、黄金2000斤(《汉书·昭帝纪》载"作黄金二百斤"),赐给宝剑2柄、安车1辆、乘马8匹。元平元年(前74年),汉宣帝刘询即位。汉宣帝刘询因骨肉恩情,施行道义,在本始元年(前73年)割裂汉地,全用来分封广陵王刘胥的四个儿子:一个封为朝阳侯;一个封为平曲侯;一个封为南利侯;最受宠爱的小儿子刘弘,立为高密王。从这些对广陵王刘胥的封赏我们可以看到,汉昭帝和汉宣帝两位皇帝对刘胥都是非常尊重和恩宠的,但是刘胥内心想要的并不是皇帝的恩宠,而是自己做皇帝!

(二)诅咒天子,一心为帝

当初汉昭帝在位时,刘胥见汉昭帝年少无子,便有觊觎帝位之心。而楚地崇巫信鬼,刘胥请来楚地女巫李女须,让她下神诅咒。李女须施展法术,说已勾来汉武帝的魂魄附在她的身上,并用汉武帝的声音和口吻说:"我一定让刘胥当天子。"周围的人听到后,都以为是汉武帝来了,吓得匍匐在地。刘胥信了,给了李女须很多赏赐,让她到巫山继续作法。元平元年(前74年)四月,正巧汉昭帝去世,刘胥认为是李女须祈祷灵验,说她是位了不起的巫师,并杀牛庆祝祈祷灵验。因昭帝无后，此时朝廷部分大臣主张立武帝子广陵王刘胥为帝，大司马、大将军霍光坚决反对："刘胥平时不务政事，迷恋声色，作奸犯科，劣名久著，不可即位。"霍光是顾命大臣，权倾朝野，别人也就不敢吭声，便拥立汉武帝之孙昌邑王刘贺为帝。

元平元年（前74年）六月，昌邑王刘贺被征召入京立为皇帝，刘胥本来对登基信心满满，得知这个结果，气愤不已，便找来女巫，诅咒刘贺早死。昌邑王刘贺在位27天被废，因此刘胥越来越信任李女须等人，屡次赐给她们钱物。

刘贺被废后，光禄大夫、给事中（内朝官）邴吉，建议把汉武帝曾孙刘病已迎入宫中，入继昭帝大统，邴吉认为这位18岁的刘病已"通经术，有美才，行安节知"，大臣会议同意了邴吉的建议。汉武帝的曾孙刘病已成了汉宣帝，而作为汉武帝第四子的刘胥再次失去机会。

汉宣帝即位时，刘胥心中不满，说："我大哥刘据的孙子为什么反而能够被立为帝呢？"又令李女须像以前那样祈祷诅咒。另外刘胥的女儿是楚王刘延寿王后弟弟的妻子，因此两位王经常互相馈赠礼物，私下通信。楚王刘延寿扬言说："我的祖先楚元王（刘交），是高祖刘邦的弟弟，封有32座城。现在我的封地城邑越来越少，我要与广陵王共同起兵，拥立广陵王为皇上，我要恢复当年的32座城，像楚元王时一样。"这件事被发觉，刘延寿因谋反自杀，审讯牵连到刘胥。大臣们请求杀了刘胥。天子因骨肉之故，不忍心对刘胥依法惩处，于是天子说："蓬生麻中，不扶自直；白沙在泥，与之皆黑。"意思是广陵王刘胥本质上是好的，只是外部环境把他带坏了。于是皇帝下诏书，不处治广陵王，只诛杀了恶首楚王。还前后赐给刘胥黄金共5000斤，其他器物也赏赐很多。刘胥开始自我反省，刘胥又听说汉宣帝立了太子，于是对他的姬妾南等人说:"我终究不能被立为天子。"最终停止诅咒。

(三)诅咒事发,悔恨中自缢

后来刘胥的儿子南利侯刘宝因杀人被剥夺爵位,回到广陵,与刘胥的姬妾左修通奸。事情被发觉,他被关进监狱,后来被诛杀。丞相暴胜之上奏剥夺刘胥的射陂草田,分给贫民,奏折得以批准。刘胥心中不满,又让巫师像以前一样诅咒皇上。但是,这次诅咒皇帝的同时,刘胥的宫园中出现了很多奇异的现象,例如枣树突然长出十几根嫩茎,茎的颜色是奇怪的正红色,树叶子的颜色也很奇怪,像素丝一样白;刘胥宫园中的池塘水变红,池中的鱼都死了,漂浮在池塘上;白天有老鼠在王后的房间中间后肢站立起来跳舞。刘胥对姬妾南等人说:"枣树、池塘水、死鱼、鼠舞这些怪异的事情连续出现,我有种不祥的预感。"果然,几个月后,五凤四年(前54年)正月,刘胥诅咒之事被发觉,有关官员追查此事,刘胥非常害怕,便杀掉巫师李女须及宫女20多人灭口。公卿大臣们请求诛杀刘胥,汉宣帝派廷尉、大鸿胪前往审讯。在证据确凿的情况下,朝廷准备将其逮捕,押至京城治罪。刘胥谢罪说:"我罪该万死,这些罪状,确实都有。不过事情已经过去了很久,请允许我回去仔细想想再全部招供。"刘胥见过使者后回宫,在显阳殿设置酒宴,与太子刘霸及女儿刘董訾、刘胡生等夜饮,让他宠幸的姬妾郭昭君、赵左君等鼓瑟歌舞。刘胥身边的人流着泪,轮流为他斟酒,酒宴直到鸡鸣时才散。刘胥对太子刘霸说:"皇上待我恩重如山,而我实在是辜负了皇上。我死后,尸骨应当暴露在外。如果有幸得到安葬,也应薄葬,不要厚葬。"随即用绶带自缢而死。他宠幸的姬妾郭昭君等二人都自杀。汉宣帝加恩,赦免刘胥的几个儿子死罪,都贬为庶人,赐刘胥谥号为厉王。刘胥从封广陵王到死，在位计64年，是汉代扬州诸侯王中在位时间最长的一个。

二、广陵王刘胥的遗存——天山汉墓

天山，又名神居山，位于高邮市湖西新区送桥镇天山片区，全山由玄武岩构成，是一处典型的火山熔岩山，占地约70公顷。1979年天山附近的采石场在开采石料时，发现古墓葬。1979年5月起，南京博物院、扬州博物馆、高邮县文管会、南京大学历史系组成联合考古队，配合开山采石，历时两年，对一、二号汉墓进行发掘。发掘者依据M2中出土的"六十四年"纪年木牍等文物证据，"认为天山汉墓M1的墓主应为广陵厉王刘胥"[1]。

这两座汉墓均属大型岩坑竖穴、有斜坡墓道的"黄肠题凑"式木椁墓。何为"黄肠题凑"呢？"黄肠题凑"一名最初见于《汉书·霍光传》。所谓"黄肠"，是指堆垒椁室用的木材是去皮后的柏木，因去皮后的柏木芯颜色为淡黄色，被称为"黄肠"。所谓"题凑"是指木材摆放的结构，木材首先是层层平铺、叠垒，一般不用榫卯；其次"木头皆内向"，即题凑四壁所垒筑的枋木（或木条）全与同侧椁室壁板呈垂直方向，若从内侧看，四壁都只见枋木的端头，题凑的名称便是由这种特定的方式衍生出来的。天子礼葬时，用柏木堆垒成棺椁形状，外面有便房，也用柏木堆垒成，里面放有大量陪葬品。根据汉代礼制，黄肠题凑与玉衣、梓宫、便房、外藏椁属帝王陵墓中的重要组成部分。诸侯王和重臣死后，经天子特许也可用黄肠题凑，

---

[1] 王冰：《高邮天山汉墓墓主考辨》，《文博》1999年第2期，第56页。

如汉霍光死，汉宣帝"赐给梓宫、便房、黄肠题凑各一具"。

广陵厉王刘胥墓曾遭严重盗掘，墓内出土文物 600 余件，木器占一大半，从出行到家具、从生活用器到兵器均有出土。这些种类齐全的木质随葬品应该是对墓主人生前生活场景的仿照，体现出"事死如事生"的丧葬观念。高邮天山 M1 陪葬品的明器化程度高。陪葬的五铢钱和麟趾金为陶泥质地，与同时期去世的其他诸侯王用真的金饼和五铢钱陪葬相比较，未免有些寒酸，产生这一差别的原因，可能在于刘胥自绞前对其子太子霸说："上遇我厚，今负之甚。我死，骸骨当暴。幸而得葬，薄之，无厚也。"泥质麟趾金符合要求薄葬的遗言，也有可能是因为遭到盗掘，真的金玉或被洗劫一空。

两座墓葬中的天山汉墓一号墓（M1）墓坑深 18 米，东西宽 23 米，南北长 28 米，墓道长 60 米，墓顶封土 5 米有余，墓室填土约 2 万立方米。棺木南北长 16.65 米，东西宽 14.28 米，以珍贵楠木制成，折合木材 545.56 立方米，大部分构件都有标记名称与方位的漆书或凿刻。该墓以结构复杂，规模庞大，稳重壮观，构件比例协调、严谨而为世人瞩目，轰动海内外，《新华日报》《人民日报》曾作了专门报道。两座墓虽曾被盗，但仍出土了包括玉器、铜器、漆器、陶器、漆木器在内的众多文物，其中以漆器、木雕类的文物制作最为精美，特别是漆榻、木屐和成套的浴具为汉代考古少见。（图 2.7）

天山汉墓发掘结束后，有关部门将全部构件迁至扬州市区东北象鼻桥以东高冈复原陈列，建立扬州汉墓博物馆（现更名为：扬州汉广陵王墓博物馆）。博物馆气势磅礴，建于山顶之上，巍峨雄伟，从多层台阶向上仰望，大有帝王陵寝之势。拾级而上，两旁的门阙、主展厅、东西廊房皆为汉式建筑，门庭高敞，廊柱质朴，迭梁穿头，线条简洁、凝重、雄伟、古朴、粗犷。该汉墓1982年被公布为江苏省文物保护单位。

图 2.7 天山汉墓考古发掘现场

第七节　刘胥以后的五位西汉广陵王

一、汉代扬州地区刘胥以后的五位西汉广陵王概况

刘胥死后7年，汉元帝复立刘霸为广陵王，刘霸在位13年薨，谥号"孝"。刘霸（？—前35年），是汉武帝孙，广陵厉王刘胥长子，刘胥为广陵王时，刘霸为太子。汉宣帝五凤四年（前54年）其父刘胥因反叛罪被迫自杀，广陵国除，刘霸被废为庶人。汉元帝初元二年（前47年），刘霸被立为广陵王，在位13年，于汉建昭四年（前35年）病故。

刘霸去世后，他的儿子刘意嗣位。刘意在位3年薨，谥号"共"。目前与广陵共王刘意直接相关的文物只有一件，即1985年扬州市邗江区杨寿镇宝女村宝女墩汉墓陪葬墓出土的一件带有"恭庙"铭文的铜灯。该灯通高34.2厘米，底径16厘米。灯盘直盘口，盘中心有一支钉，细高蒜头形柄，喇叭形圈足座，足面阴刻隶书"恭庙"二字（图2.8）[1]。广陵王刘意死后谥"共"，

图2.8　带有"恭庙"铭文的铜灯

---

[1] 邗江区文化体育局、邗江政协文史资料委员会：《邗江出土文物精萃》，广陵书社，2005，第17页。

按古谥法，共、恭音义全同。"恭庙"即共王之庙，因此，这件青铜灯应是广陵共王刘意的祭礼用器，极为珍贵，被认定为国家二级文物。

建始二年（前31年）刘意的儿子广陵哀王刘护嗣位。刘护在位15年，鸿嘉四年（前17年）薨，谥号"哀"，无子。

元延二年（前11年）刘霸的儿子刘守嗣位。在位17年薨，谥号"靖"。

居摄二年（7年）刘守的儿子广陵王刘宏嗣位。王莽篡位后，贬刘宏为公，次年，将刘宏废为庶民。后来的这几位，虽被封为广陵王，但只是以食邑供奉而已。至此我们可以排出西汉广陵王的王爵世系表。（表2.1）

表2.1 西汉广陵王的王爵世系表

代别	姓名	宗族身份	封王（世袭）起止时间	谥号	国都
第一代	刘胥	武帝第四子刘胥	元狩六年（前117年）封广陵王，五凤四年（前54年）去世。	厉	广陵
第二代	刘霸	刘胥之子	初元二年（前47年）袭爵，建昭四年（前35年）去世。	孝	广陵
第三代	刘意	刘霸之子	建昭五年（前34年）袭爵，建始元年（前32年）去世。	共	广陵
第四代	刘护	刘意之子	建始二年（前31年）袭爵，鸿嘉四年（前17年）去世。	哀	广陵
第五代	刘守	刘霸之子	元延二年（前11年）袭爵，居摄元年（6年）去世。	靖	广陵

续表

代别	姓名	宗族身份	封王（世袭）起止时间	谥号	国都
第六代	刘宏	刘守之子	居摄二年（7年）袭爵，王莽篡位后，初始元年（8年）除爵，被贬为公，次年，被废。		广陵

二、汉代扬州地区刘胥以后的几位西汉广陵王的遗存

（一）第五代广陵王刘守墓——宝女墩汉墓

江苏省文物保护单位——宝女墩汉墓海拔高度32米，相对高度12米，系人工夯筑的封土墩，位于扬州市西北18公里处。北距杨寿镇2公里，南距曹家铺0.5公里，东南4公里处是甘泉山汉墓。由于地貌的变迁，宝女墩汉墓的范围已不甚明显，从剖面上观察，南北长约100米，东西长度不明。夯层每层厚15～20厘米，中央有白膏泥层带。1985年4月，江苏邗江县杨寿乡（今扬州市邗江区杨寿镇）砖瓦厂在宝女墩取土烧砖，先后发现汉代木椁墓2座。5月，扬州博物馆、邗江县图书馆联合对M104汉墓进行了清理，出土了众多文物，比较重要的文物有：元康四年（前62年）、河平元年（前28年）、元延三年（前10年）纪年铭文的漆器3件及5枚"大泉五十"鎏金铜钱。据《汉书·食货志》和《汉书·王莽传》记载，王莽于居摄二年（7年）五月更造货币，铸错刀、契刀、大泉五十与五铢钱并行。综合以上推断，M104汉墓的时代应为新莽时期。

M104汉墓和M105汉墓位于宝女墩封土之下中心偏西约10米处，且与封土规模不相适应，不可能是宝女墩的主墓，只能是宝女墩的

第二章 邗沟河畔的王——扬州汉代诸侯王及其遗存

陪葬墓。M104 出土了一件"广陵服食官"铜鼎(图 2.9)[1]，被认定为国家一级文物。该鼎口径 22 厘米、通高 29 厘米，鼎盖弧隆，上置三半环钮，钮上各有一乳突。鼎身子口，扁球腹，平底，高三蹄足。腹上部附二对称环形耳，中部有一道凸棱。盖凿刻阴文隶书"服食官钉盖第二"3 行 7 字，腹上部凿刻阴文隶书"广陵服食官钉第二"4 行 8 字，字体结构整齐美观。铭文中所提到的"钉"系异体字"鼎"。铭文中所提到的"服食官"应是"服官"和"食官"的并称，"服官"和"食官"属詹事，《汉书·百官公卿表》中颜师古注引应劭曰："詹，给也。"詹事即给事、执事，掌管皇后、太子家中事务。西汉时，皇后之官署和太子之官署均有詹事，"食官"铭在满城汉墓、南越王墓、齐王墓随葬器物坑、天山汉墓中均有发现。而"服官"和"食官"并称"服食官"，属初次发现，它是广陵官制在仿效皇室方面的一个

图 2.9 "广陵服食官"铜鼎

---

[1] 扬州市邗江区文化体育和旅游局：《流光溢彩——邗江文物精萃》，广陵书社，2020，第 64 页。

变化。此鼎是广陵国贵族在祭祀祖先神灵、宴请嘉宾贵客、举行隆重典礼等盛大场合炊煮或盛放肉食之用具，显示了其主人的尊贵身份、地位和权力。

M104汉墓还出土了带有"广陵服食官铜钉第五""广陵服食官铜钉第十""中官""大子""王家"等铭文的器物，由此可以推断出宝女墩的主墓与广陵王有关，主墓的时代应与M104、M105的时代相同，即新莽时期。宝女墩主墓应位于墩子的中心，推测为一座大型墓葬。从现存的封土推测，宝女墩封土原有面积在1万平方米以上，封土土方有五六万立方米，比位于其东南的双山二号汉墓（东汉广陵王刘荆墓）更大。因此宝女墩汉墓应该是一代广陵王的墓葬。新莽时期的汉代广陵王只有刘守及子刘宏，其中刘守于元延二年即位，在位17年，应有为自身营造大墓的能力。而刘宏在位仅1年左右，后又被废，所以墓主为刘守的可能较大。

（二）第六代广陵王刘宏墓——小墩汉墓

宝女墩汉墓东北方向约500米处，有一座被称为"小墩"的汉墓。该墓封土直径30米，高度3米，夯层厚0.2～0.3米，保存较好。封土墩周边曾发现土坑墓，并出土釉陶壶、瓿、罐等。小墩汉墓有可能是宝女墩汉墓的陪葬墓，但是这座墓葬也极有可能是最后一代广陵王刘宏的墓葬。居摄二年（7年）刘守的儿子广陵王刘宏嗣位。刘宏在位仅一年左右，还没来得及营造墓室，就遇到了王莽篡位，王莽贬广陵王刘宏为公，次年，最后一代广陵王刘宏又被废为庶民。作为庶民的刘宏，死后是不能享有诸侯王的待遇去营造大型墓穴的，因此他死后只能归葬到其父亲刘宏的墓园内，也就是只能在宝女墩附近营建一个中型的墓穴，所以末代广陵王刘宏的墓葬很有可能就是这座被称之为"小墩"的汉墓了。当然，这只是一种推测，小墩汉墓真正的墓主人是谁，还有待于今后的考古发掘确定。2010年6月12日，扬州市人民政府公布小墩汉墓为扬州市第五批市级文物保护单位。

（三）某一位广陵王的最终归葬地——老山汉墓

老山位于扬州市邗江区甘泉街道老山村，山上有泉，涝不盈、旱不竭，谓"天下第七泉"。因山上泉水甘洌，老山又名"甘泉山"。老山南北长400米，东西宽273米，占地约10万平方米，海拔63米，因地势较高，清乾隆时，知县张宏运曾筑灵雨台于山上。山上有7座大的封土堆，现存高度为15～20米，均为人工夯筑而成，夯层厚0.3～0.5米。《西山樵唱》载："甘泉山，在府西三十五里，上有七峰如斗，下有二十余岗如列宿。"清代阮元曾于山上发现过"中殿石"石刻4块，据此推测，原山上应有享殿之类的建筑。老山山上最大的两座封土墩可能为西汉某代广陵王和王后的陵寝，其余可能是陪葬墓群。老山汉墓究竟是哪一位广陵王的墓葬，有待进一步考古发掘证实。作者推测，老山汉墓最有可能是第二代广陵王刘霸或者第四代广陵王刘护的墓葬。

2006年6月5日，老山汉墓作为甘泉山汉墓群的重要组成部分被公布为第六批江苏省文物保护单位（图2.10）。2017年甘泉山汉墓群被列入"江苏省大遗址"保护项目，2018年经江苏省文物局批准，扬州市文物考古研究所和邗江文体新局联合对甘泉山汉墓进行了考古勘探（一期），作者全程参与了这次考古调查工作。本次考古调查力求重点解决老山汉墓是否有地面建筑、墓葬形制和年代，特别是史料上记载的七峰连冢的问题，以及掌握甘泉山汉墓群墓葬的分布状况和规律。目前考古调查成果尚未公开发布，后期项目成果将通过典型案例的形式体现，例如老山汉墓诸侯王陵园选址、布局与埋葬序列，老山汉墓周边高等级贵族陪葬情况及其与王陵的关系。有关部门还计划将考古调查的成果与本区域城市规划相衔接，以便预留文化遗产保护利用的提升空间，避免文化遗产遭受破坏，造成不可挽回的损失。

图 2.10　甘泉山汉墓群·老山汉墓文物保护标志碑

第八节　东汉扬州地区唯一的诸侯王
——广陵王刘荆

东汉开国皇帝刘秀得天下后,亦大封同姓王。但广陵却一直为郡,直至明帝继位,才改广陵郡为广陵国,徙山阳王刘荆为广陵王。

一、刘荆生平

刘荆(？—67年),东汉山阳王、广陵王,汉世祖光武皇帝刘秀的第九个儿子,生母是阴丽华。东汉建武十五年(39年),刘荆被封为山阳公,建武十七年(41年)进爵为山阳王。

《后汉书·广陵思王荆传》记载:"荆性刻急隐害,有才能而喜文法。"也就是说,刘荆生性刻薄又阴险,会暗中害人,有才能。刘荆的父亲光武帝刘秀死后,灵柩放在前殿,刘荆虚情假意地跟着大家哭泣,内心却并无哀伤,只是在心中盘算着计策。刘荆派人冒称是东海王刘彊的舅父大鸿胪郭况的使者,带信给刘彊,怂恿刘彊起兵叛乱,取代汉明帝。信的内容是这样的:"君王无罪,猥被斥废,而兄弟至有束缚入牢狱者。太后失职,别守北宫,及至年老,远斥居边,海内深痛,观者鼻酸。及太后尸柩在堂,洛阳吏以次捕斩宾客,至有一家三尸伏堂者,痛甚矣！今天下有丧,已弩张设甚备。间梁松敕虎贲史曰:'吏以便宜见非,勿有所拘,封侯难再得也。'郎官窃悲之，为王寒心累息。今天下争欲思刻贼王以求功，宁有量邪！若归并二国之众，可聚百万，君王为之主，鼓行无前，功易于太山破鸡子，轻于四马载鸿毛，此汤、武兵也。今年轩辕星有白气，星家及喜事者，皆云白气者丧，轩辕女主之位。又太白前出西方，至午兵当起。又太子星色黑，至辰日辄变赤。夫黑为病，赤为兵，王努力卒事。高祖起亭长，陛下兴白水，何况于王陛下长子，故副主哉！上以求天下事必举，下以雪除沉没之耻，报死母之仇。精诚所加，金石为开。当为秋霜，无为槛羊。虽欲为槛羊，又可得乎！窃见诸相工言王贵，天子法也。人主崩亡，闾阎之伍尚为盗贼，欲有所望，何况王邪！夫受命之君，天之所立，不可谋也。今新帝人之所置，强者为右。愿君王为高祖、陛下所志，无为扶苏、将闾叫呼天地。"

　　刘彊得到信后十分害怕，当即逮捕使者，将书信封好交给了朝廷。汉明帝马上派人彻查此事，并查明是刘荆干的，但是因为刘荆和明帝刘庄是一奶同胞的兄弟，明帝便隐瞒了此事，没有处罚刘荆，只将刘荆赶到河南宫居住。但是刘荆不思悔改，当时西羌反叛，刘荆又想搞小动作，他私下请来会看星相的人帮助预测时局，希望西羌反叛会带来社会动荡，从而给自己当皇帝创造机会。汉明帝刘庄听说此事后，便改封刘荆为广陵王，让他远离中央，到封国去。可是刘荆仍不思悔改，到封地后，又私下找来会看相的人说："我的长相很像先帝。先帝三十岁得到天下，我现在也三十了，可以起兵了吗？"看相的人把此事告诉了官府，刘荆很惊慌害怕，主动自首。明帝又一次施加恩惠，只是裁减了刘荆的卫队、随从，未过分追究此事。

　　然而，刘荆仍然不改，又安排巫师运用巫术诅咒明帝。有司举报此事给朝廷，请求诛杀刘荆，刘荆自知罪责难逃，便于永平十年（67

年)二月畏罪自尽。广陵国被废除。明帝追封广陵王刘荆谥号为"思"。从此以后,扬州这块土地上的汉代诸侯国史便告结束。刘荆死后四年,永平十四年(71年),明帝"封荆子元寿为广陵侯,服王玺绶,食荆故国六县;又封元寿弟三人为乡侯……元寿卒,子商嗣。商卒,子条嗣,传国于后"。

二、东汉广陵王刘荆的遗存——甘泉双山二号墓

扬州市邗江区甘泉街道北偏西约3公里的地方,有两座东西相对的大型汉墓,当地人称之为"双山"。南京博物院于1975年和1980年分别对这两座墓葬进行了抢救性发掘,此处重点介绍甘泉二号墓。该墓的封土堆直径约60米,原高13米左右,夯土坚实,每层厚度仅5~6厘米,夯窝直径约为6厘米,估计用土达2万立方米以上。甘泉二号墓墓室位于封土堆中央,全部用砖砌成。墓砖长30厘米,宽15厘米,高7厘米,墓顶采用楔形砖,楔形砖两侧的厚度分别为7厘米和5厘米。墓砖大多数为素面,少数一面印有绳纹或菱形网格纹,未发现字砖。墓室平面近方形,南北长8.8米,东西面宽9.6米。南面正中有甬道,长2.6米,宽2米,内高3.4米。甬道口即为墓门,方向向北偏西4度,墓底高于附近地面2米左右。门外有厚达1.4米的封门墙。墓室四壁和甬道的东西两壁均采用三顺一丁,或用两顺一丁的方法砌成。北壁的厚度为三横砖(45厘米),其余各壁的厚度为四横砖(60厘米)。墓底铺四层砖,厚达52厘米。下面三层都是用侧立的砖一行行铺垫而成,上面一层以人字形平铺。仅墓底用砖就达两万块左右。墓顶为多券结构,大部分墓顶早年坍塌,考古发掘报告根据残存的遗迹现象,对甘泉二号

墓进行了复原（图2.11）。甘泉二号汉墓建筑结构在江苏以往发现的汉墓中尚属罕见。其平面布局与河南唐河清理的一座新莽始建国天凤五年（18年）的石椁墓相类似。两墓共同之处都是墓室中部有两个棺室，墓室前部较宽，东、北、西三面有较窄的回廊。

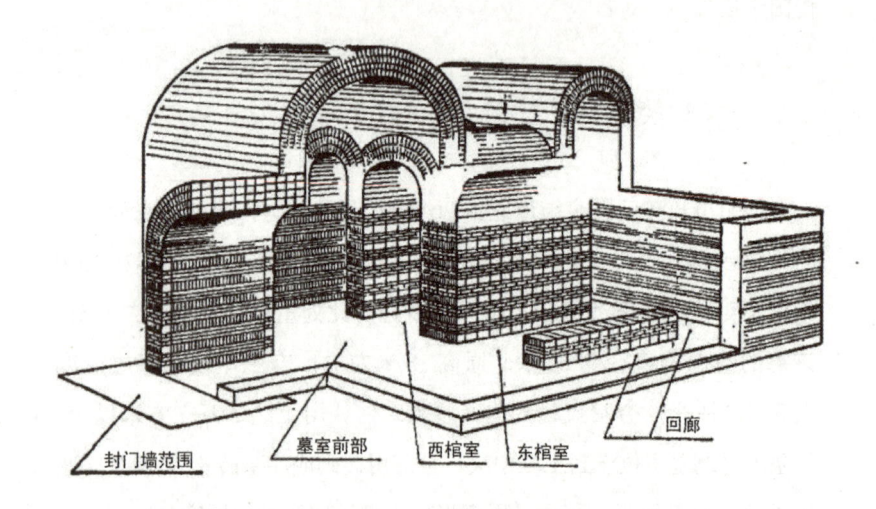

图 2.11　甘泉二号墓复原示意图

甘泉二号墓中的葬具已腐朽无存，西侧棺室发现少许头骨和肢骨的残片，由于此墓有两个棺室，可以判断此为夫妻合葬墓。由于墓室在早年间曾被盗掘，大部分文物无存，但是在棺室的两端、回廊和甬道等处，尚保留有一些随葬器物。出土文物中，一件带有铭文的雁足灯为确定甘泉二号墓墓主人身份提供了重要证据。该灯盏呈环形盘状，下粘一个雁足形支架，支架立于侈口、折腹、平底盘中。底盘的口沿面上铸有一行阴刻篆体铭文："山阳邸铜雁足长镫建武廿八年造比十二"十七字（图2.12）。铜雁足灯上的铭文，为我们探索此墓的年代和墓主人的身份提供了重要依据。据《后汉书·光武十王列传》等史书记载，刘荆在建武十五年（39年）被封为山阳公，十七年（41年）进爵为山阳王。后被明帝徙封为广陵王。"此墓地属汉广陵郡，雁足灯上又有'山阳邸'和'建武年号'字样，与文献所载完全相符。显然，此墓主人同广陵王刘荆的关系十分密切。根据出土器物的精致程度，我们认为可能就是刘荆本人的墓葬。"[1]

1981年年初，邗江县甘泉公社老山大队社员陶秀华在甘泉二号汉墓附近劳动时，在杂土中偶然发现"广陵王玺"金印并上交，后经专家鉴定，此即为东汉时期唯一一个诸侯王——东汉广陵王刘荆的金印[2]（图2.13）。结合其他出土的诸多文物（图2.14），专家最终认定甘泉双山汉墓即为刘荆葬身之冢。

图2.12　雁足灯铭文拓片

---

[1] 纪仲庆：《江苏邗江甘泉二号汉墓》，《文物》1981年第11期，第1-11页。
[2] "广陵王玺"金印的发现、经过以及对金印的详细解读，可以参照作者的另一本书《扬城宝藏——扬州地区出土文物鉴赏与研究》第198页。

图 2.13　广陵王玺金印

图 2.14　刘荆墓出土错金银铜牛烟道灯

第三章
只换雷塘数亩田
——运河开凿者隋炀帝

隋炀帝杨广（569年—618年）一名英，小字阿摐（chuáng）,华阴（今陕西华阴）人，是隋文帝杨坚与文献皇后独孤伽罗次子，隋朝第二位皇帝。隋炀帝在位期间开创科举制度，开凿大运河，营建东都，迁都洛阳，对后世颇有影响，然而杨广频繁地发动战争，加之滥用民力，致使民变频起，造成天下大乱，导致了隋朝的覆亡。大业十四年（618年）骁果军在江都发动兵变，杨广被叛军缢杀。唐朝谥炀皇帝，隋恭帝杨侗谥世祖明皇帝，夏王窦建德谥闵皇帝。本章从隋炀帝墓的考古发掘入手，介绍了隋炀帝和萧皇后的陵墓、墓中出土的重要文物——十三环蹀躞金玉带和双人首蛇身陶俑，真假隋炀帝陵，还原了隋炀帝于江都宫被杀的经过以及与隋炀帝有关的几则民间故事。

第一节　扬州唯一一座帝王陵寝
——隋炀帝墓

一、炀帝墓的发现与认定

2013年3月，扬州市邗江区西湖镇司徒村曹庄组房地产建设项目工地上发现两座隋唐时期的砖室墓。由南京博物院考古研究所、扬州市文物考古研究所、苏州市考古研究所组建的联合考古队，对其进行了抢救性发掘。两座墓被分别命名为M1和M2。

M1墓中出土了"隋故炀帝墓志"（图3.1）、十三环蹀躞金玉带等众多珍贵文物。"隋故炀帝墓志"可释读文字有50多个，即"隋故炀帝墓志惟隋大业十四年太岁……一日帝崩于扬州江都县……扵流珠堂，其年八月……西陵荆棘芜……永异苍悟……贞观元年……朔辛……葬炀……"。"隋故炀帝墓志"是判断隋炀帝墓的铁证，其记载的内容和历史文献相吻合。M1

图3.1　隋故炀帝墓志

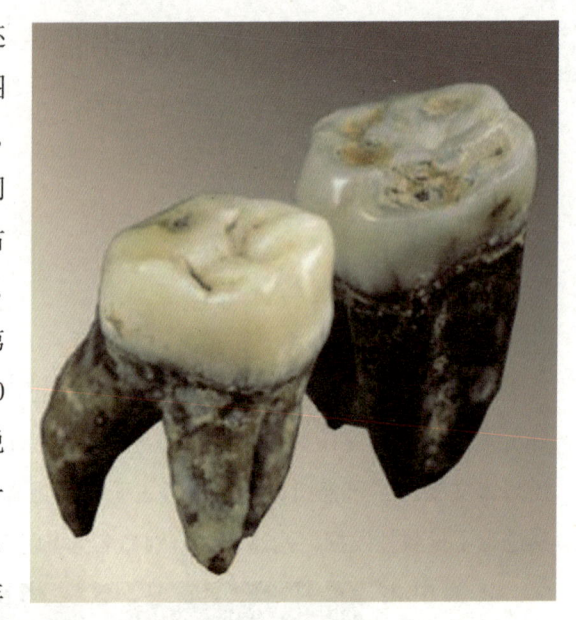

墓的东耳室附近还出土了两颗牙齿（图3.2）。经专家鉴定，这两颗牙齿属于同一个体，一颗为右侧上颌第三臼齿，一颗为右侧下颌第二臼齿，齿龄为50岁左右，也就是说这两颗牙齿属于一位50岁左右的人，与隋炀帝去世的年龄（隋炀帝49岁时被弑）相当。

图 3.2　隋炀帝墓出土的两颗牙齿

M2墓随葬文物丰富，发掘出陶器、瓷器、铜器、漆木器、铁器、玉器等600余件（套）。墓中出土的青釉辟雍瓷砚台（图3.3）具有典型的隋末唐初的时代风格。该砚为洪州窑产品，口径21.4厘米，底径20.6厘米，高7.3厘米，圆唇，直腹，腹外饰3周弦纹，砚面圆形内凹，研磨光滑，砚面外缘一圈为半弧形小水槽，砚盘底边附等分的19只蹄足，足面阴刻兽面纹。砚腹外侧置两两相对的罐形小水盂，作笔舔之用。水槽及外壁施青釉，砚面及底无釉，砚底稍内凹，无釉处略呈窑红色，砚面中部露灰白胎，胎体厚重。[1] 墓中出

---

[1] 扬州市文物考古研究所：《广陵遗珍——扬州出土文物选粹》，江苏凤凰美术出版社，2018。

第三章　只换雷塘数亩田——运河开凿者隋炀帝

图3.3　青釉辟雍瓷砚台

土的陶猪、陶鸡、陶羊、陶马、陶牛、陶骆驼、双人首蛇身俑、文官俑、执盾武士俑等近百件陶俑的时代特征也为唐代初期特征。该墓还出土了一件玉璋,玉璋是礼仪用器,说明墓主人身份和地位极高。更为重要的是墓室内出土了一件腐蚀严重但保存完整的冠饰,这件冠饰被整体搬回实验室后,由陕西省文物保护研究院进行清理修复。该研究院经过两年的工作,2016年9月正式召开新闻发布会,公开修复成果,并在扬州博物馆展示了这件"凤冠"(图3.4)[1]。这件鎏金嵌珠玉凤冠为女性用器,由帽壁、金花、簪(笄)、钗、翅翼等组成,饰件鎏金,镶嵌珠玉,工艺精细,具有很强的礼仪象征性,是等级身份较高者才能享用的器物。更为重要的是,M2墓出土了较完整的

---

[1] 扬眉剑舞:《从花树冠到凤冠——隋唐至明代后妃命妇冠饰源流考》,《艺术设计研究》2017年第1期。

扬州运河谈

图 3.4 复原后的凤冠

骨架，经专家鉴定，应为身高1.5米左右的老年女性个体，年龄在56岁以上，符合萧后去世的年龄（萧后去世时约80岁）。

综合墓葬形制、随葬器物，以及人骨、牙齿鉴定结果，可推断扬州曹庄隋唐砖室墓M1的墓主人为隋炀帝，M2的墓主人是萧皇后。扬州曹庄隋炀帝墓的发掘与确认解决了多年来隋炀帝终葬之地的争议。2013年11月16日，中国考古学会在扬州召开新闻发布会，认定扬州曹庄隋唐墓葬为隋炀帝墓，是隋炀帝杨广与萧后最后的埋葬之地，印证了历史文献的记载。隋炀帝墓是扬州地区唯一的帝王墓葬，被评为"2013年度中国十大考古新发现"。

二、同坟异穴葬龙凤

隋炀帝及萧后墓地处蜀冈西峰顶部，为一高大土丘，当地人称之为"后头山"。两墓均为带墓道的砖室墓，东西并列，墓道均朝南。墓室建造于东西长49米、南北宽48米的夯土土墩内。

隋炀帝墓位于土墩的中部，由墓道、甬道、主墓室、东耳室、西耳室五部分组成（图3.5）。墓道长19.5米、残深2米。甬道位于主墓室南侧中部，双层发券，墓门平砖封砌，与墓道连接处有两道封门。主墓室近方形，南北长3.92米，东西宽3.84米，残高2.76米。在东西两侧置东西耳室，耳室的南壁即是主墓室的南壁。耳室口部无券顶，应有木质门楣支撑，室内顶部发券。隋炀帝墓清理出土陶器、铜器、漆器、玉器等文物180余件。主墓室出土蹀躞金玉带、鎏金铜铺首、铜壶、铜碗、陶罐、"隋故炀帝墓志"等随葬品。"东耳室出土灰陶罐、陶灯、漆箱（仅存漆皮）等。西耳室出土灰陶文吏俑、武士俑、骑马俑、骆驼俑、狗俑、双人首鸟身俑等130余件，部分俑有彩绘，工艺精湛，刻画生动。"[1]

图 3.5　隋炀帝墓俯视图

萧后墓位于土墩的东南，墓葬形制为腰鼓形土坑砖室墓（图 3.6），

---

[1] 束家平、杭涛、刘刚等：《江苏扬州市曹庄隋炀帝墓》，《考古》2014年第 7 期。

第三章 只换雷塘数亩田——运河开凿者隋炀帝

通长13.6米,由墓道、甬道、主墓室、东耳室、西耳室五部分组成。墓道长5.25米,南端封门处宽2.42米、北端封门处宽3.4米,呈南高北低的斜坡状。墓道壁做法特殊,砖壁与土壁相间隔。甬道长2米、宽2.05米,东、西两侧各有1壁龛,壁龛内放置有动物俑。主墓室为腰鼓形,长5.97米,宽5.9米。东、西、北壁各有3龛。主墓室四壁用青砖三顺一丁、四顺一丁法砌造。墓底为席纹式铺砖。墓室由前室和后室两部分组成,后室高于前室,为棺床部分。在墓室倒

图3.6 萧后墓俯视图

塌淤积土中发现少量龙纹砖与莲瓣纹砖，这些砖应该是主墓室券顶坍塌后留下的。

耳室位于主墓室的东、西两侧，也是券顶结构，券顶的砖头上有龙纹，与主墓室坍塌淤泥中发现的龙纹砖相同，这也印证了主墓室内发现的龙纹砖与莲瓣纹砖应为主墓室券顶坍塌留下的推测。萧后墓随葬文物丰富，清理出陶器、瓷器、铜器、漆木器、铁器、玉器等600余件（套）。"其中陶器均为灰陶，有罐、炉、钵、灯、磨、几等，还有动物和人俑，如牛、马、猪、鸡、骆驼、执盾武士俑、双人首蛇身俑和文吏俑等（图3.7）。铜器有编钟1套16件、编磬1套20件，其他还有凤冠、灯、豆等。瓷器有青釉辟雍砚、三彩小辟雍砚各1件，漆木器有盒、木箱等，玉器有1件白玉璋。"[1]

图3.7 隋炀帝墓陶俑出土现场

---

[1] 束家平、杭涛、刘刚等：《江苏扬州市曹庄隋炀帝墓》，《考古》2014年第7期。

三、隋炀帝墓的价值

2018年7月国家文物局下发了《关于开展第八批全国重点文物保护单位申报遴选工作的通知》，按照扬州市文物局统一安排，第八批全国重点文物保护单位的申报工作正式启动，作者和扬州市文物考古研究所的薛炳宏副研究员分工协作，共同撰写隋炀帝墓申报全国重点文物保护单位的材料。申报材料中最难写的是对隋炀帝墓的价值评估。能不能写好价值评估，直接关系到隋炀帝墓能否被评审专家认同，也关系到隋炀帝墓能否被确定为全国重点文物保护单位。

那么一处拟申报全国重点文物保护单位的文物点，应该具备哪些价值呢？《第八批全国重点文物保护单位申报与遴选工作指南》对申报全国重点文物保护单位的价值做了如下要求："申报对象应具有重大的国家级意义，在阐述或展示我国历史、艺术、科学、文化、社会等方面，具有重大的价值。"

申报对象的价值主要体现在以下几个方面：

（1）历史价值：作为反映历史发展过程的实物见证的价值。

（2）艺术价值：作为艺术创作、审美趣味、特定时代或地域典型风格的实物见证的价值。

（3）科学价值：作为人类创造能力或科学技术创造过程的实物见证的价值。

此外，申报对象的价值还体现在因当代认知与利用所衍生的社会效益，包括在知识记录与传播、精神传承与发展、社会凝聚力产生与增长等方面所起到的重要作用，以及申报对象的社会价值、文化价值等。

具体来说，全国重点文物保护单位的申报对象至少应符合下列遴选标准之一：

（1）作为历史上杰出的人工创造物，能够反映个体或群体的创造力与精神追求；

（2）作为特定时期或特定地域内人群生产、生活遗留下的物质遗存，能为延续至今或业已消逝的文化或文明提供特殊的佐证；

（3）作为建筑营造、景观设计、工程建设或造型艺术等方面的重要成就，能够反映特定时代整体或局部地域的典型风格与技术水平；

（4）作为人类居住、土地利用或资源开发的重要范例，能够反映人与自然之间和谐互动的关系，并且这种互动关系可能仍在延续并得到积极的发展；

（5）作为多元文化接触、碰撞、融合的产物，能够反映在一定时空范围内人群之间不同形式的重要交流或影响；

（6）与历史上的重大事件、重要人物存在直接联系的物质遗存；

（7）其他在某学科或领域具有重大意义的物质遗存。

对照上述标准，在充分学习的基础上，作者执笔写下了隋炀帝墓价值评估的内容：

1. 江苏扬州曹庄隋唐墓葬（隋炀帝墓）考古发掘项目入选"2013年度全国考古十大新发现"和中国社会科学院考古学论坛全国六大考古新发现。符合遴选标准"（6）与历史上的重大事件、重要人物存在直接联系的物质遗存"。

2. 隋炀帝墓出土的一批具有时代特征、地域特征的随葬品和特殊的墓葬形制，对于研究隋末唐初的高等级墓葬形制、丧葬习俗的演变、南北文化的交流提供了珍贵的第一手资料，也为研究隋唐时期历史、政治、经济、文化等提供了翔实的科学资料。隋炀帝墓的发掘，丰富了扬州城遗址的内涵，扩展了扬州城遗址的范围，对于进一步深化扬州城遗址的研究具有特殊的意义。符合遴选标准"（5）作为多元文化接触、碰撞、融合的产物，能够反映在一定时空范围内人群之间不同形式的重要交流或影响"。

3. 隋炀帝墓是研究墓葬制度发展及隋唐历史文化的重要实物资料，是隋唐时期高等级墓葬的重要实例，隋炀帝墓与萧后墓建造于两个时期并采用不同形制，是研究南北朝至隋唐时期墓葬形制演变、南北方墓葬形制交流、传统丧葬文化、丧葬等级制度的重要实物资料。隋炀帝墓出土的大批高等级文物，为研究隋唐时期历史、政治、经济、文化等提供了翔实的科学资料。符合遴选标准"（5）作为多元文化接触、碰撞、融合的产物，能够反映在一定时空范围内人群之间不同形式的重要交流或影响"。

4. 扬州隋炀帝墓出土的蹀躞金玉带，是目前国内出土的唯一一套完整的十三环蹀躞带，也是古代带具系统最高等级的实物。萧后墓出土的铜编钟、铜编磬、铜灯、铜豆中，成套的编钟、编磬是迄今为止国内唯一出土的隋唐时期的编钟、编磬实物，填补了中国音乐考古史上的一项空白。符合遴选标准"（2）作为特定时期或特定地域内人群生产、生活遗留下的物质遗存，能为延续至今或业已消逝的文化或文明提供特殊的佐证"。

5. 隋炀帝墓是扬州隋唐时期历史的独特见证。墓葬位于蜀冈西峰，处在扬州北郊蜀冈东西向文化轴线的最西端，是现存隋唐时期扬州的重要地标。作为扬州城市的重要组成部分，隋炀帝墓与隋江都宫（唐子城）、西北郊墓葬区、隋唐宫苑、寺庙等遗存相互关联，构筑了隋唐时期扬州城的聚落空间，共同见证了隋唐时期扬州的历史积淀和文化特征。符合遴选标准"（2）作为特定时期或特定地域内人群生产、生活遗留下的物质遗存，能为延续至今或业已消逝的文化或文明提供特殊的佐证"。

6. 隋炀帝墓为研究隋炀帝的生平提供了实物佐证。隋炀帝是中国封建帝国的著名君主。他平南陈，御突厥，大大扩张了国土，重新打通丝绸之路。他开凿大运河，打通了中国南北经济大动脉，为隋唐时期国家集权、南北经济发展、文化交流奠定了基础。他开创科举制度，带来了封建选官制度的革命，深远影响了中国古代政治发展史。此外，他还在巩固边防、发展中外关系、推进文化发展等方面多有建树，对国家建设做出了重大功绩。同时，他也是历史上著名的暴君，好大喜功，大兴工役，穷兵黩武，最终导致了隋朝政权的覆亡。这位毁誉参半、功过兼备的帝王对于中国古代社会的发展具有重大影响。隋炀帝三下扬州，在蜀冈上营建江都宫，推动了扬州城市发展。他开凿大运河，奠定了扬州的经济地位，使之成为都城长安、洛阳以外最为重要的地方城市，成就了扬州"扬一益二"的繁盛，使扬州发展为全国性的大都市。隋炀帝死于扬州、葬于扬州，扬州与他的政治生命具有紧密的关联，是隋炀帝最后的埋葬地。符合遴选标准"（6）与历史上的重大事件、重要人物存在直接联系的物质遗存"。

7. 隋炀帝墓的文化旅游价值。隋炀帝促使扬州城发展为具有全国影响力的城市。隋炀帝墓的确认，是扬州隋唐文化保护与传承的重要契机，也为扬州人民了解扬州城发展历史、感受扬州历史文化积淀、提升扬州市民文化自豪感提供了重要的载体，具有重大的社会教育意义。隋炀帝墓在国内现有文化旅游资源中具有独特性，将成为扬州市重要的文化旅游资源。墓葬与扬州城遗址、大明寺、瘦西湖、蜀冈西峰生态公园等北郊景点具有较好的资源整合潜力，有利于蜀冈文化、生态的建设，对于促进地区经济增长及社会和谐发展具有重要作用。符合遴选标准"（2）作为特定时期或特定地域内人群生产、生活遗留下的物质遗存，能为延续至今或业已消逝的文化或文明提供特殊的佐证"。

以上对于隋炀帝墓的价值评估，较好地展现了隋炀帝墓的历史价值、艺术价值、科学价值、文化价值和社会价值，得到了国家和省级专家的认可，隋炀帝墓申报全国重点文物保护单位的申请书，一次性通过国家层面的专家评审。2019年10月，国务院印发《关于核定并公布第八批全国重点文物保护单位的通知》（国发〔2019〕22号），核定公布了第八批全国重点文物保护单位（共计762处）以及与现有全国重点文物保护单位合并的项目（共计50处），其中，扬州有3处上榜，成为新晋"国保"，分别是隋炀帝墓、西方寺大殿、仙鹤寺。至此，扬州市共有"国保"24处（含大运河）。

第二节　隋炀帝之死与真假帝陵

一、隋炀帝江都宫之死

关于隋炀帝之死，《资治通鉴·唐纪一》有较为详细的记载，作者结合《资治通鉴》《隋书》等相关文献，对隋炀帝江都宫之死的前后经过做了白话文翻译和整理，具体内容如下。

（一）荒淫益甚，隋炀帝第三次下江都

大业十二年（616年）七月，隋炀帝三下江都，到江都（今扬州）后，荒淫益甚，宫中一百多间房，每间摆设都极尽豪华，每间房间都配有一位美女作为女主人。江都郡丞赵元楷负责供应美酒饮食，炀帝与萧后以及宠幸的美女吃遍了宴会，酒杯不离口，随从的1000多名美女也经常喝醉。不过炀帝看到天下大乱，心情也忧虑不安，下朝后常头戴幅巾，身穿短衣，拄杖散步，走遍行宫的楼台馆舍，不到晚上不止步，不停地观赏四周景色，唯恐没有看够。

隋炀帝自己通晓占卜看相之术，也喜欢说江浙一带的"吴语"，他常常夜间在庭院内置酒，抬头仰观天象，对萧后说："外间有不少人算计侬，不过侬不失为长城公陈叔宝，卿也不失为沈后。我们姑且只管享乐饮酒吧！"然后喝得烂醉。炀帝还曾拿着镜子照着，回头对萧后说："好一个头颅，该由谁斩下来？"萧后惊异地问他为什

么这样说,炀帝笑着说:"贵贱苦乐循环更替,又有什么好伤感的?"

(二)天下大乱,隋炀帝欲迁都丹阳

大业十三年(617年)五月,太原留守李渊起兵反隋。十一月,李渊攻下长安,立炀帝孙杨侑为帝,改年号为义宁,遥尊炀帝为太上皇。此年东海人杜伏威所统率的义军,从山东齐州南下,渡过淮河,攻下历阳郡(治所在安徽和县),李子通部众占据海陵(今江苏泰州)。南北道路隔绝,各地义军纷起,江都孤危。炀帝见中原已乱,不想回北方,打算把国都迁到丹阳,保守江东,下令群臣在朝堂上评议迁都之事。内史侍郎虞世基等人都认为不错;右候卫大将军李才极力说明不可取,请炀帝御驾回长安,并与虞世基愤然争论而下殿;门下录事衡水人李桐客说:"江东地势低洼,气候潮湿,环境恶劣,地域狭小,对内要奉养朝廷,对外要供奉三军,百姓承受不起,恐怕最终是要起来造反的。"李桐客的这番话被御史听到了,于是御史当场弹劾李桐客诽谤朝政,诽谤朝政是大罪,于是在场的公卿都不敢再说不同意见,只是曲意奉承炀帝的意思,都说:"江东百姓渴望陛下临幸已经很久了,陛下过江抚慰统治百姓,这是大禹那样的作为。"隋炀帝于是下令修建丹阳宫,准备迁都丹阳。

(三)思恋故乡,骁果军官策划谋反

隋炀帝的御林军被称为"骁果军",大业九年(613年),炀帝为了扩充军队,除征发府兵外,又招募新军。这批新军多来自关中地区,他们身强力壮,骁勇善战,被称为骁果。大业十二年(616年),炀帝下江都时,以虎贲郎将司马德戡统领1万余骁果为禁卫军随行,并屯于江都东城。这些来自关中地区的人,长期在外,思恋故乡,见炀帝没有回长安的意思,就策划逃回故乡。郎将窦贤便带领部下西逃。炀帝派骑兵追赶并杀了他,但"亡者犹不止,帝患之"。

虎贲郎将扶风人司马德戡一向得炀帝信任,炀帝派他统领骁果,驻扎在东城,司马德戡与平时要好的虎贲郎将元礼、直阁裴虔通商量,说:"现在骁果人人想逃跑,我想说,又怕说早了被杀头;不说,事情真发生了,也逃不了被灭族,怎么办?又听说关内沦陷,李孝常在华阴反叛,皇上因禁了他的两个弟弟,准备杀掉,我们这些人的家属都在西边,能不担心这事吗?"虎贲郎将元礼、直阁将军裴虔通二人都慌了,问:"既然如此,有什么好办法吗?"司马德戡说:"如果骁果逃亡,我们不如和他们一起跑。"元、裴二人都说:"好主意!"于是相互联络,内史舍人元敏,虎牙郎将赵行枢,鹰扬郎将孟秉,符玺郎李覆、牛方裕,直长许弘仁、薛世良,城门郎唐奉义,医正张恺,勋侍杨士览等人,都参与同谋,日夜联系,在大庭广众之下公开商议逃跑的事,毫无顾忌。

有一位宫女知道了外面有人谋反,将这个消息告诉萧后:"外面人人想造反。"萧后说:"由你去报告吧。"宫女便对炀帝说了,"帝大怒,以为非所宜言",斩之。后来又有人对萧后说起外面有人谋反的事,萧后说:"天下事一朝至此,无可救者,何用言之!徒令帝忧耳!"从此以后,再也没人说外面的情况。

司马德戡等人定于三月月圆之夜结伴西逃,赵行枢与将作少监宇文智及历来很要好,杨士览是宇文智及的外甥,赵、杨二人把他们的计划告诉了宇文智及,宇文智及说:"皇上虽然无道,可是威令还在,你们逃跑,和窦贤一样是找死,现在实在是老天爷要隋灭亡,英雄并起,同样心思想反叛的已有数万人,乘此机会起大事,正是帝王之业。"司马德戡等人同意他的意见。赵行枢、薛世良要求由宇文智及的兄长右屯卫将军许公宇文化及为首领,待此事商议完毕后,才告诉宇文化及。宇文化及性格怯懦,能力低下,听说谋反的事情后,脸色都变了,直冒冷汗,后来不得已听从了众人的安排。

司马德戡让许弘仁、张恺去备身府,对认识的人说:"陛下听说骁果想反叛,酿了很多毒酒,准备利用宴会,把骁果都毒死,只和南方人留在江都。"骁果都很恐慌,互相转告,更加速了反叛计划。大业十四年(618年)三月乙卯(初十),司马德戡召集全体骁果军吏,宣布了计划,军吏们都同意地说:"唯将军命!"

(四)江都宫陷,炀帝被弑

大业十四年(618年)三月乙卯(初十)当天,扬州地区天气突变,大风刮得天昏地暗、尘土四起,中午的光线就像黄昏一样。当天下午,司马德戡偷出御厩马匹,暗地里磨快了武器准备谋反。当天晚上,在阁下值班、专门负责大殿内安全的官员是参与谋反的元礼和裴虔通;同样参与谋反的唐奉义负责关闭城门,唐奉义与裴虔通等商量好,各门都不上锁。到三更时分,参与谋反的司马德戡在东城集合数万人,点起火与城外相呼应。炀帝看到火光,又听到宫外面的喧嚣声,询问发生了什么事。参与谋反的裴虔通谎称:"草坊失火,外面的人在一起救火呢。"当时宫城内外相隔绝,炀帝信以为真。参与谋反的宇文智及和孟秉在宫城外面集合了1 000多人,劫持了巡夜的候卫虎贲冯普乐,部署兵力分头把守街道。忠于隋炀帝的燕王杨倓发觉情况不对,晚上穿过芳林门边的水闸入宫,到玄武门假称:"臣突然中风，就要死了，请让我当面与皇上告别。"参与谋反的裴虔通等人不通报，而是把燕王杨倓关了起来。丙辰（十一日），天还没亮，司马德戡把军队交给裴虔通，用来替换各门的卫士。裴虔通由宫门率领数百骑兵到成象殿，值宿卫士高喊有贼，于是裴虔通又返回去，关闭各门，只开东门，驱赶殿内宿卫出门，宿卫纷纷放下武器往外走。右屯卫将军独孤盛对裴虔通说："这些士兵是从哪里调过来的？我怎么感觉不太对啊！"裴虔通说："形势已经这样了，不关将军您的事，您小心些，不要轻举妄动就可以了！"独孤盛大骂："老贼，你说的什么话！"他顾不上披铠甲，就与身边十几个人一起抗战，结果被乱兵杀死。千牛独孤开远带领数百殿内兵到玄武门，敲门大喊："兵仗尚全，犹堪破贼。陛下若出临战，人情自定；不然，祸今至矣！"他叫门叫了好久，里面竟然没有人回答，军士逐渐散去。反叛者捉住独孤开远，又为他的忠义行为感动而放了他。

司马德戡等人领兵从玄武门进入宫城，炀帝听到消息，换了衣服逃到西阁。裴虔通和元礼进兵撞开左门，乱兵进了永巷，问："陛下在哪里？"有位美人出来指出了炀帝的所在。校尉令狐行达拔刀冲上去，炀帝躲在窗后对令狐行达说："汝欲杀我邪？"令狐行达回答："臣不敢，但欲奉陛下西还耳。"说完扶炀帝下了西阁。隋炀帝见到了裴虔通，裴虔通本来是炀帝做晋王时的亲信，隋炀帝对裴虔通说："卿非我故人乎！何恨而反？"裴虔通回答："臣不敢反，但将士思归，欲奉陛下还京师耳。"炀帝说："朕正打算回去，只因运米船还没到，现在和你们回去吧！"裴虔通于是领兵守住炀帝。

天明后，参与叛乱的孟秉派武装骑兵迎接叛乱首领宇文化及，宇文化及浑身颤抖说不出话，有人来参见，他只会低头靠在马鞍上连说"罪过"二字,以表示还礼。宇文化及到宫城门前,司马德戡迎接他入朝堂,称丞相。裴虔通对炀帝说:"百官都在朝堂,需陛下亲自出去慰劳。"随即送上自己随从的坐骑,逼炀帝上马,炀帝嫌随从的马鞍笼头破旧,换了新的马鞍笼头才上马。裴虔通牵着马缰绳、提着刀出宫城门,乱兵呼声动天。宇文化及大声说道:"哪里用得着让这家伙出来,赶快弄回去结果了。"炀帝问:"虞世基在哪儿?"叛军将领马文举说:"已经枭首了。"随后,炀帝被带回寝殿,裴虔通、司马德戡等拔出兵刃站在边上。炀帝叹息道:"我何罪至此?"马文举说:"陛下违弃宗庙,巡游不息,外勤征讨,内极奢淫,使丁壮尽于矢刃,女弱填于沟壑,四民丧业,盗贼蜂起,专任佞谀,饰非拒谏,何谓无罪!"炀帝说:"我实负百姓。至于尔辈,荣禄兼极,何乃如是!今日之事,孰为首邪?"司马德戡说:"溥天同怨,何止一人!"宇文化及又派封德彝宣布炀帝的罪状。炀帝说:"你可是士人,怎么也干这种事?"封德彝羞红了脸,退了下去。炀帝的爱子赵王杨杲才12岁,在炀帝身边不停地号啕大哭,裴虔通一刀砍死了他,赵王杨杲的血溅在隋炀帝的衣服上。事已至此,这些人准备杀了炀帝,炀帝说:"天子死自有法,何得加以锋刃!取鸩酒来!"马文举等人不答应,让令狐行达按着炀帝坐下。炀帝自己解下练巾交给令狐行达,令狐行达绞死了炀帝。当初,炀帝料到有遇难的一天,经常用罌(一种小口大肚的瓶子)装着毒酒带在身边,对宠幸的各位美女说:"如果贼人到了,你们要先喝,然后我喝。"等到祸事真的到来,炀帝左右随侍都逃掉了,竟然找不到毒酒。

（五）隋炀帝本可以不被杀

江都宫兵变弑君的整个过程，让人感觉这是一场不可能成功的政变，但是却偏偏成功了，虽然历史不容假设，但是笔者还是觉得，如果隋炀帝能够抓住以下几个节点，可能会改变被弑杀的命运。

首先，政变策划期间，司马德戡为首的叛军，已经由密谋策划逃跑，演变为在大庭广众下随意谈论，可谓嚣张至极。据《资治通鉴》记载，谋反的人"日夜相结约，于广座明论叛计，无所畏避"。隋炀帝的宫女在得到外面有人打算叛变的消息后，及时报告给了隋炀帝，但是隋炀帝非但没有奖励宫女，反倒斩杀了她，这就闭塞了通风报信的言路，以至于后来又有宫女想给隋炀帝汇报外面有人谋反的情况，萧后都劝她不要再向皇帝汇报了。如果隋炀帝能够重视宫女提供的情报，立刻开始彻查叛变人员，这场政变将会被扼杀在萌芽状态。

其次，政变过程中有忠臣护主，但均未奏效。叛乱就要发生时，江阳县令张惠绍得知有人叛乱的消息，骑快马去通告裴蕴，裴蕴与张惠绍很快商量出对策，就是假称圣旨，调江都城外的军队逮捕宇文化及等人，敲开城门援救炀帝。二人商量好后，派人报告虞世基，虞世基怀疑谋反的事不真实，没有同意。《资治通鉴》是这样记载的："难将作，江阳长张惠绍驰告裴蕴，与惠绍谋矫诏发郭下兵收化及等，扣门援帝。议定，遣报虞世基；世基疑告反者不实，抑而不许。"虞世基的错误判断未能挽救局势，同时也给自己带来了杀身之祸，不久叛军就冲进了他的家，将其斩首。

叛乱发生时，燕王杨倓发觉情况不对，想去面圣汇报情况，结果在玄武门被扣押。右屯卫将军独孤盛与身边十几个人一起抗战叛军，被乱兵杀死。千牛独孤开远带领数百全副武装的殿内兵到玄武

第三章 只换雷塘数亩田——运河开凿者隋炀帝

门前,想要进门勤王,但此时玄武门上没有一个"给使"应答,玄武门也始终没打开。"给使"是隋炀帝挑选的勇猛矫健的官奴,以防备突然发生的情况,这些人有几百人,相当于隋炀帝的贴身侍卫,待遇优厚,隋炀帝甚至把宫女赐给"给使"。但是隋炀帝没有把守卫自己人身安全的禁卫军——"给使"牢牢掌握在自己手里,叛乱这天,司宫魏氏假传圣旨,放全体"给使"出宫,致使仓促之际,玄武门没有一个"给使"在场,可悲可叹!

最后,政变末期,隋炀帝被限制人身自由时,没有及时策反裴虔通等将领。叛臣裴虔通派人去捉拿隋炀帝的时候,并没有让手下杀死隋炀帝,而是要手下抓住隋炀帝,挟持皇帝回京师,也就是《资治通鉴》里记载的:"将士思归,欲奉陛下还京师耳。"这时,裴虔通并没有杀掉隋炀帝的想法,而是领兵守住炀帝,一直守到天亮。纵观裴虔通的前半生,可以说他是隋炀帝一手提拔上来的重臣。一开始,隋炀帝杨广为晋王时,裴虔通就以亲信的身份跟从杨广,而后升迁至左监门校尉。炀帝即位后,大肆提拔他的旧部,授裴虔通宣惠尉,迁监门直阁。"监门直阁"是直接负责皇帝禁宫安全警卫工作的重要职位,让他负责自己的安全,说明隋炀帝非常信任他。在裴虔通软禁隋炀帝的这段时间里,隋炀帝若是能与裴虔通叙叙旧情,转变裴虔通的思想,免去裴虔通及其下属的叛逆之罪,并许诺给予高官厚禄,也许裴虔通会放弃谋反,而选择勤王,用手中的士兵护卫炀帝,还可以带上隋炀帝给他的圣旨,向大家宣布:"只要叛军退兵,可以免去所有叛军的罪名,既往不咎。"这样或许还是可以控制局势的。因为这个时候的叛军首领是宇文化及,宇文化及"性驽怯",也就是天生懦弱,没什么主心骨,叛乱这天清晨,他在宫城门外浑身颤抖说不出话,有人来参见,他只会低头靠在马鞍上连说"罪过"。宇文化及并没有说一定要杀掉隋炀帝。直至裴虔通用马载着隋炀帝走出宫城门,宇文化及作为叛军首领,无法面对隋炀帝,这时他突然意识到:如果皇上不死,自己带头叛乱必然是株连九族,死路一条。于是大声喊:"何用持此物出,亟还与手。"(哪里用得着让这家伙出来,赶快弄回去结果了。)

二、隋炀帝的四次下葬

关于隋炀帝的下葬,扬州民间流传有"雷击三塘"葬炀帝的传说。据传说,隋炀帝被弑后,由于他生前荒淫残暴,天理不容,几无葬身之地。当人们将其下葬于迷楼北侧的荷叶地时,突然暴雨倾盆,电闪雷鸣。一声惊雷将坟墓劈开,炀帝被抛尸在外,墓地也被击成一个深塘。此谓"上雷塘"。此后,人们将他改葬于雷塘桥东的"雷塘埂"的南闸窝时,又响起了一阵惊雷,墓地又成了一个大塘,此谓"中雷塘"。再之后,改葬至今槐子村和槐二村交界处"官埂塘"的北闸窝时,惊雷再起,墓地再成一塘,此谓"下雷塘",这令主持葬礼的隋左武卫将军陈棱实在为难。最后陈棱将其改葬于"铁佛寺",因雷不打佛,隋炀帝才有了停尸之所。不过民间"雷击三塘"葬炀帝的传说只可作为茶余饭后的谈资,并非真实事件。史书中详细记载了隋炀帝的若干次下葬情况,作者根据史料和隋炀帝墓墓志的情况,总结出四次较为可信的下葬情况,具体如下:

第一次下葬:隋大业十四年(618年)三月初葬流珠堂。《隋书·炀帝纪》记载:"上崩于温室,时年五十。萧后令宫人撤床箦为棺以埋

第三章 只换雷塘数亩田——运河开凿者隋炀帝

之。"宋代司马光所纂《资治通鉴·卷一百八十五》亦载:"萧后与宫人撤漆床板为小棺,与赵王杲同殡于西院流珠堂。"据此,炀帝初葬之地应该在江都宫西院的流珠堂。至于为何草葬于此,实为情势所逼。彼时,叛军骚乱,已诛杀炀帝。此危急时刻,萧后命人匆匆将炀帝与幼子杨杲的遗体入殓,以漆床板为棺,草草掩埋。一向自视甚高的炀帝入葬得如此仓促,可谓惨淡凄凉。

第二次下葬:隋大业十四年(618年)八月改葬吴公台。炀帝死后不久,宇文化及率领部下离开了扬州,令陈棱留守江都。陈棱乃庐江襄安(今安徽巢湖)人,大业三年(607年)任虎贲郎将,为炀帝器重的江淮人士。炀帝来江都后,受到杜伏威为首的江淮义军的威胁,于617年提拔陈棱为右御卫将军,令其进攻杜伏威,结果惨败。炀帝被杀后,陈棱为江都郡守,深怀炀帝重用的旧恩,在宇文化及率部离开江都北去后,隋大业十四年八月,陈棱集部众身穿孝服为惨死的炀帝发丧,将炀帝从西院流珠堂挖出改葬。开棺后,发现已经下葬了五个月的炀帝的尸体"面目如生",还没有腐烂。陈棱以江都宫遗留下的辇辂、鼓吹,基本凑齐了皇帝葬礼所需的仪仗,在哀乐中将炀帝梓棺改葬于江都宫成象殿吴公台下。史载陈棱"衰杖送丧,恸感行路"[1]。《资治通鉴·卷一百八十六》是这样记载的:"(武德元年八月)隋江都太守陈棱求得炀帝之柩,取宇文化及所留辇辂鼓吹,粗备天子仪卫,改葬于江都宫西吴公台下,其王公以下,皆列瘗于帝茔之侧。"吴公台的位置在扬州城西北的雷塘的西面,相传最初为吴王夫差的宴游之处,又为南朝刘宋时沈庆之攻打竟陵王刘诞时所筑的弩台,后陈朝名将吴明彻围攻北齐敬子猷,增筑台以射城内。

---

[1] 魏征:《隋书》,中华书局,1973,第1520页。

由此可知吴公台是一个较高的废弃的人工台地。吴公台一带的地势较高，符合隋唐时期遴选墓地的标准，陈棱将隋炀帝的墓穴选在吴公台下，也算是给隋炀帝安置了一个比较好的归宿。

第三次下葬：唐武德五年（622年）八月改葬于雷塘。关于这次改葬的时间和地点，文献记载较为一致。相关文献如下：

《旧唐书·本纪第一·高祖》记载："（武德五年八月辛亥）葬炀帝于扬州。"

《资治通鉴·唐纪六》记载："（武德五年八月辛亥）改葬隋炀帝于扬州雷塘。"

《隋书·炀帝纪下》记载："大唐平江南之后，改葬雷塘。"

关于这次改葬的时间：《新唐书·高祖》和《资治通鉴·唐纪六》的记载都是唐武德五年八月，而《隋书·炀帝纪下》记载的则是"大唐平江南之后，改葬雷塘"。这两个时间点有没有冲突呢？618年（唐武德元年），李渊威逼隋恭帝杨侑禅位，称帝建唐，改年号武德，定都长安，制定了稳定关中、决战中原、平定江南、统一全国的战略决策。618—620年，唐朝军队先后打败了割据兰州的薛举、薛仁杲父子，割据甘肃武威的李轨，稳定了关中地区，解除了后顾之忧。620—621年，李世民率兵与各方势力决战中原地区，先后消灭了王世充、窦建德等多方势力。621年唐军采用突袭战术消灭了两湖地区的梁政权，镇压了辅公祐的江淮义军，其他割据势力相继归附，南方平定，全国基本统一。所以，"大唐平江南之后"这一时间点和"（武德五年八月辛亥）葬炀帝于扬州"的时间点是一致的。这次改葬距离陈棱改葬隋炀帝于吴公台下，有4年多的时间。

关于这次改葬的地点：这次改葬的地点是扬州的雷塘。雷塘的地点胡三省对《资治通鉴》的批注中有详细说明,雷塘就是"汉(代)所谓雷陂也,在今扬州城北平岗上"。

李渊之所以再次迁炀帝陵,或顾念其与杨广的表兄弟情谊,或虑及其皇位乃是废隋恭帝所得,不想给人造成乱臣贼子的篡位者印象,总之,唐高祖李渊于622年(唐武德五年)以帝王之礼将炀帝迁葬于雷塘。

第四次下葬:唐贞观二十二年(648年)萧后归葬于炀帝陵。唐贞观二十一年(647年),萧后病逝,唐太宗诏令以三品之礼"送至江都与炀帝合葬"。相关文献记载如下:

《北史·卷十四·列传第二》记载:"贞观二十一年,殂。诏以皇后礼于扬州合葬于炀帝陵,谥曰愍。"

《资治通鉴·唐纪十四》记载:"(贞观二十二年三月庚子)隋萧后卒,诏复其位号,谥曰愍;使三品护葬,备卤簿仪卫,送至江都,与炀帝合葬。"

"三品护葬"在唐朝是宰相级待遇。"卤簿仪卫"就是皇帝的卫队仪仗。如此高规格的葬礼,在古代中国封建政权亡国后的皇后中极为罕见。

从618年萧后撤床板为棺,初葬炀帝于流珠堂开始,到陈棱"粗备天子仪卫"改葬隋炀帝于吴公台,再到622年唐高祖迁隋炀帝陵于雷塘,直至最终648年唐太宗诏令送萧后回扬州,与隋炀帝合葬于雷塘,隋炀帝经历了4次安葬,时间跨度从618年至648年,隋炀帝死后历经30年才最终入土为安。

三、千古疑案　真假帝陵

历史上有关隋炀帝陵的传闻可谓众说纷纭，扑朔迷离。究其缘由，是其陵墓不断迁徙，但是至少在隋唐至五代早期，人们依然很清楚隋炀帝陵所在的位置，常有诗人访古探幽，留下诗篇。如《燕吴行役记》中记载唐代元和（806—820年）年间吴公台隋炀帝陵的情况，对陵墓的高度、布局都说得很清楚："炀帝陵高五十余尺，后齐王㬇、赵王杲、其孙燕王倓，三陵东西罗列，各高二十余尺。"[1]中唐诗人鲍溶在实地探访了隋炀帝墓后，写下了《隋帝陵下》："白露沾衣隋主宫，云亭月馆楚淮东。盘龙楼舰浮冤水，雕锦帆幢使乱风。长夜应怜桀何罪，告成合笑禹无功。伤心近似骊山路，陵树无根秋草中。"诗的最后一句说明了唐代中期的隋炀帝陵已经荒芜，每年秋天，隋炀帝陵上的秋草长得很高，挡住了隋炀帝陵上树木的下半截，所以远远看去，隋炀帝陵上的树木似乎无根。到了唐末五代时期，隋炀帝陵的位置大家还是能够找到的，诗人、文学家、思想家罗隐（833—909年）在他的《炀帝陵》一诗中就表达了他在扬州看到隋炀帝墓的感叹："入郭登桥出郭船，红楼日日柳年年。君王忍把平陈业，只博雷塘数亩田。"然而，经过了五代十国的战乱，日远年湮，或因人为或因自然，炀帝陵日渐荒芜，不为人知，仅在地方志书上有所提及，但是具体地点已经不明确了。

明清时期，不少学者对隋炀帝陵的地点做过考证，比较知名的有以下三处。

---

[1] 曾学文：《扬州著述录》，广陵书社，2011，第18页。

（一）陕西武功隋炀帝陵

陕西武功隋炀帝陵位于咸阳城西50公里处武功县武功镇西塬上，明代嘉靖年间，翰林院修撰、经筵讲官，"前七子"之一的康海修编《武功县志》时，订正《唐高祖本纪》，认定隋炀帝葬在陕西武功落杨村。清乾隆四十二年（1777年）秋季，时任陕西巡抚的毕沅拜谒隋文帝和隋炀帝陵墓，并分别书写了碑名。据说这座"隋炀帝陵"陵冢早期非常高大，石雕林立，并建有享殿，但与众不同的是，墓门和石刻是向北的。墓门和石刻之所以向北，当地人传说是因为隋文帝泰陵在南，炀帝亡国无颜面对文帝，故而背对着泰陵。随着时间的推移，战争荼毒、灾害频发再加上人为的破坏，这些早已荡然无存，就连清乾隆年间陕西巡抚毕沅所书"隋炀帝陵"碑也被毁坏。如今，其陵园已被垦为耕地，陵冢严重剥蚀，仅余下一个小土丘。土丘底部周长22米，高约3米。1957年5月31日隋炀帝陵被陕西省人民委员会公布为第二批省级重点文物保护单位。（图3.8）

图3.8　陕西武功隋炀帝陵

陕西武功隋炀帝陵的考证最早的依据是明代嘉靖年间康海修编的《武功县志》，此时距离唐代已经很远，不足以为凭据。据相关研究，陕西武功隋炀帝陵应为唐殇帝陵，人们讹传为隋炀帝之墓。依据是《新唐书》所载："西原，殇帝所葬。"据史书记载，景龙四年（710年）六月，唐中宗被韦后与安乐公主毒杀，其第四子李重茂即位。唐玄宗开元二年（714年）七月，李重茂死，被追册为殇帝，十一月葬于武功西原（今武功西塬）。

（二）河南省洛宁县隋炀帝陵

河南省的隋炀帝陵墓位于河南省洛宁县东宋镇郭村东南之柏山（又名荞麦山），当地人直呼其为"杨广墓"。明嘉靖三十四年《河南通志》载："（隋）炀帝陵在永宁县（今河南省洛宁县）东北，炀帝崩于江都，唐太宗迁葬于此。"后世志书如民国三年《河南通志》卷四十九陵墓篇和民国十八年《河南新志》卷十七"古迹·陵墓"篇中均沿袭明嘉靖年间的说法："炀帝陵在永宁县城东北，炀帝崩于江都，唐太宗迁葬于此。"而今，洛宁县城东北十公里锦阳川西部渡阳河南岸，有一独立的山峰，呈不规则的三棱锥形，如同龙首冲天而起，雄视北方。当地人认为这座独特的小山就是地方志所记的隋炀帝陵，都把这座锥形山峰叫作"香炉山"，专为隋炀帝杨广供奉香火。河南省洛宁县隋炀帝陵所依据的材料也是明代中晚期的文献记载，没有经过科学的考古发掘，不足以为凭。（图 3.9）

图 3.9　河南洛宁隋炀帝陵

（三）扬州槐泗隋炀帝陵

清嘉庆十二年（1807年），清嘉道名臣、一代文宗阮元丁忧期间，品读《嘉靖惟扬志》图，发现雷塘之西画有一墓碑，于是实地寻访，随后将城北雷塘附近的"皇墓墩"认定为隋炀帝陵。具体经过如下："贞观中，以帝礼改葬于雷塘之北，所谓'雷塘数亩田'也。《嘉靖惟扬志》图于雷塘之北画一墓碑，碑刻'隋炀帝陵'四字，距今非久，不应迷失。乃问之城中人，绝无知者。嘉庆十二年，元住墓庐，偶遇北村老农，问以故址。老农言陵今故在，土人名为'皇墓墩'，由此正北行三里耳。乃从之行，至陵下，陵地约剩四五亩，多丛葬者，陵土高七八尺，周回二三亩许。老农言土下有隧道、铁门，西北向，童时掘土尚及见之。予乃坐陵下，呼村民担土来，委土一石者与一钱。不数日，积土八千石，植松百五十株，而陵乃岿然。复告之太守伊君墨卿，以隶书碑，刊而树之。"[1]（图3.10）阮元判定此处土墩为隋炀帝墓的依据是明代地方志的示意图、当地老人回忆以及地名"皇墓墩"。在当时的历史条件下，将"皇墓墩"判定为隋炀帝陵是合情合理的。近年来，考古工作者也对这座阮元考证的"隋炀帝陵"进行了实地探查，发现阮元考证的这座"隋炀帝陵"实际是一座汉代墓葬，与隋炀帝并无关系。

图3.10 扬州槐泗隋炀帝陵

上述三座"隋炀帝陵"均未经过科学的考古发掘，不足为凭。今天我们不应该苛责前贤，相反，上述三座"隋炀帝陵"的发现应该被看作明清以来的学者文人在探寻隋炀帝墓漫长过程中取得的阶段性成果，反映了明清时期文人士大夫考据之风的兴起，体现了明清文人士大夫的历史观，展现了明清文人士大夫对隋炀帝的情感和态度。目前唯一能够确定是隋炀帝真墓的，只有扬州市邗江区西湖街道曹庄的"隋炀帝墓"，这座墓葬是隋炀帝和萧后的最终埋葬之所。

---

[1] 阮元、邓经元：《揅经室集》，中华书局，1993，第624页。

第三节　隋炀帝墓 M1 精品文物
——十三环蹀躞金玉带赏析与研究

一、"蹀躞"二字的源流

"蹀躞"（dié xiè）二字都是生僻字，很多读者并不了解其含义，下文中我们一起考证一下蹀躞的本义和引申义，以更好地理解蹀躞带。"蹀躞"的本义是小步行走的样子，这个词义在很多古文中都能遇到，如《后汉书·祢衡传》："蹀躞而前，容态有异。"再如，在大家耳熟能详的成语"对牛弹琴"的典故中，也有"蹀躞"一词。"公明仪为牛弹清角之操，伏食如故。非牛不闻，不合其耳矣。转为蚊虻之声、孤犊之鸣，即掉尾奋耳，蹀躞而听。"公明仪给牛弹奏古雅的清角调琴曲，牛依然埋头吃草。牛并非没有听见，而是这种曲调牛听不懂。公明仪于是用琴模仿蚊子、牛虻的声音，以及小牛犊寻找母牛哞哞的声音，牛就摆动尾巴竖起耳朵，迈着小步子，轻轻地挪动着（蹀躞），仔细寻找声音的来源。再如南朝时期的鲍照在《拟行路难》诗其六中的"蹀躞"也取小步走路之意："丈夫生世会几时？安能蹀躞垂羽翼？"意思是说人生在世应像个大丈夫一样敢作敢当，不能窝窝囊囊、小心翼翼地走路，收紧自己的羽翼，夹着尾巴做人。元代萨都剌《题画马图》一诗中的"蹀躞"则是用来形容马小步快走的样子："四蹄蹀躞若流星，两耳尖修如削竹。"在明清小说和近现代作家中，也常会用到"蹀躞"一词的本义。如清蒲松龄《聊斋志异·长亭》:"女郎急以椀水付之,踥蹀之间,意动神流。"又如蔡东藩《清史演义》第一回:"三人欢喜非常,便从山下踥蹀前行,约里许,但见一泓清水,澄碧如镜,两岸芳草茸茸,铺地成茵,真是一副好床褥。就假此小坐。"再如冰心在《寄小读者》(九)中写道:"当她在屋里踥蹀之顷,无端有'身长玉立'四字浮上脑海。""踥蹀"在本义"小步走路的样子"的基础上,后来又发展出很多的引申含义。

一是引申为做事情、文字等方面费斟酌。如《太平广记》卷三〇五引唐代戴孚《广异记·王法智》:"众求其诗,率然便诵二首云……自云:此作亦颇踥蹀。"

二是引申为浮漫,不庄重。如清代蒲松龄《聊斋志异·胡四相公》中写道:"若个踥蹀语,不宜贵人出得!"何垠注:"踥蹀,犹云琐碎也。"

三是引申为徘徊。例如唐代诗人张祜《爱妾换马》诗中:"婵娟蹀踥春风里,挥手摇鞭杨柳堤。"再如清代宣鼎《夜雨秋灯录·迦陵配》中:"院试揭晓日,太守徬徨中庭,踥蹀不已。"

四是引申为能够挂载各类小物品的玉带,被称为"踥蹀带"。所谓"踥蹀带",是指带鞓上垂下系物之带,踥蹀带的形制是用丝或皮革制成带的衬底,称为"绦""鞶带""鞓",在其上缀缝带扣、带环(銙)和带尾(铊尾)。踥蹀带原出于北方少数民族,魏晋南北朝时传入中原。北宋沈括《梦溪笔谈》记载:"中国衣冠,自北齐……有踥蹀带……带衣所垂踥蹀,盖欲佩带弓箭、帉帨、算囊、刀砺之类。"

二、十三环蹀躞金玉带是什么样子

2013年3月，隋炀帝墓M1出土了一件十三环蹀躞金玉带（图3.11）[1]，它由玉带扣、玉扣柄、方形镂空透雕柿蒂纹銙、方形附环銙、尖拱形有孔銙、圆形偏心孔扣环、长条形铊尾组成。玉带扣扣身、方形镂空透雕柿蒂纹銙、方形附环銙、尖拱形有孔銙背面均有金衬板。由于年代久远，长期埋在地下，金玉带中的鞓带已腐朽无存。玉带均以新疆上等和田白玉制作而成，玉质洁白无瑕，细腻莹润，玉质坚硬，抛磨光亮如镜，光可鉴人，制作工艺极为精湛。十三环蹀躞金玉带出土于全国重点文物保护单位隋炀帝墓，它是迄今发现的等级最高、最完整的皇帝御用的带具，填补了中国古代舆服考古史的一项空白。

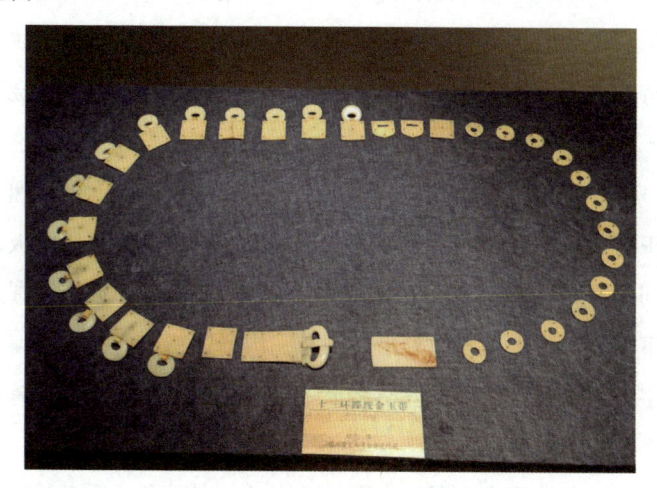

图3.11 十三环蹀躞金玉带

[1] 扬州市文物考古研究所：《广陵遗珍——扬州出土文物选粹》，江苏凤凰美术出版社，2018，第101页。

十三环蹀躞金玉带每个部分的具体情况如下：

（1）玉带扣：1件，椭圆形，直径约3.45～5.45厘米、厚0.26厘米；由扣环和扣针（亦称扣舌）组成。扣环轮廓呈未封口的椭圆形，两末端大致呈方形，扣环正反两面均为平台，两侧均削成斜面，横截面为六边形，扣环两端均有穿孔。扣针大致呈T形，中部起脊，后端较粗，针头前曲，扣针后端钻一圆孔。

（2）玉扣柄：1件，呈长方形，后端平齐，前端切割出三个矩形豁口，凸出部分的端面打磨呈弧形，其侧面穿孔，用一圆柱形铜鎏金钉作为底轴，将扣环、扣针和扣柄铆固连接在一起，以使扣针灵活转动，插入扣眼之中。扣柄下有与扣柄等大的金质衬板，上下之间均有穿孔，以8枚金钉铆固在一起。

（3）方形镂空透雕柿蒂纹銙：2件，边长3.8～4厘米、厚0.26厘米，位于附环方銙的两端。该銙为正方形，透雕出柿蒂纹。背面下有与方銙等大的金质衬板，中心和四角有穿孔，以5枚金钉铆固在一起。

（4）方形附环銙：13件，边长3.8～4厘米、厚0.26厘米，位于玉带前半部分。方銙近似正方形，背面有等大的金质衬板，上下之间均有穿孔，以5枚金钉铆固在一起。所附玉环近似椭圆形，环体下端较为厚大，正面外沿一圈有瓦沟形凹槽，内孔中心偏上，呈凸字形，以金质曲环套入凸字形上端，曲环末端插入玉方銙与金衬板之间。

（5）尖拱形有孔銙：2件，底边长3.9厘米、厚0.3厘米，位于玉带中部。其外轮廓近似桃形，底端平齐，中部靠下镂空，有一长方形孔，用于悬挂蹀躞。背面结构仍是和尖拱形銙等大的金衬板，上下之间有穿孔，以5枚金钉铆固在一起。

（6）圆形偏心孔扣环（扣眼）：13件，外径2.95厘米、内径1.2厘米、厚0.26厘米，位于玉带后半段，呈片状圆形，其上所钻圆孔略偏，不在正中心位置。其下仍有等大的金衬板，上下间有穿孔，以3枚金钉铆固。

（7）长条形铊尾：1件，长8.12厘米、厚0.53厘米，圆首矩形，位于玉带的末端。铊尾一端切出一横向凹槽以便连接鞓带，上下有6个穿孔铆固，中间缺失2枚铆钉。

三、十三环蹀躞金玉带乃天子专用

隋炀帝墓出土的这件十三环蹀躞金玉带与文献中记载的隋代皇帝使用的玉带规格完全相符。《旧唐书·舆服志》记载："隋代帝王贵臣，多服黄文绫袍，乌纱帽，九环带，乌皮六合靴。百官常服，同于匹庶，皆着黄袍，出入殿省。天子朝服亦如之，唯带加十三环以为差异，盖取于便事。"[1] 又如《隋书·礼仪志》所载："高祖元正朝会，方御通天服，郊丘宗庙，尽用龙衮衣……至平陈，得其器物，衣冠法服，始依礼具。然皆藏御府，弗服用焉。百官常服，同于匹庶，皆着黄袍，出入殿省。高祖朝服亦如之，唯带加十三环，以为差异。盖取于便事。及大业元年，炀帝始诏吏部尚书牛弘、工部尚书宇文恺、兼内史侍郎虞世基、给事郎许善心、仪曹郎袁朗等，宪章古制，创造衣冠，自天子逮于胥皂，服章皆有等差。若先所有者，则因循取用，

---

[1] 刘昫：《旧唐书》，中华书局，1975，第1951页。

弘等议定乘舆服，合八等焉。"[1]再如《新唐书·车服志》："初，隋文帝听朝之服，以赭黄文绫袍，乌纱帽，折上巾，六合靴，与贵臣通服，唯天子之带有十三环。"[2]综合上述资料我们可以知道，在隋代，十三环带是皇帝的御用品，只有天子才能使用，文武百官、皇亲贵戚均无权使用十三环带，也就是说"十三环金带，盖天子之服也"[3]。20世纪90年代初，在陕西咸阳底张镇陈马村北周武帝孝陵中出土的一副铜带具，其中的兽面纹圆形带銙和扣眼均为十三，正与武帝身份相符合。[4]

四、蹀躞带的发展脉络

蹀躞带是带鞓上垂下系物之带，两晋时期非常盛行，以至于后来人们称这种带具为"晋式带具"。蹀躞玉带是古代礼仪性官服设大带的始源，开唐五代至宋元明时期玉銙带之先河；蹀躞玉带上挂系小型生活日用器的传统，一直延续到辽代。

（一）南北朝时期的蹀躞带

这一时期的蹀躞带主要材质为金属，也有非常精美的玉质蹀躞带以及带扣相对的牌饰。从现有的资料分析，使用玉质带具的人身份地位极高，因此，从选材到制作都十分考究，均选用上好的白玉，

---

[1] 魏征：《隋书》，中华书局，1973，第179页。
[2] 欧阳修：《新唐书》，中华书局，1975，第527页。
[3] 令狐德棻：《周书》，中华书局，1971，第868页。
[4] 龚菲：《隋还是隋？学者质疑"隋炀帝墓"》，《东方早报》2013年4月19日，B01版。

绝大部分玉銙表面没有装饰纹，抛光好，玉銙的正面四边打若干穿孔，用金、银等贵金属将玉銙固定在带鞓上，个别玉銙使用透雕工艺，装饰在革带正面显著位置，以增加其整体装饰效果。1988年，咸阳底张湾北周若干云墓出土了一副八环蹀躞玉带。[1] 此玉带由1件玉带扣、1件玉扣柄、1件镂空透雕柿蒂纹玉方銙、8件附环玉方銙、9件偏心孔玉扣环、1件玉铊尾构成。铊尾出土时在尸骨的腰侧，是扎系玉带后把铊尾插入玉带里面的（图3.12）。

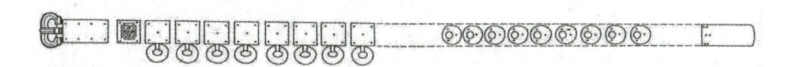

图3.12 若干云墓出土的八环蹀躞玉带

（二）隋、唐、五代时期的蹀躞带

隋代基本继承了南北朝的带具形制。带具以蹀躞带为主要形制，代表性器物就是隋炀帝墓出土的十三环蹀躞金玉带，其工艺及装饰风格与南北朝时期相比无大的变化。

唐代带銙以玉带銙为主。其结构包括鞓（革带衬）、带扣、带板和铊尾。多块玉带板缀缝于鞓上，使用者围于腰周，以铊尾插入带中以固牢。正如《新唐书·车服志》记载的那样："腰带者，垂头于下，名曰铊尾，取顺下之义。"唐代开始出现零星双扣双铊尾带，敦煌莫高窟唐代壁画武士像的腰带就是双铊尾带。双铊尾带为周鞓装銙提供了可能，自宋代开始逐渐流行，金代已成定制，明代只有这一种

---

[1] 员安志：《中国北周珍贵文物——北周墓葬发掘报告》，陕西人民美术出版社，1993。

带式了。

在唐代，人们还以带銙的材质和銙数来区分等级。初唐时期已经开始用腰带区分等级。《唐实录》记载："高祖始定腰带之制。自天子以至诸侯、王、公、卿、相，三品以上许用玉带。"到了唐高宗显庆元年（656年）后，每个官阶对应的带銙材质和銙数都有严格的划分，玉带銙使用更为规范、完备。《新唐书·车服志》记载："其后以紫为三品之服，金玉带銙十三；绯为四品之服，金带銙十一；浅绯为五品之服，金带銙十；深绿为六品之服，浅绿为七品之服，皆银带銙九；深青为八品之服，浅青为九品之服，皆鍮石带銙八；黄为流外官及庶人之服，铜铁带銙七。"按官级高低佩戴的玉器服饰，玉带銙是历史上的首创，用玉带銙的佩带形式象征官位及其权力，其规范化与制度化，是礼仪玉器中的重要发明。玉带銙制度，完全符合并突出显示封建礼制下的等级与权力观念，因此，它在五代、宋、元、明、清历代官仪中沿用，具有旺盛的生命力。

唐代玉带具图案艺术特色十分鲜明，多为伎乐人物、花卉、动物，许多纹饰具有中外文化融合的特征。陕西西安南郊何家村所出两套玉带銙，玉带板皆由和田白玉雕就，分别为伎乐纹与狮纹。伎乐指专门演奏各种乐器和以歌舞为业的演艺者（图3.13）。[1]

---

[1] 中国玉器全集编辑委员会：《中国玉器全集5·隋·唐—明》，河北美术出版社，1993。

第三章　只换雷塘数亩田——运河开凿者隋炀帝

图 3.13　唐白玉伎乐人物带銙

唐代玉带銙图案碾琢工艺也有独到之处，先在带銙的正面碾琢出主体图案的轮廓，再从带銙的四边向内斜刻至主体图案，在边缘和图案之间形成凹池，以此方式突出主体纹饰，使主体纹饰具有浮雕感，这种技法被后人称为"池面隐起"；凹池边常见短小、较宽的阴刻线纹表现细部，线纹多呈平行放射状。玉銙的边缘为梯形，背面有多对象鼻孔，用于穿钉，以将带銙固定在带鞓上，改变了以前正面对穿打孔的做法，为图案整体化提供了可能，并沿用到后世。

五代时期代表性的玉带銙是在成都前蜀王建墓出土的龙纹玉带[1]（图3.14）[2]。鞓上为全套玉带板，共8块，每块上有浅浮雕奔龙

---

[1] 冯汉骥：《前蜀王建墓发掘报告》，文物出版社，2002。
[2] 中国玉器全集编辑委员会：《中国玉器全集5·隋·唐—明》，河北美术出版社，1993。

161

纹。铊尾的龙纹最典型，为赶火珠形。铊尾背面刻铭文8行，内容有"永平五年""獭尾六寸有五分"等。前蜀永平五年即公元915年；獭尾即铊尾。这是目前唯一有准确纪年的五代玉带具，从这件带具可以看出：双铊尾排方玉带浅銙采用了浮雕工艺，呈现池面工艺的龙纹开始折转，向"三停九似"发展。

图 3.14　五代龙纹玉带

（三）宋、辽、金、元时期的蹀躞带

宋代基本继承了唐和五代的带具形制，《梦溪笔谈》记载："（蹀躞）即今之带銙也。天子必以十三环为节。唐武德、贞观时犹尔，开元以后虽仍旧俗。"但是宋代出土的玉带銙的数量减少，一方面是由于中国西北地区战乱频仍，玉材来源通道远不如唐代来得畅通；另一方面，宋代尚金，相比于玉带，宋人更喜好金腰带。宋代玉带銙体量增大，尤其是铊尾加长，带銙侧面的梯形坡度减小，近乎垂直。纹饰方面，多用文人雅士题材，唐代的胡人题材不再出现。唐代常见的平行短小的阴刻线纹，在宋代演变为弯曲流转的线条或为配合主题纹

饰而选用的线条，给人以流畅飘逸之感。

宋代的工艺技法方面与唐代相比，一是恢复了透雕技法，透雕技法比北周时期更加成熟、细腻；二是出现桃形带板，降低了"池面"的深度。

辽、金、元时期的官服玉带具不发达。辽（907—1125年）是契丹贵族建立的政权，金（1115—1234年）是女真族建立的政权。辽、金政权存在的时间分别与北宋、南宋大致对应。辽代的带饰形制没有严格的规定，不同大小、不同质地的饰物可以同时装饰在同一条腰带上。《辽史·二国外纪传·西夏》记载："其冠用金缕贴，间起云，银纸帖，绯衣，金涂银带，佩蹀躞、解锥、短刀、弓矢，穿靴，秃发，耳重环，紫旋襕六袭。"陈国公主墓驸马身上所出的X85金玉蹀躞（图3.15），其整体形制，当是南北朝（如北周若干云墓）同类器之延续。此器以黄红、褐色丝鞓为带，以玉带饰为主（共20件，含铊尾），加上皮囊包和铜带饰等。玉带饰主要起装饰作用，皮囊包可能用以盛小型用具，铜带饰全部是鎏金工艺。《契丹国志》卷二三载："蕃官……系鞊鞢带，以黄红色缘里革为之，用金、玉、水晶、碧玉缀饰。"所述与此蹀躞形制基本相同。金玉蹀躞带从南北朝至辽代，走完了它的发展历程。金代时，仍恢复为唐代玉带銙形制。

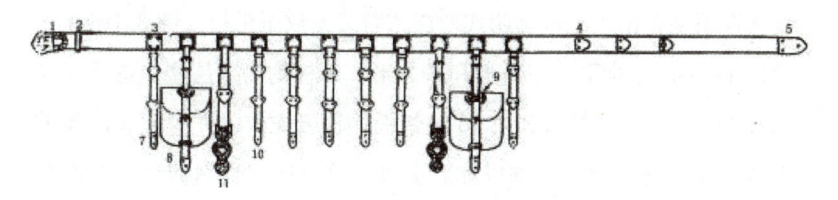

图3.15　陈国公主墓驸马金玉蹀躞

元代（1271—1368年）是北方蒙古民族建立的朝代，"元初立国，庶事草创，冠服车舆，并从旧俗。……近取金、宋，远法汉、唐"。可见元代主要取金代带制，以玉为最高，《元史·舆服志》载皇帝的带具数量为24枚。

（四）明、清时期的玉带銙

明初玉带板的应用数量，因无定制而变化不一。至永乐年后，玉带板的数量则有定制，"革带前合口出曰三台，左右排三圆桃。排方左右曰鱼尾，有辅弼二小方。后七枚，前大小十三枚"（明张自烈《正字通》），即玉带板由20块组成。其造型可分为：前中央有1块长方形的"三台"，两侧为4块长条形"辅弼"，再次为6块"圆桃"，后排是7块长方形的"排方"，两端是铊尾，排列有序而规范。此时的玉带具已经完全是身份地位的昭示物，基本没有使用功能，出土、存世数量庞大。常见纹饰有云龙、云鹤、花卉、动物、人物、杂宝等。

明代玉带板的造型一改唐、宋时的平面单层浮雕式，为双层镂雕式，即以锦纹、云纹等纹饰为衬底，正面镂雕纹饰。"穿云龙纹"是重要特色。纹饰结构繁密，刀法粗放，形象生动，花卉、花鸟纹富有装饰性。总的风格是饱满细腻，生动耐看。如1968年扬州杨庙乡殷湖明墓就出土了一套明代双层透雕云龙纹玉带板（图3.16），一套共17块，分桃形、窄条形和长方形。带板均为双层镂空透雕，除2块带板饰鸾鸟纹外，其余15块带板均饰云龙纹。龙身瘦长，其爪为风车状，龙头上方均饰以如意云纹，这是明代嘉靖前后龙的特定形式和特有纹饰。这套玉带板的材质，是上等和田青白玉，高雅美丽之极。特别是在一块带板的背部粘有铜质带扣，颇为稀见，玉带板常镶在铜质鎏金的托上，然后缀缝于鞓带上，这块背部粘有铜质带扣的玉带板为研究明代玉带板之铜扣饰提供了宝贵的实物资料。

清代由于服制的变化，革带系在补褂之内，革带身份的标志作用不再具备，因此逐步退化，带銙基本无存。

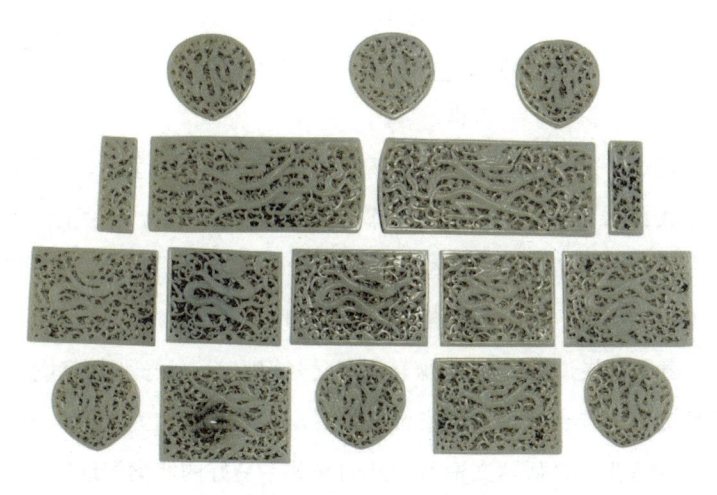

图 3.16　明代双层透雕云龙纹玉带板

第四节　隋炀帝墓 M2 精品文物
——双人首蛇身陶俑释读

一、隋炀帝墓 M2 墓主人——萧后生平简介

隋炀帝墓 M2 的墓主人是愍皇后，萧姓，隋炀帝皇后，梁朝昭明太子萧统曾孙女、西梁孝明帝萧岿之女，母张皇后，南兰陵（今江苏常州一带）人。萧氏出生于二月，由于江南风俗认为二月出生的子女实为不吉，因此由萧岿的堂弟萧岌收养。

养父萧岌过世后，萧氏辗转由舅父张轲收养。由于张轲家境贫寒，萧氏亦随之操劳农务。隋文帝即位后，立长子杨勇为太子，封次子杨广为晋王。之后隋文帝希望从向来关系良好的西梁国选一位公主为晋王之妃。萧岿知道后开始通过占卜的方式物色人选，但占卜所有留在身边的女儿，结果却皆不宜，最后不得已接回萧氏，占卜结果显示大吉，于是萧氏成为杨广之妻，封晋王妃。史书中记载，萧氏性婉好学，颇得文帝与独孤皇后之宠，与丈夫杨广之间也相当和谐。后来，杨广登基为帝，萧氏以正室身份被册为皇后。虽然在即位后，炀帝妃嫔众多，但对于皇后萧氏一直相当看重。炀帝曾数次下江南，萧后必随行；史书中也记录着许多炀帝对萧后所说的话。对于炀帝的暴政，萧后因为惧怕而不敢直述，而作《述志赋》委婉劝诫，文中不乏"若临深而履薄，心战栗其如寒。夫居高而必危，虑处满而防溢"这样的警句。全文如下：

第三章　只换雷塘数亩田——运河开凿者隋炀帝

承积善之余庆，备箕帚于皇庭。恐修名之不立，将负累于先灵。乃夙夜而匪懈，实寅惧于玄冥。虽自强而不息，竟愚朦之所滞。思竭节于天衢，才追心而弗逮。实庸薄之多幸，荷隆宠之嘉惠。赖天高而地厚，属王道之升平。均二仪之覆载，与日月而齐明。乃春生而夏长，等品物而同荣。愿立志于恭俭，私自竞于诫盈。孰有念于知足，苟无希于滥名。惟至德之弘深，情不迹于声色。感怀旧之余恩，求故剑于宸极。叨不世之殊盼，谬非才而奉职。何宠禄之逾分，抚胸襟而未识。虽沐浴于恩光，内惭惶而累息。顾微躬之寡昧，思令淑之良难。实不遑于启处，将何情而自安！若临深而履薄，心战栗其如寒。夫居高而必危，虑处满而防溢。知恣夸之非道，乃摄生于冲谧。嗟宠辱之易惊，尚无为而抱一。履谦光而守志，且愿安乎容膝。珠帘玉箔之奇，金屋瑶台之美，虽时俗之崇丽，盖吾人之所鄙。愧绨绤之不工，岂丝竹之喧耳。知道德之可尊，明善恶之由己。荡嚣烦之俗虑，乃伏膺于经史。综箴诫以训心，观女图而作轨。遵古贤之令范，冀福禄之能绥。时循躬而三省，觉今是而昨非。嗤黄老之损思，信为善之可归。慕周姒之遗风，美虞妃之圣则。仰先哲之高才，贵至人之休德。质菲薄而难踪，心恬愉而去惑。乃平生之耿介，实礼义之所遵。虽生知之不敏，庶积行以成仁。惧达人之盖寡，谓何求而自陈。诚素志之难写，同绝笔于获麟。

大业十四年（618年），身在江都宫的炀帝被叛军宇文化及所弑。

宇文化及杀炀帝后北上，强制后宫中的萧后等人一起同往。在中原，宇文化及被李密打败后退往魏县，穷途末路，杀杨浩自立为帝，国号许，更为天下不容。宇文化及用隋宫珍宝诱贿王薄等众，共守山东聊城。后来窦建德攻破聊城，生擒宇文化及。窦建德着素服哀哭炀帝，拜见萧后，"收传国玺及卤簿仪仗，抚存隋之百官"，将逆党宇文智及、杨士览、元武达、许弘仁、孟景等斩杀，"枭首军门之外"，将宇文化及和他两个儿子押至襄国斩杀，并将皇后暂安置于武强县。

时突厥处罗可汗的妻子义城公主是萧皇后的小姑（炀帝宗妹），因此关系，处罗可汗遂遣使恭迎萧皇后。窦建德不敢不从，于是萧皇后得以随使前往，在突厥处亦受到礼遇。贞观四年（630年），唐朝打败突厥，唐太宗将萧后迎回长安。贞观二十一年（647年），萧皇后崩逝，享年约八十岁。贞观二十二年（648年），唐太宗以后礼将萧皇后葬于炀帝之陵，上谥愍皇后。

二、隋炀帝墓 M2 墓出土——双人首蛇身陶俑释读

M2 萧后墓随葬文物较为丰富，发掘出陶器、瓷器、铜器、漆木器、铁器、玉器等 600 余件（套），在这批出土文物中，一件双人首蛇身陶俑（图 3.17）[1] 引起了笔者的注意。遗憾的是，发掘报告中仅提供了该器物的名称和出土时的照片，未公布其尺寸。本书根据发掘报告上的图片，以及对 2014 年扬州博物馆"流星王朝的遗辉——隋炀帝墓出土文物特展"展出的隋炀帝墓双人首蛇身陶俑实物的观察，

---

[1] 束家平、杭涛、刘刚等：《江苏扬州市曹庄隋炀帝墓》，《考古》2014 年第 7 期，第 75 页。

对其描述如下：该俑为灰陶质，两人头上均戴高髻式风帽，相对而视，面容相似且安详。双人手臂均为马前腿状，下垂直立，手部为马蹄形。双人胸部以下皆为圆柱状蛇身，蛇身上翘，后翻至头顶，呈交尾状。如何解读这件双人首蛇身陶俑的内涵呢？笔者翻阅相关资料发现：不同时期、不同形态的人首蛇身形象的内涵是不同的，在考释人首蛇身形象与功能意义时，必须结合时代特征和造型特点分类解读。

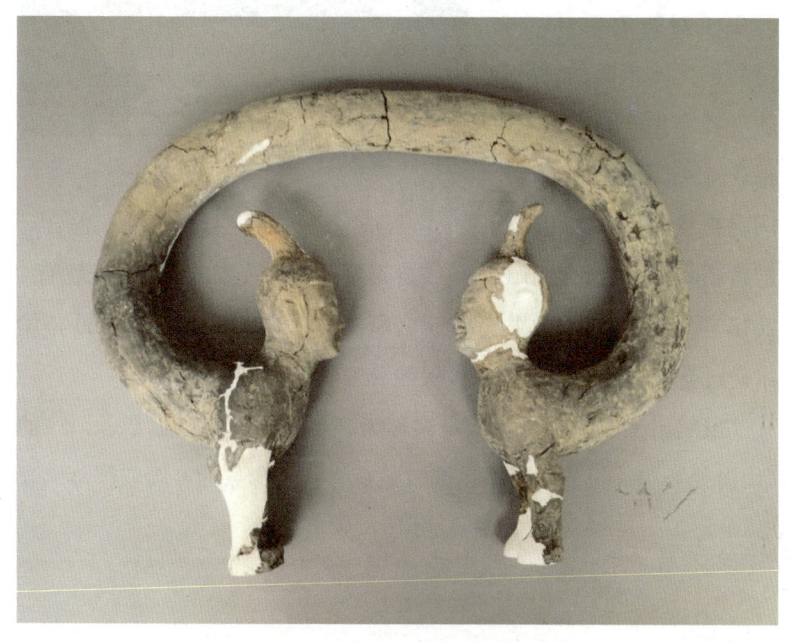

图 3.17　萧后墓出土的双人首蛇身陶俑

（一）人首蛇身形象的源流考析

1. 早期的人首蛇身形象是图腾崇拜的产物

在原始社会，人类改造自然的能力较弱，一些部族的先民在生产生活中发现：蛇能力强大，不仅行动迅速，而且能在草原、水域、丛林、山川中游走，在历经了寒冬的僵死后能够复活。因此，他们逐渐产生了对蛇的崇拜，并将其作为本部落的图腾。随着社会生产力的发展，祖先崇拜逐渐兴起，蛇

图3.18 连体双人头蛇身玉玦

图腾被增加了部族祖先的形象，形成了"人首蛇身"这种人兽合一的新图腾。原始社会出土人首蛇身形象的文物较少，代表性器物有：2015年12月湖北省文物考古研究所在纪念石家河遗址考古60年学术研讨会上披露的"连体双人头蛇身玉玦"[1]（图3.18）。

虽然出土实物较少，但是被称为"中国图腾文化史专著"[2]的《山海经》中，记载了诸多以人首蛇身为代表形象的方国或部落（表3.1）[3]。

---

[1] 海冰：《天门石家河遗址出土240余件史前玉器》，《湖北日报》2015年12月20日，第1版。

[2] 郭郛：《山海经注证》，中国社会科学出版社，2004，第2页。

[3] 闻一多：《闻一多全集1》，三联书店，1982，第44页。

表3.1 《山海经》所载人面蛇身或人面龙身神

位置	书中篇目	神的名称	形象
东	《海内东经》	雷神	龙身而人头
南	南山经（次山）	灭蒙之山至南禺之山诸神	皆龙身人面
南	海内经（南方）	延维	人首蛇身
西	西山经（次山）	鼓	人面龙身
西	海外西经	轩辕	人面蛇身尾交首上
北	北山经（首、次二）	单狐之山至堤山诸神 管涔之山至敦题之山诸神	皆人面蛇身
北	《海外北经》，又《大荒北经》	烛龙 相柳	人面蛇身赤色 九首人面蛇身
北	海内北经	贰负	人面蛇身
中	中山经（次十）	首山至丙山诸神	皆龙身人面

由表3.1可见，在山海经记述的时代中，人首蛇身神图腾分布很广，在东、南、西、北、中部，都有以人首蛇身神为图腾的部族在活动。随着历史的发展，这些以人首蛇身为图腾的部族，逐渐被兼并或消亡。留存和壮大起来，并见诸文献的有两大部落：一是轩辕部落。《山海经》记载轩辕之国的图腾形象是"人面蛇身尾交首上"，而《史记·五帝本纪》记载"黄帝者，少典之子，姓公孙，名曰轩辕"。因此，轩辕部落就是黄帝部落，其部落图腾形象是"人面蛇身"。二是共工部落。其形象如《淮南子·地形训》记载："共工……人面蛇身。"《神异经》也载："西北荒有人焉，人面朱发，蛇身人手足，……

名曰共工。"共工是古代传说中神农氏的后代，属于炎帝一族。因此中华民族的先祖黄帝和炎帝都曾经以人首蛇身为图腾。

2. 汉代人首蛇身形象演变为特指伏羲女娲

先秦时期，人首蛇身形象多是对原始社会人首蛇身图腾的继承和发展，造型多样，商代代表性器物有安阳殷墟妇好墓出土的"人面蛇身骨雕"[1]两件。西周时期代表性器物有藏于故宫博物院的人物龙形佩玉雕（图3.19），"此玉佩造型为人、龙合体，形象奇特"[2]（图3.18）。春秋时期代表性器物有河南光山宝相寺黄君孟墓出土的"人首蛇身形饰"[3]（图3.20）一对。

图3.19 人物龙形佩玉雕

---

[1] 朱存明：《中国的丑怪》，中国矿业大学出版社，1996，第289页。
[2] 杨伯达：《中国玉器全集2·商·西周》，河北美术出版社，2005，第193页。
[3] 古方：《中国出土玉器全集3》，科学出版社，2011，第211页。

第三章　只换雷塘数亩田——运河开凿者隋炀帝

图 3.20　人首蛇身形饰

至汉代，人首蛇身形象多指代伏羲和女娲，在汉画像石、画像砖、帛画上多有出现。其特征为：伏羲在右，左手执规，头戴山字形冠，留八字须；女娲在左，右手执矩，发髻高挽；二人均为人首蛇身，尾部相交。山东武梁祠画像石上就有伏羲女娲

图 3.21　伏羲女娲像

像（图 3.21），铭为："伏羲仓精，初造王业。画卦结绳，以理海内。"图像中，伏羲女娲二人面面相对，戴冠的伏羲执矩，头挽发髻的女

173

娲执规，二人均人首蛇身且尾部交缠，二人中间有一婴儿。在《鲁灵光殿赋》中也有"伏羲鳞生，女娲蛇躯"，说明汉鲁灵光殿壁画上有人首蛇身形象的伏羲和女娲画像。伏羲女娲是创造人类的二位主神和始祖，汉代先民就利用这个传说解释了人类的起源与繁衍问题，将其广泛用于建筑和墓葬的装饰，是希望主人能够子孙繁盛，或者在墓中得到灵魂的永生。

3. 唐宋元时期，人首蛇身形象多与道教有关

人首蛇身俑在唐宋墓葬中多有发现，是用于陪葬的明器，材质多为陶或木，学者对其功能意义界定和定名各有不同，大致有"墓龙"[1]"伏羲、女娲"[2]"勾陈"[3]"雷神"[4]等几种说法，实际上，不同形态的人首蛇身俑代表着不同的含义，应依据其不同的形态特征，考证其造型来源，并以此界定其名称和内涵。

总体上看，这一时期人首蛇身俑大致可以分为两类：第一大类为一个人首连接一个蛇身，即单人首蛇身俑；第二大类为两个人首共用一个蛇身，即双人首蛇身俑。下面首先对这两类人首蛇身俑予以分类论述，进而对隋炀帝墓出土的双人首蛇身俑的含义进行界定。

第一大类为单人首蛇身俑。唐宋以前的单人首蛇身俑多为人首、人身、蛇尾，被称为"人首蛇尾俑"。最早的"人首蛇尾俑"出土于北朝

---

[1] 徐苹芳：《唐宋墓葬中的"明器神煞"与"墓仪制度"——读〈大汉原陵秘葬经〉札记》，《考古》1963年第2期，第93页。
[2] 南京博物院：《南唐二陵发掘报告》，文物出版社，1957，第74页。
[3] 白冰：《雷神俑考》，《四川文物》2006年第6期，第67页。
[4] 白冰：《雷神俑考》，《四川文物》2006年第6期，第67页。

第三章　只换雷塘数亩田——运河开凿者隋炀帝

崔氏墓,"头残,人首人身,双手按地,下体蛇尾向后曲伸"[1]（图3.22）。至唐宋时期,单人首蛇身俑中的"人身"部分逐渐消失,形成了人首和蛇身拼接的新形象。这一时期的单人首蛇身俑分为两种类型。

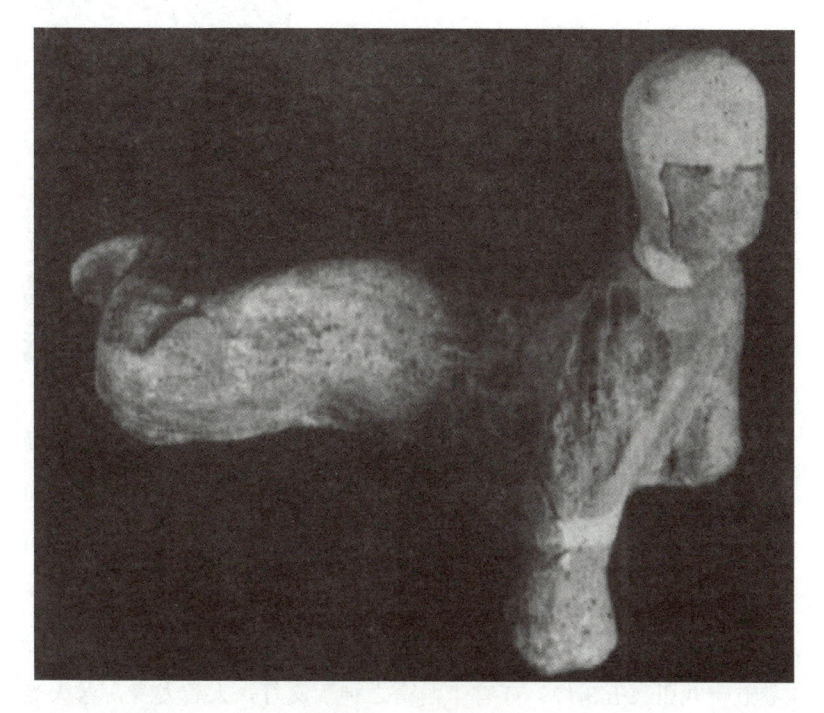

图 3.22　人首蛇尾俑

A型为头昂起,蛇身直立,或作卷曲盘旋状,无背脊。如福建闽侯宋代墓出土的单人首蛇身俑,"蛇身深刻菱形,稍显弯曲。人面丰满,戴盔"[2],以及四川汉中石马坡宋墓出土的单人首蛇身俑（图3.23）。

---

[1] 苏玉琼、蒋英炬:《临淄北朝崔氏墓》,《考古学报》1984年第2期,第235页。

[2] 谢子源:《闽侯县怀安村的一座宋墓》,《文物》1962年第3期,第59页。

元虚真人万宗师《雷法议玄篇》中有两处分别提及了单个人首加上蛇的身体的雷神形象，"洞阳幽灵君，乃东北之神，人首蛇身。夏。"[1]"东北之神丁文惠，人首蛇身，号洞阳幽灵。"[2]该描述与唐宋时期出土的单人首蛇身俑形象是一致的，因此单人首蛇身俑指代的极可能是道教太极雷坛四维神中主管东北方向的雷神——丁文惠。

B型为人首，蛇体作长条状，背上有脊，似龙身，因此也被称为"人首龙身俑"。

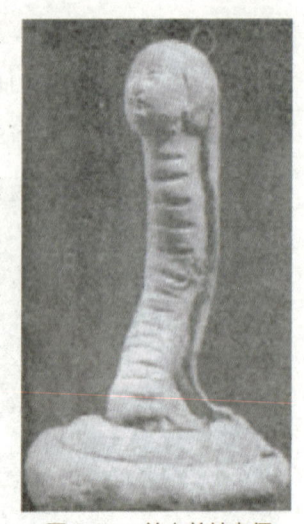

图3.23 单人首蛇身俑

如在江苏扬州蔡庄五代墓出土的"人首龙身俑"[3]（图3.24）。B型俑的性质，蒋赞初先生考证《山海经》中的"山神"往往作"龙身而人面"，"雷神"亦作"龙身而人头"[4]，说明人首龙（蛇）身俑与山神、雷神有关。元虚真人万宗师《雷法议玄篇》中记载了人首龙身神的称谓："火光流精君，乃西南之神，人首龙身。秋。"[5]《道法会元》卷五十八引《五雷经》亦有"西南之神丁文行，人首龙身，号火光流精"[6]，因此B型人首龙身俑应是道教太极雷坛四维神中主管西南

---

[1] 张继禹：《道藏·三十二册》，华夏出版社，2004，第428-429页。
[2] 张继禹：《道藏·三十二册》，华夏出版社，2004，第157页。
[3] 张亚生、徐良玉、古建：《江苏邗江蔡庄五代墓清理简报》，《文物》1980年第8期，第48页。
[4] 南京博物院：《南唐二陵发掘报告》，文物出版社，1957，第74页。
[5] 张继禹：《道藏·三十二册》，华夏出版社，2004，第428-429页。
[6] 张继禹：《道藏·三十二册》，华夏出版社，2004，第157页。

方向的雷神——丁文行。

图 3.24 人首龙身俑

由此可见,A 型和 B 型单人首蛇(龙)身俑都代表掌管雷电的雷神,雷神是进入镇墓神系统较早的神灵之一,汉画像石中就有连鼓雷神形象的刻画,隋唐时期继续沿用。南宋乾道以来,道教法术中雷法兴起,道士使用各式各样的雷法辟邪驱鬼,由此也产生了各式各样的雷公,雷公俑正是在这样的大背景下产生和流行的。墓葬中放置 A 型和 B 型雷神俑"单人首蛇(龙)身俑",是希望借助雷公的神力,达到镇墓、驱除墓室外的恶鬼入侵、保护墓主人安全的目的。

第二大类为双人首蛇身俑。按照俑身的形态分类,大致可以分为三种类型:A 型特点为两人首共一蛇身,蛇身平卧。该类型最早出现在北齐时期山东临淄崔氏墓群中的 M12,该墓出土一件以蛇体连接的双头俑,"左右各一人,头略残,上身挺立,双手下垂按地,下体成弧形连接在一起,似蛇体着地"[1](图 3.25)。这种形态的人首蛇身

---

[1] 苏玉琼、蒋英炬:《临淄北朝崔氏墓》,《考古学报》1984 年第 2 期,第 235 页。

俑在唐宋时期多为蛇身平卧。

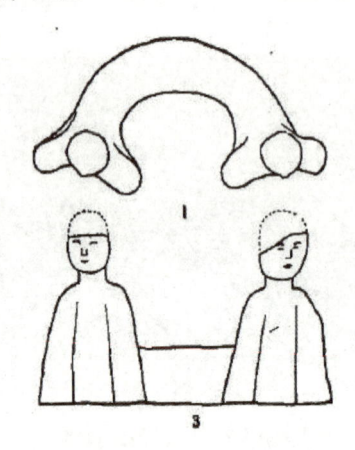

图 3.25　北齐崔氏墓群出土的双人首蛇身俑

B 型为两人首共一蛇身，蛇身相互缠绕呈"8"字形，如南唐二陵之李昪陵出土的"双人首蛇身俑"[1]（图 3.26）。B 型往往和 A 型在墓葬中共出，如南唐二陵之李昪陵、李璟陵皆是两种类型共出。

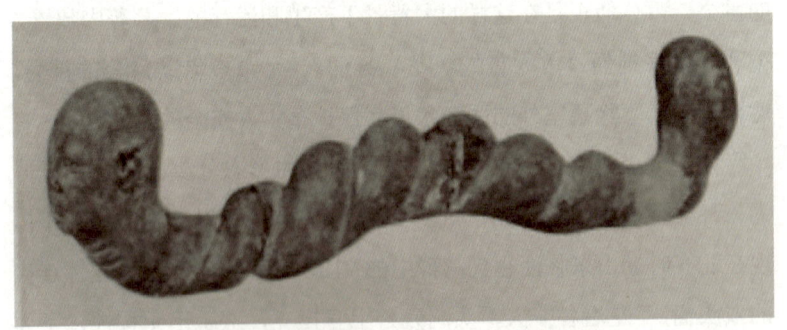

图 3.26　南唐李昪陵出土的双人首蛇身俑

对于 A 型和 B 型人首蛇身俑的定名，学术界之前有不同看法，

---

[1] 南京博物院：《南唐二陵发掘报告》，文物出版社，1957，第 106 页。

第三章 只换雷塘数亩田——运河开凿者隋炀帝

徐苹芳先生认为双人首龙身俑即《大汉原陵秘葬经》所记"墓龙"[1]。蒋赞初先生推测双人首蛇身俑代表的是"伏羲、女娲"[2]。广东海康元墓的发掘成果,为 A 型和 B 型人首蛇身俑的定名提供了准确依据,该墓的墓砖上雕刻有 A 型和 B 型的双人首蛇身俑图案(平卧和缠绕成"8"字形各一)。值得注意的是:砖雕的图案旁加上了该图案的刻铭。在 A 型(双人头,蛇身平卧)旁有题铭曰"地轴"[3]

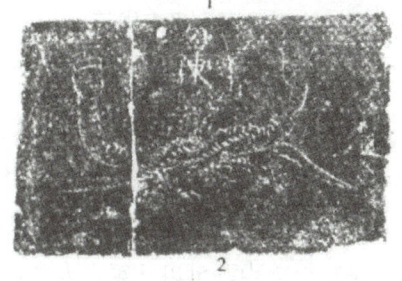

图 3.27 广东海康元墓墓砖

(图 3.27-1),在 B 型(双人头,蛇身互相缠绕)旁有题铭曰"勾陈"[4](图 3.27-2)。因此,可以根据这两块墓砖上的刻铭,将 A 型定名为"地轴",B 型定名为"勾陈"。

A 型"地轴"是"蛇"的别称,正如《神异经》所记载:"龟,天之关也;蛇,地轴也。"道家风水学认为,天关和地轴的位置,决定着风水的好坏,因此,在墓葬中发现的这类随葬品与唐宋时期流行的阴阳堪舆之术有一定的关系。唐朝卜应天所著《雪心赋》是中国堪舆学中的名著,载有"天关地轴,可验富贵之速迟",可见在唐代,

---

[1] 张继禹:《道藏·三十二册》,华夏出版社,2004,第 428-429 页。
[2] 南京博物院:《南唐二陵发掘报告》,文物出版社,1957,第 74 页。
[3] 曹腾等:《考古学集刊2》,中国社会科学出版社,1982。
[4] 曹腾等:《考古学集刊2》,中国社会科学出版社,1982。

天关和地轴是保佑墓主人子孙富贵的风水术之一。宋代张子微《喝形图格之阴宅风水呼形喝象大全》中有关于"地轴"风水选址的口诀,"天关地轴形:天关地轴是真形,蛇藏龟露要分明。主客分来得停当,剑峰旗纛出前旌。此龙大贵在龙奇,出入穿心采线垂。入穴缘延无定势,此时不贵在何时。玄帝飘飘下降初,旌旗剑女卫舒徐。定封断在王侯位,职与三公鼎鼐俱"。(图3.28)从口诀中可见,若是墓葬选址在天然形成的"天关地轴形"之中,可以让墓主人的后代达到"定封断在王侯位,职与三公鼎鼐俱"的效果,但是在实际的墓葬风水选址中,自然形成的"天关地轴型"的完美地形有时很难找到,风水学家只能利用在墓葬中放置"天关"或者"地轴"来改变墓葬风水,以达到墓主人子孙大富大贵的目的,后来该理论经过堪舆学家和道教人士的发展,写入《大汉原陵秘葬经》,"天关两个安子午地,地轴两个安卯酉地",成为墓中随葬品的固定配置。

图3.28 天关地轴形

B型指代的是"勾陈"。勾陈原为古代星宿名,"璇玑,谓北辰,勾陈枢星也"。由于勾陈位于北极星之中,古代中国人在观测天象时发现:天上的日月星辰均围绕北极星运转,因此勾陈星似乎成为东西南北四个方位的中心,因此,《易冒》中记载"勾陈之象,实名麒麟,位居中央,权司戊日"。安徽合肥南唐姜妹婆墓出土买地券中也有"东止甲乙青龙,西止庚辛白虎,南止朱雀,北止玄武,内止勾陈"的说法,此时的勾陈和代表方位的"四神"组合在一起,成了帮助死者划定阴间居住范围的标志。到了北宋，勾陈进一步发展为勾陈大帝，他负责辅佐玉皇大帝执南北二极和天地人三才，统御众星，掌人间兵革事，放在墓中的勾陈可以统领神兵，保护墓主人灵魂不受骚扰，具有镇墓兽的作用。

C型人首蛇身俑的特点为双人首，蛇身直立，不平卧；交尾或交颈，但身体不缠绕如麻花状。如河南巩义市出土的唐代"双人首蛇身交尾俑"[1]（图3.29）。江苏扬州蔡庄五代墓出土的交颈"双人首蛇身俑"[2]（图3.30）。"交尾"是一些动物交配的姿态，古人模仿其交尾的形态，意在表达男女交合、子孙昌盛的含义，这和汉画像石中"交尾"的伏羲女娲像所表达的思想是一致的。

图3.29 双人首蛇身交尾俑

---

[1] 刘洪淼、李玉荣：《巩义市出土唐代人首蛇身交尾俑》，《中原文物》1998年第1期，第109页。
[2] 张亚生、徐良玉、古建：《江苏邗江蔡庄五代墓清理简报》，《文物》1980年第8期，第50页。

图 3.30 双人首蛇身俑

"交颈"所表达的内涵也和"交尾"类似,两颈相交,颈与颈相互依摩,多为哺乳类雌雄动物之间的一种亲昵表示。《庄子》中有:"夫马陆居则食草饮水,喜则交颈相靡,怒则分背相踶。"魏曹植《种葛篇》

诗曰："下有交颈兽，仰见双栖禽。"后来这种交颈的动作又被引申为夫妻之间的恩爱，男女之间的亲昵。唐代《与李章武赠答诗》中有："鸳鸯绮，知结几千丝。别后寻交颈，应伤未别时。"明袁宏道《青骢马》诗云："交颈复同心，白石青松在。"因此"交颈"和"交尾"的人首蛇身俑所表达的含义相同，都是对汉代"伏羲女娲"形象的发展和延续，因此 C 型人首蛇身俑可定名为伏羲女娲俑。

由此可见，人首蛇身形象随着中华文明的演进而不断得到丰富和发展，对其按照时代和形态进行分类探讨，有助于更加准确地了解各时期、各种形态的人首蛇身形象的文化内涵，避免在解读过程中以偏概全。

（二）隋炀帝墓出土的双人首蛇身俑应释读为伏羲女娲

其一，从人首蛇身形象的发展规律来看，由上文可知，最早的人首蛇身形象起源于原始社会的图腾崇拜，以此为图腾的部落在古代中国广泛存在。中华民族的先祖黄帝和炎帝部落的前身都曾以人首蛇身形象为部落图腾，经过先秦时期的发展和演化，汉代的人首蛇身形象主要是指伏羲和女娲。从唐代开始，人首蛇身形象才逐渐丰富起来，加入了道教因素，可细分为勾陈、地轴、伏羲女娲、雷神等多种类型。而这件隋炀帝墓 M2 的双人首蛇身陶俑出土于萧后墓，"M2 的时代为唐代初期"[1]，按照人首蛇身形象的发展规律，以及初唐时期的人首蛇身俑的内涵，极有可能还是延续汉代以来的含义——代表伏羲女娲。

---

[1] 束家平、杭涛、刘刚等：《江苏扬州市曹庄隋炀帝墓》，《考古》2014 年第 7 期，第 75 页。

其二，从隋炀帝墓出土的双人首蛇身俑与汉代伏羲女娲图像的对比来看，符合汉代的伏羲女娲像特征。"在汉代造像中，女娲和伏羲的形象不仅出现的频率极高，而且其造型别具一格，呈现出明显的程式化和对称性特点。两者在整体画面中的位置通常是对称的，一男一女，或交尾，或联袂，或接吻，或面面相视，常常是一左一右地对称排列；其形象特征、肢体动作和身体姿态通常也是对称的，两者皆作人首蛇（龙）身，通常除了面部特征和发式能够分辨出男女性别之外，其他几乎一模一样。"[1]隋炀帝墓出土的双人首蛇身对照上述汉代伏羲女娲的标准，几乎全部符合。

其三，从上文对唐宋元时期出土的人首蛇身俑的类型学分析来看，这件隋炀帝墓出土的双人首蛇身俑的特征是人身直立，蛇身上翘，不平卧；交尾，但蛇的身体不缠绕如麻花状；未交颈，但是双人面部相对而视，含情脉脉，有接吻或交颈的趋势。因此较为符合第二大类：双人首蛇身俑的C型，即伏羲女娲俑。

综上所述，隋炀帝墓出土的双人首蛇身俑应释读为伏羲女娲俑。

---

[1] 李丹阳：《伏羲女娲形象流变考》，《故宫博物院院刊》2011年第2期，第148页。

第五节　有关隋炀帝的传说

千百年来隋炀帝的故事在民间广为流传（图3.31）。在扬州众多的民间传说中，隋炀帝的传说影响较大。它为研究扬州的历史、文化、社会形态、民风民俗等提供了宝贵资料。总体来看，隋炀帝的传说多是对隋炀帝的鞭挞，认为他的荒淫无度给老百姓带来了灾难性的负担。

图3.31　隋炀帝画像

一、开运河的"麻胡子"

开运河的故事中影响最大、流传最广的当属"麻胡子,吃伢子(小孩子)"的故事。相传,隋炀帝要到扬州来看琼花,于是下令开运河、造龙舟。从京城到扬州有几千里,就是说这个河也要挖上几千里,这几千里的河要多少人挖呢?他就征上几十万的民工,叫手下的一个大将军麻叔谋当大总管,这几十万人都归麻叔谋管。麻叔谋长得一副凶相,不光是一脸的横肉,还有一脸的络腮胡子,胸口都长了毛。光是样子凶就罢了,待人还更凶,杀人不眨眼,他看到哪个不顺眼,上去就是几鞭子。你不要小看这几鞭子,只要被他的鞭子抽到,就是一个大口子,顿时就血淋淋的。麻叔谋还有一个恶习,无荤不下饭,天天要吃肉,还只吃羊肉,其他什么肉都不吃。一开始还有羊,后来羊就越来越少,为什么呢?一来南方人家不养羊,二来劳力都被征去开河了,也没人养。没羊肉吃,就用人肉代替,这个人肉还要嫩的,嫩的人肉那就是伢子(小孩子)的肉。

伢子更不好找,哪家肯把自己生养的伢子给他吃呢?麻叔谋就叫他的部下出去偷。附近的吃光了,就到外地去偷,偷不成就抢。这么一来,老百姓都很惊慌,一到晚上都把小伢子藏起来,关照伢子不能出声,一出声就没命了。大人只要说一声"麻胡子来了",伢子就不敢出声了。假如小伢子不睡觉,只要说"麻胡子来了",小伢子就吓得赶快闭上眼睛睡觉了。久而久之,"麻胡子"又被喊成了"麻虎子",一直到现在,扬州人吓伢子,还会用这"麻胡子"。"麻胡子"在扬州也有人写作"妈乌子、麻乌子、妈胡子、妈虎子、马乌子"的,这些书面形式只是记音,"子"是扬州话的名词后缀。

"麻胡子"在扬州地区,多数人指的是麻叔谋,即麻祜,《大业拾遗记》记载:"隋炀帝将游江都,命将军麻祜(hù)疏河。祜性残暴,虐用其民,百姓惴栗,常呼其名以恐小儿。或夜啼不止,乎'麻胡来',应声止。转祜为胡。"麻祜(胡)和麻叔谋为同一人,元陶宗仪《说郛》载《隋遗录》作麻叔谋。

二、隋炀帝与琼花的传说

琼花是扬州的市花,传说隋炀帝下扬州就是为了看琼花。关于隋炀帝和琼花的故事有多个版本,但归纳起来,主要有两个。

一个故事是:隋朝时,扬州东门外住着一个名叫观郎的小伙子,一天在河边散步时看见一只受伤的白鹤,心地善良的观郎把白鹤带回家救活。后来,观郎结婚时,白鹤衔来一粒种子表示祝贺。种子埋入土里,长出了一株琼花,每隔一个小时就变换一种颜色,流光溢彩,赏心悦目,世上独一无二。隋炀帝听说后,便来扬州看琼花,但琼花耻于见昏君,立即凋零。隋炀帝大怒,拔出剑来砍树,琼花化为一道金光,随着一只白鹤飞走了。

另一个故事是:隋炀帝有个妹妹叫杨琼,十分美丽。荒淫的隋炀帝居然打起了妹妹的歪主意,但杨琼坚决不从,羞愤自尽。隋炀帝为掩盖真相,把妹妹的尸体运送到扬州安葬。杨琼埋葬的地方,长出了一株奇异的花,盘子大的花朵上开出了几十朵小花,颜色洁白如玉,花团锦簇,花香袭人。人们从来没有见过这种花,便称之为"琼花"。隋炀帝闻讯来看,花却迅疾凋落。隋炀帝大怒,用剑砍断琼花树。奇怪的是,隋炀帝死后第二年,琼花树的老根上又长出了新枝（图 3.32）。

图 3.32　琼花

　　这两个故事都有一个共同点，就是琼花很漂亮，隋炀帝对美丽的琼花非常感兴趣，专程下扬州就是为了看琼花，这和历史相符吗？首先，据相关研究，琼花是宋代才出现的新品种，写扬州琼花的第一人是宋代文学家王禹偁，他是宋太宗至道二年（996年）才来扬州当知府的。这时候离隋炀帝死亡的大业十四年（618年）已有378年了。其次，隋炀帝下扬州看琼花的故事，大多出自《隋炀帝艳史》《隋唐演义》《说唐》等，这些都是明清以后的小说，内容多是虚构的。所以说，隋炀帝来扬州看琼花的故事是不可信的。这两个故事还有一个共同点，就是结尾都是琼花不愿意让昏君看见，立即凋零，说明了人们认为隋炀帝是昏君、暴君，天人共愤，连花朵都不愿意见到他，这也从一个侧面反映了百姓对隋炀帝的厌恶。

三、有关隋炀帝奢靡与荒淫的传说

楼船殿脚女拉纤的传说：隋炀帝下扬州是众人皆知的故事。运河开通后，隋炀帝下扬州的船队自洛阳出发，前后绵延三百余里。拉纤的民夫就有8万多人，其中有男有女，这些人统称"殿脚"。船队途经各地，都有官员迎送，声势浩大，空前绝后。

据说，船队在行进途中，偶有短距离的水路不畅，隋炀帝突发奇想，命令"陆地行舟"，特地挑选年轻貌美的"殿脚女"千余人专门为其乘坐的龙舟拉纤。

隋堤烟柳的传说：隋炀帝南下途中骄阳似火，酷热难当，便沿途栽柳，柳树遮阳蔽日，隋炀帝赐柳树姓杨，杨柳由此而名。因此树是隋时所栽，所以柳枝下垂（扬州话里隋、垂同音）。宋代传奇小说《开河记》中说："功既毕，上言于帝，决下口，注水入汴梁。帝自洛阳迁驾大渠，诏江淮诸州，造大船五百只。龙舟既成，泛江沿淮而下。到大梁，又别加修饰，砌以七宝金玉之类。于是吴越取民间女年十五六岁者五百人，谓之殿脚女。至于龙舟御楫，即每船用彩缆十条，每条用殿脚女十人，嫩羊十口，令殿脚女与羊相间而行，牵之。时恐盛暑，翰林学士虞世基献计，请用垂柳栽于汴渠两堤上，一则树根四散，鞠护河堤，二乃牵舟之人护其阴，三则牵舟之羊食其叶。上大喜，诏民间有柳一株，赏一缣，百姓竞献之，又令亲种，帝自种一株，群臣次第种，方及百姓。时有谣言曰：'天子先栽然后百姓栽。栽毕，帝御笔写赐垂柳姓杨，曰杨柳也。'"

隋炀帝于大业元年（605年）下令开通济渠和邗沟，命人在渠沟旁修筑御道，在堤上遍植柳树，确有其事。但隋炀帝赐"杨"姓于柳之说,《隋书·炀帝纪》《北史·隋本纪》等均无记载,而且"杨柳"一词早在《诗经》中即有出现,《小雅·采薇》:"昔我往矣,杨柳依依。"因此,传说中"杨柳"是隋炀帝赐名,应该是不可信的。

"迷楼"的故事:隋炀帝行宫深幽曲折,人入其中,难以寻找出路,隋炀帝整天在里面寻欢作乐,迷楼由此而名。关于"迷楼"还有一个说法:隋炀帝所建造的迷楼,在大楼四周有着非常多的小楼,间间互相连通,走廊蜿蜒曲折似乎没有尽头一样。不少人去了之后都感觉像是一个巨大的迷宫,进去了就很难再出来。隋炀帝游此楼后,大喜过望,脱口说道:"使真仙游其中,亦当自迷也,可名之曰'迷楼'。"有关迷楼的故事,在小说《南北史演义》中演绎得最为传神:"炀帝眼巴巴地专望楼成,一闻工将告竣,便亲往游幸,令项升引导进去。先从外面远望,楼阁参差,轩窗掩映,或斜露出几曲朱栏,或微窥见一带绣幕,珠光玉色,与日影相斗生辉,已觉得光怪陆离,异样精彩。及趋入门内,逐层游览,当中一座正殿,画栋雕梁,不胜靡丽,还是不在话下。到了楼上,只见幽房密室,错杂相间,令人接应不暇,好在万折千回,前遮后映,步步引入胜境,处处匪夷所思。玉栏朱环,互相连属,重门复户,巧合回环,明明是在前轩,几个转弯,竟在后院;明明是在外廊,约略环绕,已在内房。这边是金虬绕栋,那边是玉兽卫门;这里是锁窗衔月,那里是珠牖迎风。炀帝东探西望,左顾右盼,累得目眩神迷,几不知身在何处。"

"迷楼"是真实存在的一处建筑或建筑群,故址据说在今扬州观音山正殿之西。唐代著名诗人李绅在《宿扬州》一诗写道:"今日市朝风俗变,不须开口问迷楼。"这说明"迷楼"应该是当时尽人皆知的一处建筑。

第四章 齐公凿新河
——瓜洲运河

伊娄运河又名瓜洲运河，北端与扬州古运河、仪扬运河相接，南端与长江相接，开凿于唐代开元二十六年（738年）距今已有1200多年的历史，是世界遗产——中国大运河的重要组成部分，全国重点文物保护单位。瓜洲运河像一条扁担，一头挑着最南端的瓜洲古镇，一头挑着最北端的高旻寺行宫。本章介绍了瓜洲古镇形成和衰落的过程，梳理了瓜洲古镇千年来的大事记。瓜洲运河最北端的高旻寺行宫，毁于咸丰年间的战火，如今只剩下一座山门和一些地下的遗址。本书介绍了高旻寺行宫和高旻寺的前世今生，重点讲述了曹寅与康熙皇帝、天中塔、高旻寺行宫、高旻寺第一任方丈纪荫的故事。

第一节　瓜洲运河与瓜洲镇

一、瓜洲运河及瓜洲古镇概况

"京口瓜洲一水间,钟山只隔数重山。春风又绿江南岸,明月何时照我还?""楼船夜雪瓜洲渡,铁马秋风大散关。""汴水流,泗水流,流到瓜洲古渡头,吴山点点愁。"一提起瓜洲,人们立即就会想起这些脍炙人口的名句。其实瓜洲并不是一开始就有的,而是由长江积沙而成,在晋朝的时候,逐渐形成了长江中的小洲。此后,瓜洲不断向北淤积,到了唐代中叶,瓜洲已经和北岸相连,堵塞了大运河的入江口——扬子津(扬子津在现在扬州高旻寺一带),这给船只过江带来了极大的困难。

扬子津入江口被堵塞后,长江以南运送漕粮的船只北上,只有两条路,一条路是由润州(今镇江)运至瓜洲上岸,再由陆路运送20多里,到扬子津进入运河,每一斗米要增加19个钱的运费,运输成本高;还有一条路线从镇江出发绕行瓜步沙尾,经仪扬运河到扬子津,这条路由于江面宽阔,风急浪大,舟船常有沉没的危险。如何解决这一难题,使航道畅通无阻,已经成为当地政府急需解决的问题。

首先提出解决航道问题的是润州刺史齐浣。唐开元二十六年(738年),润州刺史齐浣上奏唐玄宗,请求从瓜洲开一条运河,使扬子津与长江沟通,省去水陆转运的环节,每年可以省去运费十万钱。唐玄宗看了这个奏章后,认为这个方案可行,批准了。史书是这样记载的:"开元二十五年,迁润州刺史,充江南东道采访处置使。润州北界隔吴江,至瓜步沙尾,纡汇六十里,船绕瓜步,多为风涛之所漂损。浣乃移其漕路,于京口塘下直渡江二十里,又开伊娄河二十五里,即达扬子县。自是免漂损之灾,岁减脚钱十万。"[1]

齐浣开的河名字叫伊娄河,又叫瓜洲运河、新河,长25公里,解决了运输难题,这就是今天瓜洲运河的前身(图4.1)。[2] 从此扬子津退出历史舞台,其地位被瓜洲渡所取代。瓜洲帆樯林立,商旅如云,日渐繁荣。李白在《题瓜洲新河饯族叔舍人贲》诗中赞曰:"齐公凿新河,万古流不绝,丰功利生人,天地同朽灭。"[3]

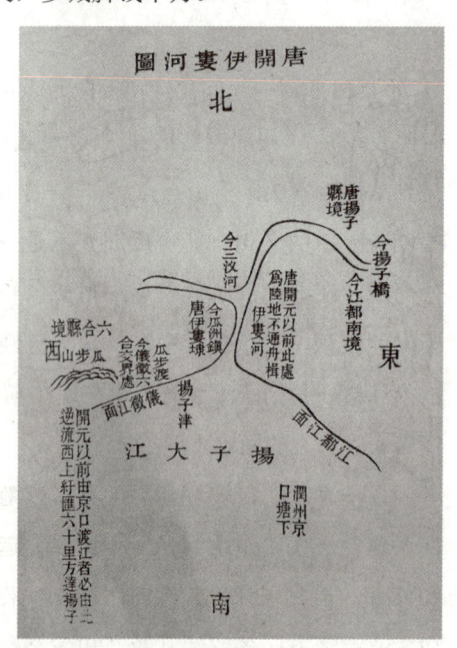

图 4.1　唐开伊娄河图

---

[1] 刘昫:《旧唐书·齐浣传》,中华书局,1995。
[2] 扬州市档案馆、扬州市地方志办公室:《志说扬州运河十二景》,广陵书社,2023,第39页。
[3] 王虎华:《瓜洲》,中国文史出版社,2008,第134页。

第四章 齐公凿新河——瓜洲运河

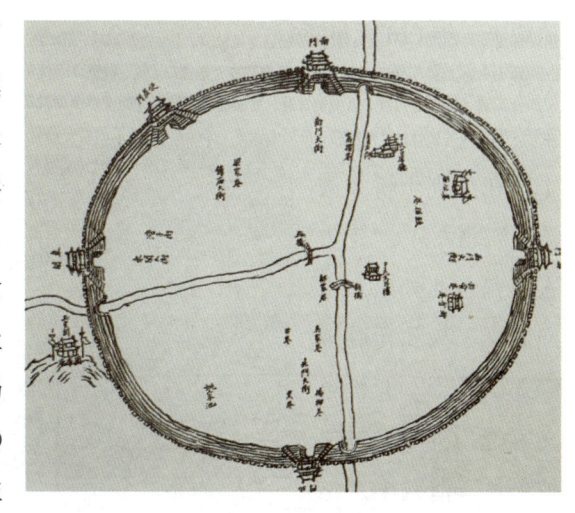

由于瓜洲运河的开凿，瓜洲古镇逐渐成为运河与长江交汇口处十字形黄金水道的咽喉，漕运（南方的粮食北运京城）与盐运（沿海两淮盐场的海盐西运内陆）的水路要冲，日益取代了扬子津的地

图4.2 瓜洲全城图

位，成为南北运河的重要港口。唐末，瓜洲渐渐出现城镇，长江航道逐渐南移，瓜洲与京口之间的距离也越来越近。宋乾道四年（1168年），修建了瓜洲城池，史称"簸箕城"。经历代多次修建，瓜洲城日趋完善。元代设置行省于此，马可·波罗称之为"瓜洲市"。明代在瓜洲设置同知署、工部分司署、管河通判署。明代瓜洲城周长约5000多米，高约7米。瓜洲城内大型建筑众多，繁盛一时。清代在瓜洲设巡检司署、都督府、提督府等。从瓜洲全城图[1]（图4.2）可窥瓜洲古城的全貌。乾隆二十三年（1758年）将巡视南漕御史置移于瓜洲。清代中叶，由于漕运、盐运的发达，瓜洲更趋繁荣。据记载，瓜洲鼎盛时期，辖属人口曾达40多万，聚城居住者亦近10万。明清时期，瓜洲江边建有于园、锦春园（图4.3）[2]等著名的园林宅院。

---

[1] 扬州市邗江区党史地方志办公室：《瓜洲续志》，广陵书社，2021，第8页。
[2] 扬州市邗江区党史地方志办公室：《瓜洲续志》，广陵书社，2021，第12页。

清咸丰三年（1853年）太平军攻克瓜洲，咸丰六年（1856年）太平军在瓜洲土桥大破清军江北大营，"考古人员曾于此处出土瓜洲忠义冢碑和得胜碑二方石碑"[1]。瓜洲忠义冢碑为县级文物保护单位。清咸丰六年（1856年）四月，太

图 4.3 锦春园图

平军秦日纲率陈玉成、李秀成部在镇江大败清军后渡江北上，连破清军江北大营土桥、虹桥、朴树湾、三汊河等营垒，并第二次攻克扬州。在土桥一役中，清军全军覆没，295人毙命，葬于梅庄村孟庄组，立"忠义冢碑"。现存碑高1.56米，宽0.77米，正面刻"陕西汉中陕安二镇阵亡官兵忠义冢记"（图4.4），背面刻"阵亡官兵姓名与官职"[2]。碑文从统治阶级的立场，记录了1856年太平军攻破江北大营的史实，客观上反映了当时太平军锐不可当的气势和统治政权遭到沉重打击的史实，具有一定的史料价值。

---

[1] 李智：《扬城宝藏——扬州地区出土文物鉴赏与研究》，上海文艺出版社，2022，第17页。

[2] 朱明松：《扬州碑刻辑考》，广陵书社，2020，第267-268页。

第四章 齐公凿新河——瓜洲运河

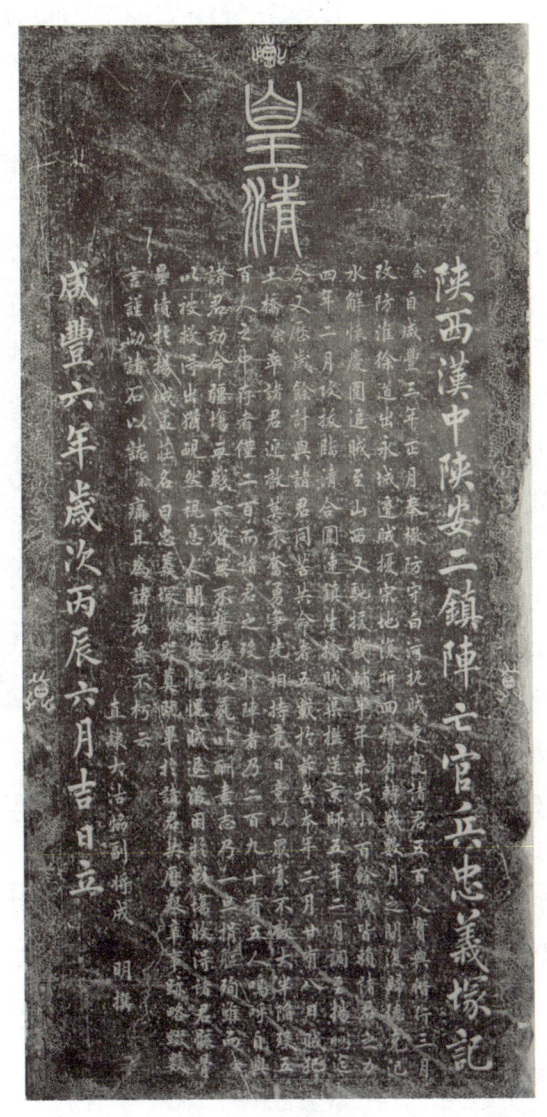

图 4.4 瓜洲忠义冢碑

从康熙末年开始，长江航道逐渐北移，镇江、扬州段长江开始出现南岸淤涨、北岸坍塌的情形。南岸的镇江附近涨出大片江滩、沙洲，北岸的瓜洲则成为顶冲点，江岸开始不断坍塌，"光绪十年，瓜洲城全部坍入江中"[1]。当地百姓在瓜洲古镇西北的四里铺，又建立起了瓜洲镇。因此，瓜洲镇现存文物古迹相对较少，有文物价值的不多（具体情况见表4.1：瓜洲镇不可移动文物汇总表）。新中国成立后，在瓜洲到运西八里运河沿线陆续发现过一些唐宋时期的古墓葬及寺庙遗物，1964年，瓜洲镇鞠庄、八里铺许庄出土了"唐故太原郡王氏夫人墓志铭"[2]及唐代佛教砂石造像数十件（图4.5）；1984年，八里铺出土了唐代花卉纹鎏金铜镜等。

图 4.5　唐代佛教砂石造像

---

[1] 王虎华：《瓜洲》，中国文史出版社，2008，第11页。

[2] 李智：《扬城宝藏——扬州地区出土文物鉴赏与研究》，上海文艺出版社，2022，第17页。

表 4.1 瓜洲镇不可移动文物汇总表

序号	名称	地址	级别	时代
1	伊娄运河	瓜洲镇、汊河街道	国保	唐代
2	乾隆御诗碑	瓜洲镇宝石工艺厂内	县保	清代
3	瓜洲水利枢纽	瓜洲镇四里铺街中段	未定级不可移动文物	中华人民共和国
4	孙氏烟商住宅	瓜洲镇江口街中段	市保	清代
5	吴氏浴室	瓜洲镇陈家湾47号	未定级不可移动文物	民国
6	姜记粮行	瓜洲镇青龙巷39号	未定级不可移动文物	民国
7	青龙巷37号民居	瓜洲镇青龙巷37号	未定级不可移动文物	民国
8	四里铺街高氏民居	瓜洲镇四里铺街79号、81号	未定级不可移动文物	民国
9	江口街5号、6号民居	瓜洲镇江口街5号、6号	未定级不可移动文物	民国
10	青龙巷41号民居	瓜洲镇青龙巷41号	未定级不可移动文物	民国
11	青龙巷43号民居	瓜洲镇青龙巷43号	未定级不可移动文物	民国
12	青龙巷44号高氏民居	瓜洲镇青龙巷44号	未定级不可移动文物	民国
13	关氏住宅	瓜洲镇江口街34号	未定级不可移动文物	清代
14	江口街67号民居	瓜洲镇江口街67号	未定级不可移动文物	清代
15	瓜洲锅厂水塔	瓜洲锅厂内	未定级不可移动文物	中华人民共和国

二、瓜洲运河及瓜洲古镇大事记（晋—清）

1. 晋末，境内西南部江中有流沙淤积，出水成滩，形状如瓜，故名瓜洲。

2. 唐开元二十六年（738年），从镇江北渡江至扬州，需绕瓜步沙尾，迂回60里，润州刺史齐浣乃于瓜洲开伊娄河至扬子县的扬子津，接淮扬运河共25里，并立伊娄埭，建通航斗门（单闸），直渡江只需走20里。

3. 唐玄宗天宝元年（742年），扬州大明寺高僧鉴真应日本僧人邀请准备东渡，于扬子桥东河口造船，后又于瓜洲新河造船。

4. 唐天宝十载（751年），广陵海溢，大风驾海潮，沉江口（瓜洲）船数千艘。

5. 唐肃宗至德二年（757年），永王璘反，广陵采访使李成式与河北招讨判官李铣合兵讨之。李铣率兵数千，军于扬子桥；李成式率兵3000，军于瓜洲。

6. 唐肃宗上元二年（761年），平房兵马使田神功等集3000军马于瓜洲，乘舟袭击驻扎在镇江金山的刘展的军队，失利，退军瓜洲。

7. 宋太宗太平兴国三年（978年），敕遣供奉官张福贵等自瓜洲至润州江口接待前往朝见的吴越王钱弘俶。因沙滩阻塞航道，令开一条河道。

8. 宋哲宗元祐四年（1089年），瓜洲建复合（双门）船闸。

9. 宋徽宗宣和二年（1120年），瓜洲口作坝拦水，以复龙舟堰。

10. 宋绍兴三十一年（1161年），金以重兵攻瓜洲。宋将刘锜命部将王佐以步兵百余人设伏于扬子镇南皂角林中，出奇制胜，斩敌将高景山，俘数百人。十一月，金主完颜亮率兵至瓜洲，时金军兵变，于龟山寺杀金主完颜亮，举师北还。

11. 宋孝宗乾道四年（1168年），瓜洲始筑城，号"簸箕城"，后废。东门外亦筑城，名柳城，圮。

12. 宋端宗景炎元年（1276年），右丞相文天祥奉令前往元军营中谈判，从镇江渡江至瓜洲，被元将阿术扣留，后得援救脱险。

13. 元至元十九年（1282年），意大利旅行家马可·波罗沿运河游历至瓜洲。在其《游记》中，以"瓜洲市"为题，记述瓜洲的地理位置及历史作用。

14. 明太祖洪武三年（1370年），瓜洲东西港建车船土坝15座。

15. 明成祖永乐元年（1403年），浚瓜洲坝河道，永乐九年又浚，永乐十三年再浚瓜洲坝河道。

16. 明正统八年（1443年），浚瓜洲坝东港。

17. 明景泰二年（1451年），总漕陈瑄扩建瓜洲仓廒，以储粮。

18. 明景泰五年（1454年），瓜洲和仪真坝下建水闸，借以蓄水通舟。次年大旱。景泰七年六月大旱，蝗灾。

19. 明成化二年（1466年），瓜洲运河堤岸、坝堰、闸岁修。

20. 明成化三年（1467年）起，瓜洲等处河港三年一浚，初冬兴工。

21. 明弘治九年（1496年），瓜洲赵鹤举进士，官至知府。晚年筑精舍"江浒"，著有《维扬郡乘正要》《具区文集》《文山寓扬忠愤录》行于世。

22. 明孝宗弘治十年（1497年）冬，瓜洲坝港下建闸。

23. 明嘉靖五年（1526年），漕运参将张奎奏请增建瓜（洲）口闸。

24. 明嘉靖年间，都御史郑晓为防倭人再犯，奏筑瓜洲城。城"周一千五百四十三丈,高2丈一尺,厚半之","城门四、便门一、水门三",警铺、雉堞、炮台等俱备。

25. 明嘉靖二十六年（1547年）,瓜洲城内建"五贤祠"（又名"五贤书院"）。"五贤"即汉代董仲舒和宋代胡瑗、王居正、李衡、文天祥。后人又增祀明代史可法。

26. 明嘉靖三十四年（1555年）,倭人入侵瓜洲、蔷薇港、霍家桥,纵火焚掠,被杀及溺水死者有数千人。卫官张恒战死于教场。

27. 明嘉靖三十六年（1557年）,倭人犯瓜洲,当地挑盐工人以扁担、抬杠为武器自发抗敌,倭人受创而逃。

28. 明隆庆六年（1572年）,于瓜洲运河之西开新河6里,自时家洲达花园港入江,并建闸2座,免漕运之苦。

29. 清康熙三十八年（1699年）,康熙帝第三次南巡,经瓜洲运河,见天中塔久圮,欲重修。两淮盐商踊跃赴功,将天中塔修缮一新。

30. 清康熙四十二年（1703年）,康熙帝第四次南巡,始驻跸高旻寺行宫,赐书"敕建高旻寺"。次年,赐书"高旻寺碑记"。

31. 清康熙四十四年（1705年）,康熙帝第五次南巡,经瓜洲运河,驻跸高旻寺行宫。

32. 清康熙四十六年（1707年）,康熙帝第六次南巡,经瓜洲运河,驻跸高旻寺行宫。

33. 清康熙五十三年（1714年）,修瓜洲通惠、广惠二闸。

34. 清康熙五十四年（1715年）,瓜洲江流北徙,通惠闸塌陷入江,遂关闭广惠闸,瓜洲绕城河开坝漕运。

35. 清康熙五十五年（1716年）,始筑瓜洲堤石埽坝各工程,治理坍江。是年,瓜洲运河南岸,自四闸起至江口及漕船停泊之花园港坍塌一百二十丈，瓜洲码头坍塌十分之六，后于息浪庵处建护城堤，疏浚军桥河道，设汛官、河兵驻工，岁修堤防。

36. 清乾隆元年（1736年），瓜洲埽工坍卸入江，达八十余丈。

37. 清乾隆六年（1741年），开三汊河东岸越河，长2里许，后废。

38. 清乾隆十六年（1751年），乾隆帝首次南巡，游览瓜洲陈家湾吴园，赐额"锦春园"。驻跸高旻寺行宫，其后于二十二、二十七、三十、四十五、四十九年南巡，都驻跸于此。

39. 清乾隆二十一年（1756年），瓜洲灾荒，江防王公聘长年设立粥厂，劝捐棺木，经营筹划，使全洲人赖以生活。复议设育婴堂，收弃婴抚养。

40. 清乾隆二十七年（1762年），乾隆帝第三次南巡，三月三十日驻跸瓜洲锦春园，赐书《锦春园即景》诗。其诗文刻石尚存。

41. 清乾隆四十一年（1776年）六月，瓜洲城外查子港工以下殷家庄，接连回澜坝，江岸塌陷，长百余丈，宽四十余丈，瓜洲西南城墙塌去四十余丈，遂将城垣退建。

42. 清乾隆四十五年（1780年），江潮冲激，瓜洲西南城圮百余丈，南水关、千佛庵俱陷。移邵伯镇铁牛于小南门镇之。

43. 清乾隆四十七年（1782年），瓜洲小南门沦于水，筑土城。

44. 清乾隆五十七年（1792年）五月，瓜洲城南门花园港崩塌。

45. 嘉庆年间，扬州府江防同知王养度等纂修《嘉庆瓜洲志》，凡八卷。

46. 清嘉庆元年（1796年），瓜洲江防朱晖于瓜洲城泗桥南文明桥侧建"文明书院"。

47. 清嘉庆十九年（1814年），巡司金开泰偕瓜洲镇社会人士，倡设义学堂于宝安寺内，招收贫家子弟读书。

48. 清道光三年（1823年），开挖瓜洲城内拖桥河，由东水关出河，达六濠口，为盐运暂行通道。十月，江苏按察使林则徐赴京朝拜，从苏州乘船入瓜洲，夜泊高旻寺；次日登天中塔远眺，见沿江洲田种麦七成，尚有旱情，当日抵达扬州召集有关官员商讨解决。

49. 清道光四年（1824年），京都义士陈忠联创立瓜洲救生分会，与京口救生会形成南北呼应之势，会所设在瓜洲江神庙。

50. 清道光七年（1827年），江流北徙愈烈，瓜洲城聚宝门、南门、西门、便门相继坍入大江。城内居民纷纷向城北四里铺迁移。

51. 清道光十三年（1833年），江苏巡抚林则徐视察，并修筑扬子桥至瓜洲东西两岸的运河堤防。

52. 清道光十六年（1836年）十一月，林则徐赴瓜洲视察提水新农具龙尾车，明令推广，用以农灌和治水。

53. 清道光二十二年（1842年）六月，英军进犯长江，两岸人民奋起抗击，瓜洲、仪征一带盐船水手群起攻击，烧英船数艘。

54. 清道光二十三年（1843年），瓜洲城南门塌陷，靠近城垣之房舍、河道全部塌入江中，遂开新河通六濠口，利盐运。

55. 清咸丰二年（1852年）十一月初六日，瓜洲地震。

56. 清咸丰三年（1853年）三月十九日，太平军占领南京。四月初，太平军从南京、镇江经瓜洲攻克扬州。同月，清钦差大臣琦善、帮办军务直隶总督陈金绶等率部约1.8万人，至扬州城外雷塘集、帽儿墩一带设江北大营，围攻扬州。十二月，太平军自三汊河进攻清将雷以诚部，救出扬州守军往瓜洲，清军仅占空城。是年，瓜洲口岸盐运闭，转以泰兴口岸为运盐航道。

57. 清咸丰四年（1854年）一月，清副都统德兴阿、总兵瞿腾龙等，在三汊河被太平军打败。三月，清军攻瓜洲失败，瞿腾龙被杀。

58. 清咸丰五年（1855年），清军攻瓜洲。

59. 清咸丰六年（1856年）四月，太平军攻破清军江北大营。瓜洲土桥一战，清将成明所部大败，清军将士尸骨埋于孟庄荒地，立"忠义冢"，人称"千人堆"。

60. 清咸丰七年（1857年）十二月，清军攻占瓜洲。

61. 清咸丰八年（1858年）十月，太平军复取瓜洲，同月二十一日扬州太平军孤城粮断，终于失陷，瓜洲亦为清军攻占。

62. 清同治四年（1865年）五月，淮盐总栈迁至瓜洲，瓜洲遂为淮盐中转集散大港，日过盐逾2000引。后因坍江，于同治十二年迁仪征十二圩。

63. 清同治五年（1866年），设长江水师瓜洲总兵衙署。

64. 清同治七年（1868年）五月，设长江水师瓜洲镇总兵官，分防通江集以下至焦山，兼防内河至扬州。

65. 清同治八年（1869年），始设保甲制。初及扬州城内，光绪二年扩至城外，于瓜濠（瓜洲及六、七濠口）设总巡1人。其后，扬子桥等地亦置分巡。光绪二十九年，改保甲为巡警。

66. 清同治十一年（1872年），大水，瓜洲义渡局创立，有渡船10只。

67. 清光绪四年（1878年），始有扬州经瓜洲至镇江的水运邮路。

68. 清光绪二十一年（1895年），瓜洲城全部没于大江。

69. 清光绪二十四年（1898年），扬州经瓜洲、都天庙至南通，架设海防军用线路，境内始有电信线路。

70. 清光绪二十七年（1901年），瓜洲江口炮台、公署建筑等全没于江。

71. 清光绪二十八年（1902年），瓜洲镇始设信柜。当年投递平信456封、明信片4封、挂号信4封、印刷品2件。

72. 清光绪二十九年（1903年）一月，瓜洲设邮政代办支局。

73. 清宣统元年（1909年）闰二月一日，瓜洲董事沈建铭及士绅等自筹经费，创设瓜洲戒烟总会，组织人员下乡演说，劝戒鸦片烟，向吸毒者分发戒烟药丸。

74. 清宣统三年（1911年），瓜洲铁匠胡佳德制造的优质镰刀参加南洋劝业会竞赛，获"龙凤"奖状和银质奖牌。苏州一汪姓商人来瓜洲江口街首创正大锅厂。

图4.6 世界遗产标志牌、全国重点文物保护单位标志碑

第二节　瓜洲运河河畔的高旻寺与曹寅

高旻寺行宫位于瓜洲运河与仪扬运河交汇处的三汊河口，其东侧为高旻寺，该寺是驰名中外的清代扬州八大名刹之一，与镇江金山寺、常州天宁寺、宁波天童寺合称我国佛教禅宗的四大丛林。高旻寺内的天中塔是该寺的代表性建筑，也因为康熙皇帝欲修高旻寺天中塔，促使曹寅与高旻寺结缘。（图4.7）

图 4.7　天中塔

一、高旻寺天中塔的由来

高旻寺天中塔为何人所建？何时建成？可以从吴惟华所写的《天中塔记》中找到答案。这篇《天中塔记》写于天中塔首次建成竣工的1655年农历二月，记述了吴惟华捐资建塔的经过。文中说："弟子华（注：吴惟华）不虑世途有阻，宁肯鞍掌相羁，于辛卯之春在维扬之境特购地数亩,欲建浮屠。……周四年而功毕。"[1] 这其中"弟子华"是时任江南河道总督吴惟华的自称，1651年的春天（辛卯之春），他来到扬州城南的三汊河口，买下一块地，组织建造了天中塔。这座佛塔从顺治八年（1651年）辛卯之春开始建设，"周四年而功毕"，即1655年（顺治乙未）春建成宝塔。吴惟华买地建塔一事，在清乾隆三十七年（1772年）高旻寺僧人昭月写的《天中塔记》中也有记载："恭顺侯漕台大人吴公讳惟华者……发心购地，庀材积料，于是年春，兴工创建天中宝塔。"[2]

身为江南河道总督的吴惟华为何要"鸠众捐金"[3]，选择在三汊河口处修建天中塔呢？主要原因有三：一是建塔用以镇锁运河，纾缓运河水患。这个三汊河口,江淮一带的风水先生们认为是"九龙之地"（三条河流，即三条水龙，三条河河岸的堤坝为六条陆龙，加起来共

---

[1] 江苏省政协文史资料委员会：《扬州宗教：天中塔记》，江苏文史资料编辑部出版，1999，第373页。
[2] 邗江县政协文史资料委员会：《邗江文史资料第二辑·高旻寺史料》，1989，第191页。
[3] 江苏省政协文史资料委员会：《扬州宗教：天中塔记》，江苏文史资料编辑部出版，1999，第373页。

九条龙），九龙汇聚于此，"成水涝之乡"[1]，常有水患，必须要建塔才能"有裨于扬州"[2]。吴惟华身为江南河道总督，专管苏皖两省境内河治，防治水患为分内之事，因此他选择在三汊河口修建天中塔。天中塔建好后，吴惟华在《天中塔后记》中写道："三汊之洪流既锁，九龙之真脉方全。"[3] 二是吴惟华自身笃信佛教，建塔以修功德。佛塔虽然是一种建筑物，但是人们却可借此积累功德。吴惟华笃信佛教，在《天中塔记》中自称为"娑婆弟子华""调御弟子吴惟华"等，在《天中塔记》中，吴惟华自认为"自兜率降生，灵鹫受记以来，心遵释法，志切宗源。念尘劳之最苦，痛业障之难消，终日惭愧"[4]。他盼望能够"慈光照覆，拔有漏之凡躯；甘露频霖，超无量之浩劫"[5]，又担心"从来佛法难闻，佛恩难报，尘缘缚体，在尘而离尘，幻海漂萍，知幻而不幻"[6]。因此他在"维扬之境特购地数亩"，积极为建塔募资筹款，以"完夙生之本怀"[7]。三是建塔为江北之万民祈求和平安定、

---

[1]〔清〕吴惟华：《天中塔后记》，该石碑现存于高旻寺，为县级文物保护单位。
[2] 江苏省政协文史资料委员会：《扬州宗教·天中塔赋》，江苏文史资料编辑部出版，1999，第371页。
[3]〔清〕吴惟华：《天中塔后记》，该石碑现存于高旻寺，为县级文物保护单位。
[4] 江苏省政协文史资料委员会：《扬州宗教：天中塔记》，江苏文史资料编辑部出版，1999，第373页。
[5] 江苏省政协文史资料委员会：《扬州宗教：天中塔记》，江苏文史资料编辑部出版，1999，第373页。
[6] 江苏省政协文史资料委员会：《扬州宗教：天中塔记》，江苏文史资料编辑部出版，1999，第373页。
[7] 江苏省政协文史资料委员会：《扬州宗教：天中塔记》，江苏文史资料编辑部出版，1999，第373页。

风调雨顺。首先,希望建塔后能"将见广荫慈云,则国无兵戈之扰。……江北之区,转杀戮而弦歌,人文由兹蔚起"[1],"化兵器为农器,……变战场而为道场,我(注:指吴惟华)之愿也"[2]。其次,要为百姓祈求风调雨顺,国富民安。天中塔建成后,吴惟华为每一层都写了一首诗,在第八层的诗中写道:"旱荒水涝两相并,苍生号天天不闻,我欲抟风九万里,力微未可扶摇起。浮屠愿得接苍穹,乃可扣天向天语。"诗歌表达了吴惟华希望通过建塔,向上天传递苍生盼望去除"旱荒水涝"的愿望。他在《天中塔记》中也表达了同样的愿望,希望在此处建塔能够"普施法雨,则民无旱潦之灾。……化饥馑而丰稔,则财用自此余饶,民歌化育,国庆升平"[3]。再次,是要为亡灵超度,"更使枉狱之冤魂,听钟声以解脱,沟渠之饿鬼,受施食以超生,仰仗神力之大,觉天人而共证菩提,再邀夙德之弘,拔幽明而同登彼岸"[4]。

二、曹寅牵头捐资修高旻寺天中塔

康熙三十八年(1699年),康熙第三次南巡,乘船沿大运河蜿蜒南下,至扬州城南十多里处,一座高耸入云的佛塔映入眼帘——这

---

[1] 江苏省政协文史资料委员会:《扬州宗教:天中塔记》,江苏文史资料编辑部出版,1999,第373页。
[2]〔清〕吴惟华:《天中塔后记》,该石碑现存于高旻寺,为县级文物保护单位。
[3] 江苏省政协文史资料委员会:《扬州宗教:天中塔记》,江苏文史资料编辑部出版,1999,第373页。
[4] 江苏省政协文史资料委员会:《扬州宗教:天中塔记》,江苏文史资料编辑部出版,1999,第373页。

座佛塔就是上文述说的高旻寺天中塔。此时的康熙皇帝在运河的龙舟上见到这座极为巍峨挺拔的天中塔，满心欢喜，觉得自己与此塔有缘，但是此时天中塔已经历经了44年的风吹雨打，年久失修，荒草萋萋，略显凄凉，于是康熙皇帝"欲颁内帑，略加修葺，为皇太后祝釐"。"内帑"通俗来说就是皇帝的私房钱，也就是康熙想要用私房钱修缮高旻寺天中塔，用整修过的新塔为皇太后祝寿。曹寅、李煦等官员和扬州的盐商们自然不会放过这么好的表现机会，于是在曹寅、李煦、李灿等人的牵头下，当地很快将天中塔修缮一新，在康熙皇帝所撰写的《高旻寺碑记》中是这样记载的："众商以被泽优渥，不待期会，踊跃赴功，庀材协力，惟恐或后，不日告竣。"天中塔修成后，"旧刹式廓鼎新，壮严宏敞，兼以翚飞杰阁"[1]。

康熙四十二年（1703年），康熙第四次南巡时登临该塔，"凭高四眺，临大江，通南北，因书额赐之曰'高旻寺'。勒文于石，垂示久远"[2]。至今在高旻寺的老山门上还嵌有康熙手书"敕建高旻寺"汉白玉石额（图4.8）。旻，意为秋季的天空。汉王逸赋《九思·哀岁》有"旻天兮清凉，玄气兮高朗"句。康熙皇帝赐寺名"高旻"，就是指登天中塔时天清气朗，开人襟怀。曹寅因修缮天中塔和接驾有功，被擢任为两淮巡盐御史。

---

[1]〔清〕阿克当阿修、〔清〕姚文田等：《（嘉庆）重修扬州府志》，广陵书社，2014，第65页。

[2]李智：《扬城宝藏——扬州地区出土文物鉴赏与研究》，上海文艺出版社，2022，第41页。

图 4.8　高旻寺山门，上有康熙御笔"敕建高旻寺"石额

三、曹寅喜迎御赐金佛和碑文

康熙皇帝第四次南巡回京后，心中还是牵挂着高旻寺，于是挑选了一尊佛像赐给高旻寺，佛像是皇宫内的一尊脱纱药师如来泥金佛。为了把佛像送至扬州高旻寺，他特地委派了"学士高士奇、内务府丁皂保赍送寺中供奉"[1]。一起送来的还有康熙手书的《高旻寺碑记》碑文。这幅碑文是康熙皇帝回到京城后所作。在将碑文送至扬州之前，康熙帝已经将这件事提前告诉了曹寅（图 4.9），还嘱咐曹寅立刻找个好工匠把碑文刻好，最后还要在新碑上做个拓片，最后将拓片进呈。在康熙四十三年十月十三日的奏折上，康熙的朱批

---

[1]〔清〕李斗：《扬州画舫录》，中国画报出版社，2014，第 110 页。

第四章 齐公凿新河——瓜洲运河

原文是这样的："高旻寺碑文已写完,尔即觅善刻之手,着速摹勒进呈。"[1]

碑文到达扬州以后,受到了官商和百姓的夹道欢迎,曹寅复于康熙四十三年十二月初二日的奏折上是这样向康熙描述的:"臣寅于十二月初二日谨率僚属商民等,俯伏迎接,望阙叩头,焚香拜读。百万商民人等,欢呼动地,仰瞻圣孝帝训。……臣寅随遴选臣工,与高士奇等指建碑亭处,将石细加磨磷,用心摹勒,俟镌完敬拓进呈御览。"[2]

图 4.9　曹寅画像

为了安置御赐金佛和碑石,曹寅又在高旻寺的正殿后面建了金佛殿和御碑亭。这时的高旻寺规模已十分宏大,建有大山门、御牌坊、无梁殿、大殿、御书楼(又名五云楼)、禅堂、方丈室、僧寮、客舍、幽轩、斋堂,一切具备,宏敞飞翚,层楼杰阁,参差耸立于河干。

《高旻寺碑记》碑文内容如下:

高旻寺碑记[3]

茱萸湾者,乃维扬俗称宝塔湾也,居三岔河之中,南眺金焦诸峰,北枕蜀冈之麓,足为淮南胜地。凡上江由仪征,

---

[1]〔清〕曹寅:《曹寅奏疏集》,中华书局,2023,第22页。
[2]〔清〕曹寅:《曹寅奏疏集》,中华书局,2023,第27页。
[3]扬州市邗江区党史地方志办公室:《瓜洲续志》,广陵书社,2021,第19页。

下江由瓜洲至此，皆会归运河而北上也。

朕比岁以来，躬临河干，咨询经画者屡矣。每抵一处，未尝不怀保编氓，施惠工商。故两淮盐课，永减额征，停输赢羡。又闻往来迎送费用，私派者甚巨，特颁严旨，尽为禁止。从此商民得以安席，渐皆获所，则朕之巡幸者少有益乎！

朕三十八年，奉皇太后鸾舆偕行，晨昏侍养，视河既毕，勉从舆请，济江而南，周览吴会民生风俗，见茱萸湾塔岁久寖圮，朕欲颁内帑，略加修葺，为皇太后祝厘，而众商以被泽优渥，不待期会，踊跃赴功，庀材协力，惟恐或后，不日告竣。旧刹式廓鼎新，庄严宏敞，兼以翚飞杰阁，凭高四眺，临大江，通南北，因书额赐之曰"高旻寺"。勒文于石，垂示久远。

惟是雨旸应时，河海清晏，一时共臻于仁寿之域，斯四十余年宵旰勤民之念，所厚期也。即此塔工葳事具见群情爱戴之谊，出于至诚，是亦有不可泯者。爰为书之，以志始末云。

康熙四十三年秋九月重阳日书

四、曹寅邀请纪荫和尚主持高旻寺

高旻寺是御赐寺名的寺庙，其地位自然也高出扬州其他寺庙。但是，当时寺内尚无僧主持。曹寅到扬州任后，访得马迹山的和尚纪荫避世梵修，高行可任。释纪荫，字湘雨，号宙亭，又号损园，少通儒术,善文工诗。一旦为僧即遍参释乘,"谒退翁储于灵岩,得受记莂"。更为重要的是,纪荫口才好,康熙皇帝在金山行在召见他时,纪荫应对称旨,深受宠渥。因此,曹寅会同李煦,并以扬州文武官员、商民等的名义,具启延请。据说当时纪荫再三固辞,但曹寅等人再三敦请,说明高旻寺是"皇上临幸之地,且赐有金佛,关系重大,主持必须得人,此正和尚报恩之时"[1],纪荫和尚这才欣然同意。康熙四十三年十二月初八日,曹寅、李煦率地方文武官员和商民等迎纪荫和尚入寺院,开法坐香。曹寅当即于十二月初十撰写了《奏报以僧纪荫主持高旻寺折》,将邀请纪荫为高旻寺住持的经过奏明了康熙皇帝。康熙皇帝在《奏报以僧纪荫主持高旻寺折》的最后朱批"知道了"[2],这说明康熙皇帝对纪荫作为高旻寺住持是认可的。自此,纪荫和尚便成为皇帝亲准的高旻寺第一位住持僧人。纪荫主扬州高旻寺后,随即载誉大江南北。纪荫存诗两千三百余首,可谓一代诗僧;他喜交游,上结天子公卿,下友遗民隐士。一代帝王特意赐其诗并跋,更加名震朝野,声传遐迩。康熙三十八年(1699年),康熙帝又敕赐"水月禅心"匾额,并自制诗七绝一首,临米芾书一幅,临黄庭坚书两幅,还赐玉如意、铜雀瓦砚、绿端砚等物。

《奏报以僧纪荫主持高旻寺折》[3]

康熙四十三年十二月初十日

---

[1]〔清〕曹寅:《曹寅奏疏集》,中华书局,2023,第28页。
[2]〔清〕曹寅:《曹寅奏疏集》,中华书局,2023,第29页。
[3]〔清〕曹寅:《曹寅奏疏集》,中华书局,2023,第28-29页。

江宁织造、郎中臣曹寅谨奏：

  恭请圣安。

  高旻寺伏蒙皇上钦赐金佛，梵宇光隆，永垂不朽。但寺内无僧主持，臣寅到任后，访得马迹山有僧纪荫，避世梵修，可以胜任。臣寅会同臣李煦率扬州文武官员商民人等，具启延请，臣僧纪荫再三固辞。随又敦致高旻寺乃皇上临幸之地，且赐有金佛，关系重大，主持必须得人，此正和尚报恩之时等语。臣僧纪荫遂欣然就道。臣寅同臣李煦遴于十二月初八日，率领文武官员商民人等，迎请入院，晨钟暮鼓，顶礼金佛，虔心上为皇太后保厘，庆祝皇上圣寿无疆，以慰中外臣民之愿。今臣僧纪荫具折谢恩，据云昔曾见驾，蒙恩准其具折奏闻。臣寅不敢壅于上闻，理合奏达天听，伏乞睿鉴施行。

  （朱批：知道了。）

五、曹寅等捐资新建高旻寺行宫

  重修高旻寺天中塔后，曹寅、李煦、李灿等人还在悄悄地做着一件大事，就是在未取得康熙同意的前提下，发动盐商捐资，为康熙皇帝在高旻寺天中塔西侧建设高旻寺行宫。在康熙四十三年十二月行宫即将竣工的时候，曹寅才在《江宁织造曹寅覆奏摹刻高旻寺碑文折》中向康熙皇帝做了汇报，并表达了自己希望康熙皇帝能够再次南巡，满足江南百姓瞻天仰圣的愿望。曹寅在《江宁织造曹寅覆奏摹刻高旻寺碑文折》中是这样上奏的："所有两淮商民顶戴皇恩，无由仰报，于臣寅未点差之前，敬于高旻寺西起建行宫，工程将竣，群望南巡驻跸，共遂瞻天仰圣之愿望。"[1]康熙皇帝看到曹寅未经"点差"，就自作主张建设起了高旻寺行宫，就在奏折旁边朱批了六个字："行宫可以不必。"[2]但是，此时高旻寺行宫的建设已经进入了工程尾声，即使康熙皇帝说了"行宫可以不必"，高旻寺行宫也基本上木已成舟，不可能再毁掉了。

那么康熙皇帝对曹寅建设高旻寺行宫持什么态度呢？除了朱批"行宫可以不必"六个字之外，在《江宁织造曹寅覆奏摹刻高旻寺碑文折》的末尾，康熙皇帝也只是按照惯例朱批了三个字"知道了"。如果仅仅从这份奏折的朱批来判断，康熙皇帝对曹寅建设高旻寺行宫是不赞赏的。

到了康熙四十四年（1705年）初，高旻寺行宫已经建成，康熙皇帝也进行了第五次南巡。根据《清圣祖实录》记载，康熙帝第一次南巡在扬州府并未住宿；第二次南巡回銮途中在扬州府驻跸1晚；第三次、第四次南巡来回都在扬州府驻跸2天；而第五次南巡，康熙皇帝在扬州府驻跸达11天，其中在高旻寺行宫就住了9天。先是康熙四十四年，康熙皇帝沿运河由北向南巡查，路过高旻寺行宫，逗留了3天，具体时间是三月十二日驻跸高旻寺行宫，十四日白天从高旻寺行宫出发，晚上驻跸镇江金山的江天寺。等到康熙皇帝沿运河回京、由南向北巡查的时候已经是康熙四十四年的闰四月，这

---

[1] 故宫博物院明清档案部：《关于江宁织造曹家档案史料》，中华书局，1975，第28页。
[2] 故宫博物院明清档案部：《关于江宁织造曹家档案史料》，中华书局，1975，第28页。

次康熙在高旻寺行宫逗留了6天，具体时间是甲午朔（初一日），康熙自江天寺登舟渡江，驻跸宝塔湾，己亥（初六日）自宝塔湾登舟启行。康熙帝第五次南巡何以在扬州居住如此之久？这是因为康熙帝前四次南巡的时候，国家尚未稳定，南巡主要围绕治理黄河、淮河泛滥问题，康熙帝心系河患，也不忍百姓铺张，因此并未在扬州城作过多停留。第五次南巡时，国内外战事平定，水患得到解决，康熙皇帝在江南地区多停留，也方便笼络汉族大臣、江南士绅，更为重要的是，曹寅为康熙皇帝新修了高旻寺行宫，这个行宫成了康熙皇帝的"心头好"，亲笔书写了"殿洒杨枝水，炉焚柏子香"等多副御制联，"御书《赐僧纪荫诗》手卷一轴"[1]送给高旻寺住持纪荫，在《赐僧纪荫诗》的跋中，康熙皇帝记述了自己夜里加班工作，睡得很晚，早上睡得正香，却被高旻寺的磬声惊醒；被吵醒的他并没有生气，也没有责怪高旻寺僧人，而是翻个身又睡了个回笼觉，而且在回笼觉的梦中还作诗一首，醒来后，记下梦中的诗，送给了高旻寺住持纪荫。

大家是否好奇，究竟是什么样的行宫能让康熙皇帝驻跸这么久，即使在睡梦中被吵醒也没有生气，还专门作诗留墨宝？我们来看一下高旻寺行宫的真容。图4.10就是清代所绘的高旻寺行宫的工笔画，从图中我们可以看到，高旻寺行宫"初为垂花门，门内建前中后三殿、后照房，左宫门前为茶膳房，茶膳房前为左朝房。门内为垂花门、西配房、正殿、后照殿，右宫门入书房、西套房、桥亭、戏台、看戏厅。厅前为闸口亭，亭旁廊房十余间，入歇山楼；厅后石版房、箭厅、万字亭、卧碑亭。歇山楼外为右朝房，前空地数十弓（注：

---

[1] 扬州市邗江区党史地方志办公室：《瓜洲续志》，广陵书社，2021，第20页。

一弓约五尺),乃放烟火处"[1]。

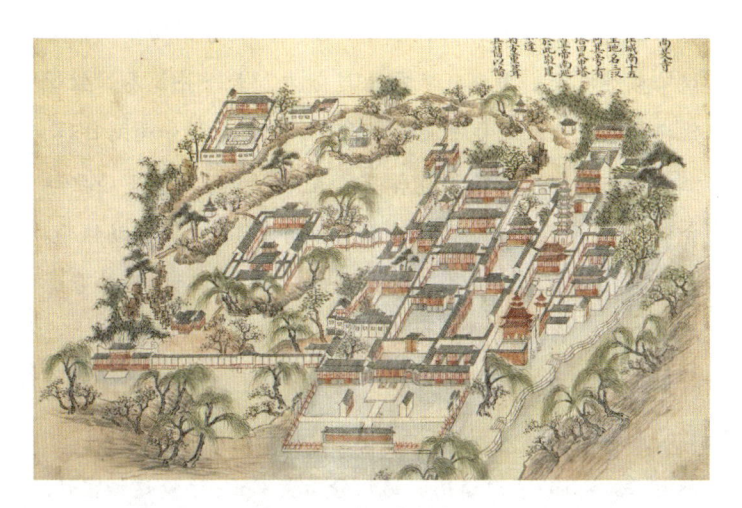

图 4.10 高旻寺行宫图

康熙皇帝在高旻寺行宫先后驻跸 9 天之后,一改之前"行宫可以不必"的不赞赏态度,授意内务府等衙门上奏《曹寅、李煦捐修行宫议给京堂兼衔折》,这份奏折中提到了对高旻寺行宫建设捐款较多的曹寅、李煦、李灿等人,以及对修建驿馆时付出辛勤劳动的黄家正、刘日辉、金浩林等人加官进爵。康熙皇帝看了这个奏折后,对这个嘉奖的方案很是认同,决定"依议"[2],也就是同意对修造高旻寺行宫有功之人进行嘉奖。此处摘录《曹寅、李煦捐修行宫议给京堂兼衔折》部分内容如下:

---

[1]〔清〕李斗:《扬州画舫录》,中国画报出版社,2014,第 111 页。
[2] 故宫博物院明清档案部:《关于江宁织造曹家档案史料》,中华书局,1975,第 31 页。

康熙四十四年闰四月初五日，总管内务府等衙门谨奏：为钦遵上谕事……曹寅、李煦、李灿，既皆捐助银两，著议给彼等职衔。黄家正既亦出过劳力，著一并议奏。钦此钦遵。查曹寅来文称：通州分司黄家正、台州分司刘日辉、淮安分司金浩林等，修建驿宫，甚是勤劳等语。当经臣等会议得：曹寅等在宝塔湾修建驿宫，勤劳监修，且捐助银两。查曹寅、李煦各捐银二万两，李灿捐银一万两。彼等皆能尽心公务，各自勤劳，甚为可嘉，理应斟酌捐银数目，议叙加级。惟以捐银数目过多，不便加级，因此请给彼等以京堂兼衔，给曹寅以通政使司通政使衔，给李煦以大理寺卿衔，给李灿以参政道衔。通州分司黄家正，于修建驿宫时，既很勤劳，请加二级。台州分司刘日辉、淮安分司金浩林，来文中既称亦甚勤劳，请给刘日辉、金浩林各加一级……[1]

由此可见，康熙皇帝对于曹寅等人未经"点差"，就自作主张建设起了高旻寺行宫的行为，还是非常赞赏的。曹寅也因此获得了通政使司通政使衔，李煦获得了大理寺卿衔，李灿获得了参政道衔。参加高旻寺行宫建设的通州分司黄家正、台州分司刘日辉、淮安分司金浩林等都获得了加级的奖励。

两年后的康熙四十六年（1707年），康熙皇帝第六次南巡，又驻跸高旻寺行宫，这次他感觉自己住这么好的行宫有点太奢靡了。首先是行宫建设费用太高，康熙皇帝认为高旻寺行宫虽然是盐商和百

---

[1] 故宫博物院明清档案部：《关于江宁织造曹家档案史料》，中华书局，1975，第30—31页。

第四章 齐公凿新河——瓜洲运河

姓集资建造，没有给当地政府增加财政负担，但是建造费用工价不菲。其次，康熙想到了汉文帝惜露台百金的典故。这个典故出自《汉书》，当年汉文帝曾经打算建造一个露台，让工匠计算一下需要多少经费。工匠计算后告诉文帝，需用百金。文帝说："百金之资产，若以民间中等人家计之，可够十户人家的产业，今筑了一个露台，就破费了十家的产业，岂不可惜！且我承继着先帝的宫室，不为不广，常恐自己无德，玷辱了先帝，又岂可靡费民财而为此无益之工作乎？"于是停止露台之工，不再兴造。汉文帝因为这一举动，被后代赞颂，康熙皇帝认为自己应该学习汉文帝，减少亭台楼阁的建设。最后，康熙皇帝认为这个行宫利用率不高，建好以后，自己前后也就住了三次，闲置率太高，有点可惜了。于是康熙皇帝（图 4.11）"故作《述怀》近体一律以自警。又黏之壁间，以示维扬之众"。

本书将康熙所作的《述怀近体诗并序》[1]全文摘录如下：

> 朕每至南方，览景物雅趣、川泽秀丽者，靡不赏玩移时也。虽身居九五，乐佳山水之情，与众何异，但不至旷日持久，有累居民耳。所以一目即过者，亦恐后人错借口实而不知其所以然也。至于茱萸湾之行宫，乃系盐商、百姓感恩之诚而建，虽不与地方官吏，但工价不下数千。尝览《汉书》，文帝惜露台百金，后世称之。况为三宿，所费十倍于此乎！故作《述怀》近体一律以自警。又黏之壁间，以示维扬之众。

---

[1] 扬州市邗江区党史地方志办公室：《瓜洲续志》，广陵书社，2021，第17-18 页。

又驻塔湾见物华,先存莴屋重桑麻。
惠风遍拂维扬市,沛泽均沾吴越家。
作鉴道君开艮岳,长嘘炀帝溺琼花。
浇胸经史安邦用,莫遣争能纵欲奢。

图 4.11　康熙皇帝画像

第五章

运河边上的忠魂

——史可法和他的铁炮

如果有人问,谁曾经为扬州这座运河之城献出过生命,我想史可法是其中最著名的一位。他是明末抗清英雄,为了守卫扬州城,与清兵奋战到生命的最后一刻,是与岳飞、文天祥一样浩气长存的民族英雄。始建于乾隆三十三年(1768年)的史公祠内本有一尊史可法监造使用的铁炮,在日军侵华期间,被日军掳走,至今未归。1962年史可法三百六十周年诞辰,郭沫若先生曾为此炮作诗以纪念:『国存与存亡与亡,巍峨庙貌甚堂堂,梅花岭下遗香在,铁煅何时返故邦。』诗中的『铁煅』就是指史公铁炮。

第一节　史可法其人

漫步大运河河畔，登临梅花岭上，我时常恍惚又回到明末清初的那场扬州保卫战了。我恍惚听到战鼓咚咚作响，恍惚看到史可法登临城墙忠勇死战，心中充满着对史公的敬仰之情，脚步也没有停下来，而是跟随着心境蹀躞而行，不一会就来到了扬州北护城河边的史公祠。史公祠内，有一座方亭，方亭匾额上题"史公铁炮"四字，亭内陈列着一门铁炮，上面的铭文还清晰可见（图5.1）。这是当年史可法用过的铁炮吗？它要为我们讲述什么样的故事呢？

图 5.1　"史公铁炮"亭

讲这尊铁炮的故事之前，我们需要先简单介绍一下史可法。史可法（1602—1645），字宪之，号道邻，河南祥符（今开封）人，明朝崇祯年进士，官至南明武英殿大学士兼兵部尚书。

李自成起义军攻克北京、崇祯皇帝吊死煤山的消息传到明朝陪都南京后，南京的大臣们一片忙乱。他们拥立福王朱由崧做皇帝，建立政权，史称南明。可是，朱由崧偏偏是个昏庸无能、浑浑噩噩的蠢君，整日贪酒恋色，不理朝政。朝中大权实际上由凤阳总督马士英和一批魏忠贤的余党操纵。时任兵部尚书的史可法刚正不阿，福王即位后，他不愿留在南京奉陪荒淫的皇上，索性要求率军到前方去作战。（图5.2）

图5.2 史可法

第五章　运河边上的忠魂——史可法和他的铁炮

清王朝定都北京城后，派兵分路南下。清军南下的首要目标是江淮地区。扬州，是清军入关以来首次遇到军民顽强抵抗的第一座南方之城。明弘光元年（1645年），史可法督师扬州。当时，江北分布着4支明军部队，故称四镇。四镇将领骄横跋扈，谁也不服谁，经常搜刮民财，残害百姓，军纪混乱。史可法到任后，开始整顿军营，力劝四镇将领以家国百姓为重。史可法与部卒同甘苦，行军中总是等士卒都吃到饭他才肯吃，士卒都穿上棉衣他才换棉衣，深得军心。

清军主将多铎领数万兵马攻扬州，企图劝降史可法。史可法在无险可倚、无兵可用之际，宁死不屈，激励军民同仇敌忾，发出"我死，当葬梅花岭上"的铮铮誓言。清朝摄政王多尔衮写信给史可法，劝他投降，史可法复信严词拒绝，说："法处今日，鞠躬致命，克尽臣节所以报也！"[1]将信撕碎扔进护城河中，随即率领军民浴血奋战，命文武分阵据守，自守最险要的西门。自知大势已去，史可法写了五封遗书表明殉国决心。四月二十五日清兵以红夷大炮攻破西门，史可法被俘，他高呼道："我史督师也！"不屈而死，年仅44岁。追随其的死士有数十名，文武官员亦先后不屈就义。嗣子副将史德威遍寻其遗骸不得，奉遗命葬其衣冠于梅花岭下（图5.3）。南明朝廷谥史可法为"忠靖"，清乾隆皇帝对史可法也非常敬佩，追谥"忠正"，并在墓旁建祠。但是，在乾隆年间，史可法墓祠还没有这门铁炮。

---

[1]〔清〕张纯修：《史可法集》，上海古籍出版社，1984，第87页。

图 5.3　史可法墓及乾隆御笔题字

第二节　铁炮的发现与考证

清同治二年（1863年），安徽按察使吴坤修治军芜湖，在疏通河道时发现一门铁炮，同年，吴坤修修建鸠江书院，便将该铁炮置于书院门外。江苏按察使勒方锜到芜湖公干，见此铁炮立于鸠江书院门外，且炮身有铭文："崇祯甲申年二月立，南京兵部正堂史，嘉协右营弟五号，监督：博士陈于阶、参将江城。"勒公对铁炮的来源、款识、重量、尺寸进行了详细考辑，确认铁炮"为公（注：史可法）遗物"[1]。据他了解，铁炮铸于明崇祯十七年（1644年）二月，身长五尺，首围二尺，尾围三尺，重一千四百余斤，在史可法担任南京兵部尚书期间监造，在钦天监博士陈于阶、参将江城督造下完成。太平天国运动兴起后，铁炮被太平军从维扬或金陵携走至芜湖，不慎落入水中沉入河底，直至同治二年疏通河道时才被发现。

炮在我国宋代就开始出现，元代出现了世界上最早的铜炮，明代洪武十年出现了铁炮。铁矿比铜矿的储量大，开采容易，而且铁炮的造价比铜炮低廉，"弗朗机炮用铜计费十余金，用铁少亦五六金"[2]，所以在明代铁炮得到了较大的推广。那么这门史公铁炮属于什么类型的铁炮呢？根据铸造的年代、尺寸和铁炮图推测，应为红

---

[1]〔清〕史可法七世裔孙史兆霖题记。
[2]〔清〕龙文彬：《明会要》，中华书局，1956。

夷大炮。明嘉靖年间弗朗机炮被大量仿制，使用了子铳，可轮流装发，造型上巨腹长颈（图5.4，为嘉靖二十二年造弗朗机炮），但并没有实现技术上的突破，火药量小，口径小，炮身与炮口比例不合理，射程较近，杀伤破坏里程有限，只是依样画葫芦。徐光启等人曾奉命仿制红夷大炮，对倍径技术有了一定认识，突破了以往仿造弗朗机炮的局限，懂得了火炮口径、炮身、长度、弹丸重量以及炮筒厚度之间的联系。"明朝的红夷大炮按照使用途径分为站铳、攻铳、守铳。守铳一般安装在城墙上，轰击接近城墙的敌人，口径为3～5寸，倍径为17～18倍，因安装在城墙上轰击攻城步兵,所以铳身较短"[1]，史公铁炮尺寸与之相符，应该属于红夷大炮中的守铳。

明末崇祯年间，李自成、张献忠领导的农民起义军不断进犯，北边清统治者虎视眈眈、觊觎中原，北都即将沦陷，崇祯帝心急如焚，准备整饬军务,将南都作为重点以防后患。然而"南都武备久弛"[2]，又有倭寇长期侵扰，此时的明朝内忧外患，经历着前所未有的危机。崇祯帝任命史可法为南京兵部尚书、参赞机务，整顿戎务。

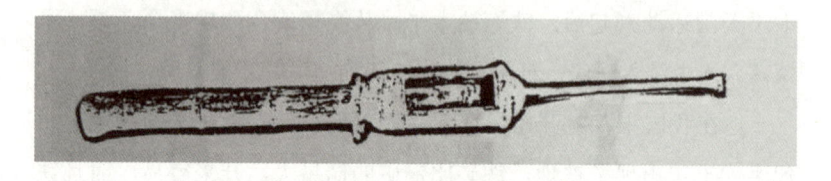

图5.4　嘉靖二十二年造弗朗机炮

史可法临危受命，将制造火器作为整顿武备的重要举措。史公

---

[1]潘宝君、邓植南：《论弗朗机炮和红夷大炮对明朝火炮发展的影响》，《2017年湖北省科学技术史学会年会论文集》，2017。

[2]史元庆：《史可法年谱》，中国友谊出版公司，1991，第102页。

第五章 运河边上的忠魂——史可法和他的铁炮

常年督军江淮之地,对南方较为熟悉,他认为南方应加强火器的制造和使用,并加以习练,"南兵之所长者,火器耳。是必造之甚佳,储之甚多,习之甚精,而后试之有效,非漫然尝试者也"[1]。

首先,他物色人才,举荐了上海县儒士、火器制造专家陈于阶。崇祯十六年九月,史可法写了《为特举逸才以资练备疏》,在上疏中讲道:"南部各营火器,不但不多,并亦不能造,不能习,而总由于知之者无其人。臣于善造善放者,多方物色,而得一人焉,即上海县儒士陈于阶也。……目下造器、造药、练守、练站,断非于阶不能。请乞敕下该部将于阶量授南钦天监博士职衔,教练诸营火器。"崇祯皇帝认可了史可法的建议,启用了曾经师从徐光启学习西洋器数之学,并精通铳器火药制造演练之法的陈于阶,效力于南兵部衙门。陈于阶不辱使命,陆续监管制造了一批新式军用火器。这件史公铁炮炮身铭文中就有"南京兵部正堂史,嘉协右营弟五号,监督:博士陈于阶"的记载,说明这件铁炮正是史可法启用的、陈于阶督造的。

其次,史可法提倡推广适用于近战的火器,史公铁炮也在推广之列。史可法提出,决胜炮、三眼枪这类适用于近战的火器在实战中非常好用,建议加强这类器物的操练。他是这样给崇祯皇帝建言的:"如谓内库神器不习不可,岂皇上近发之决胜炮、三眼枪,独非内库之神器乎?臣议:改练近发之器,以求实用。"[2]而这件史公铁炮属于红夷大炮中的守铳,守铳一般安装在城墙上,轰击接近城墙的敌人,正是属于史可法推崇的近战火器之一。

再次,史可法改革火器训练规则,将火器的军事演习常规化、

---

[1] 方豪:《中国天主教史人物传》,宗教文化出版社,2007,第174页。
[2]〔清〕张纯修:《史可法集》,上海古籍出版社,1984,第9页。

实战化。明代火器的军事训练较为程式化，士兵平时见不到火器，手中也拿不到火器，只在操练日的时候，将火器从兵器库里请出来，送到营房，简单操练后，当天再送回去。搬运火器的时间都要花费半日，训练效率极低，这就导致士兵不熟悉火器的使用性能，摸不清火器的脾气，火器变成了装点门面的器物，真正到了战场上，士兵手忙脚乱，慌作一团，不能发挥火器的最大威力。崇祯十六年十二月，史公奏行"更新治兵八事"时是这样说的："旧例神机兵营，习于内库神器。每赏操日，用数百人于内库抬出，到营便即送回，一往一返，已半日矣。且各神器皆铜铸，仅可壮观。"[1]针对这一僵化的训练规则，史可法要求使用火器的士兵常态化训练，多接触火器，多使用火器演习，"臣在南都造过红夷、灭贼等大炮，及鸟铳、三眼枪、腰刀等件不下数千，皆以发之各营，见在操练"[2]。可见，这件史公铁炮铸造成功后，也成了当时士兵操练时常使用的火器之一。

　　史可法的强军之策都是切实可行的，但是他的一腔热血和雄心壮志遇到的首要问题却是军饷，所有的火器制造和军事训练都要建立在军饷充足的基础上，他认为应该将筹治兵饷作为一切事务的出发点，是为第一要务。为此他积极推举治兵治饷人才，他在《论人才疏》中曾言"除却筹兵筹饷，别无议论；除却治兵治饷，别无人才"。但是在这个天下大乱、饥荒不断、腐败透顶的明朝末年，军饷怎么能够按时足额发放呢？到了南明王朝时期，皇帝更加荒淫昏聩，马士英等奸党弄权，不以抗清为事，史公屡疏"请饷为进取资，士

---

[1] 史元庆：《史可法年谱》，中国友谊出版公司，1991，第107页。
[2] 〔清〕张纯修：《史可法集》，上海古籍出版社，1984，第18页。

第五章　运河边上的忠魂——史可法和他的铁炮

英靳不发"[1]。陈于阶曾在《火攻急着　以资战守　以操万全疏》中曰："史可法先委督造鸟铳，继委管铸大炮；除前完工外，近苦钱粮材料，百不应手，竟属无米之炊。"足可见当时军资匮乏至极，已难撑战事，可怜史公忧国治军苦心有几人共鸣，境况如此竟是万般无奈。"呜呼！有明之季权奸肆，孤阳不敌群阴势。蔽云日月且无光，火器精坚复何恃。"[2]史公亮节孤忠，却是孤木难支，再先进的火器也无用武之地，甚是悲哀。（图5.5）

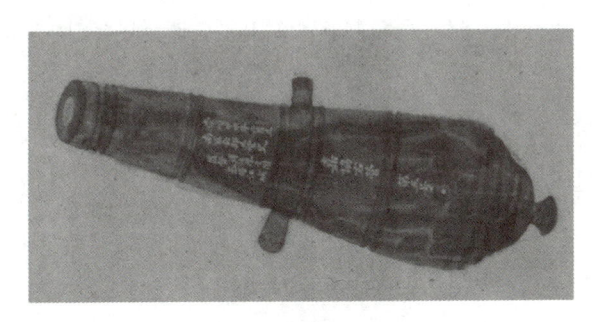

图 5.5　顾奎摹炮图

铁炮凝聚了史公的全部心血，百余年后复出于世，仍勃发出忠义之气，正所谓"铮铮忠正人中杰，百炼锤成器之铁，岁月不磨真本色，犹是忠真一片心"。勒方锜仰慕史可法为人，且念及乾隆皇帝惓惓于史公之遗迹，遂建议将铁炮移至扬州史公祠内。他认为扬州是南北往来之地，将这尊灌注史公精神的铁炮放置扬州，定可令"士大夫过而拜公祠宇者，读其遗书，观其遗炮，忠义之气可以勃然而生矣"[3]。同治五年（1866年），史公七世裔孙史兆霖将铁炮从安徽芜

---

[1]〔清〕张纯修：《史可法集》，上海古籍出版社，1984，第24页。
[2]〔清〕薛时雨：《史忠正公遗炮图》《史忠正公遗炮歌》。
[3]〔清〕勒方锜：《史忠正公遗炮记》。

湖顺江运回扬州。据《史兆霖题记》中记载，船行至长江黄天荡时，突然狂风大作，江上其他船都被掀翻，只有铁炮所在的船安然无恙，只因炮身倍重，使载炮舟得以镇压，寓意着史公的护佑。铁炮平安归扬后，特于史公祠墓侧建亭以为尊藏。史兆霖请甘泉散馆援编修顾奎摹炮成图，并将图跟勒公之记装裱成轴，为后裔景仰，以垂永久。同治九年（1870年），江苏巡抚丁日昌，在拜谒史公时见到铁炮和图、记，想到自己正在为制造军械枪炮、抵御外国侵略军而苦心操劳，他有感于此，当即书题"史忠正公遗炮图"（图5.6）以为寄。如今，此字与顾奎摹炮图、史兆霖题记、勒方锜《史忠正公遗炮记》以及李文森、杨宜治、沈秉成等清代文人志士对遗炮图所题歌诗赞记，共同组成横长905厘米、纵长41厘米的《清史忠正公遗炮图》纸质长卷，收藏于史可法纪念馆，由于这件文物具有较高的历史、科学和艺术价值，现被认定为国家三级文物。

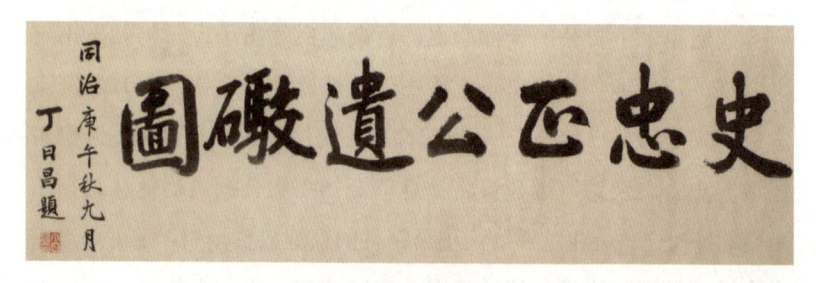

图5.6 丁日昌题字

第三节　史公铁炮被日寇掠夺事件原因分析

一、日军掠夺史公铁炮不止是担心它会唤起扬州人民的抗日爱国热情

史公铁炮就这样一直陪伴着史可法，一直到了抗日战争时期。1931年，日本悍然发动"九一八"事变，随后陆续侵占了我国东北三省。直至1932年2月，东北全境沦陷。在民族危机空前严重的情况下，必须加强对民族英雄事迹的宣扬，以唤起民众对民族英雄的崇拜和模仿。在这样的大背景下，曾经抗击外族入侵、拼死保家卫国的史可法逐渐成为激励人心、鼓舞斗志的精神象征。在当局与社会各界的大力宣传和倡导下，抗清名将史可法的历史记忆被逐渐唤醒起来，正如维恒所言，"民族英雄史可法"是"一个有血气、有志气、有骨气的志士"，并"相信中国的人民倘若个个有着史可法的精神，中国非但不会亡，就是帝国主义也不敢来欺侮我们了"，希望青年们"学取史可法的精神，努力来救自己的国家，救自己的民族"[1]。具有崇高气节和爱国精神的史可法的英雄形象很快被广大民众和社会各阶层认可与接受，成为凝聚力量、坚定民众抗战意志、提升全民族协力同心的抗日精神。在扬州，为鼓舞社会各界抗日斗志，"1937年民族扫

---

[1] 维恒：《民族英雄史可法》，《读书青年》1936年第1期，第39-43页。

墓节，扬州市政府组织官员、文人、学生前往梅花岭祭拜史可法"[1]。

正因处于抗日战争的大背景下，史可法才成为抵抗日本帝国主义侵略的精神之源。有学者认为，史公铁炮凝聚了史公的全部心血，百余年后复出于世，同样可以激发出民众的忠义之气，甚至认为日本人掠夺铁炮是担心它会唤起扬州人民的抗日爱国热情，如《扬州文史资料（第十五辑）》就写道："日寇占领扬州以后，害怕这尊铁炮唤起扬州人民以至全国人民的民族自尊心和爱国激情，就把这尊铁炮运到日本。"[2] 然而这种说法并不全面，我们可以设想一下，日军如果怕史可法会唤醒中国人民的抗日热情，为何没有将史可法最重要的遗迹——史可法墓和史可法祠夷为平地，然后将所有遗物都带走，而是仅仅选择带走史可法的铁炮？我们应该注意到，这件铁炮与其他遗物的不同之处，是它不仅仅在制作上与史公有牵连，更多的是它自身所独具的文物价值、军事研究价值、艺术价值和时代价值，这些才是最重要的原因。所以，日军掳走史公铁炮不止为泯灭中华民族的爱国热情，同时还有一个原因就是日本对中国的文物掠夺政策。

二、日本对中国的文物掠夺政策是史公铁炮被掠夺的主要原因

中日两国有着悠久的文化交流史，但是近代，日本逐步走上了军国主义道路，对近邻各国大肆侵略压迫，侵华日军残暴屠杀中国

---

[1]《王部长视察江都司法》，《现代司法》1937年第1期，第1页。
[2] 扬州市政协文史资料委员会：《扬州文史资料·第十五辑》，1996，第106页。

民众，疯狂地摧残、掠夺中华文化财产，以达到消灭中国固有文化，永久占领中国的目的。

早在甲午战争时期，日本就制定了对中国文物的掠夺政策，通过政府将"战时清国宝物搜集方法"下达给陆海军长官，要求他们"协助搜集中国和朝鲜的历代文物，尤其是具有较高价值的珍贵文物"。"战时清国宝物搜集方法"分"要旨""方法""费用"三部分。"要旨"明确规定了掠夺文化财产的九条方针：

"1. 本邦文化根底与'支那'、朝鲜有密切关系，为弄清我国固有的性质，有必要用这些文物来进行对照，故搜集大陆邻邦的遗存品是学术上紧急而又重大的任务。

"2. 本邦素有东亚宝库之称，'支那'、朝鲜历代文物中有许多在本国已经失传了，但是在我国却还有，这类事例今后要进一步充实，将东洋宝物精华集中完成在本邦，夸耀国力，以建成东洋学术大本营，大力推进国产，进而发扬国光，这些在平时自不用说了，应该利用一切可以利用的良机加以实行。

"3. 战时搜集的长处在于，可以搜集到平时所根本无法到手的珍品。

"4. 战时搜集的长处在于，可以以比平时低廉的价格搜集到珍贵文物。

"5. 战时搜集的长处在于，可以有办法运输比平时更加沉重的物品。

"6. 战时搜集的重要性在于防止珍贵文物毁灭。虽然在任何国家都会发生战争对文物的破坏和毁灭，但是保存古代'支那'遗留下来的珍贵文物是为世界所需，从这点上来讲，战时搜集尤为有利。

"7. 战时搜集可以进行平时所无法进行的探险。

"8. 战时搜集珍贵文物，伴有战胜荣誉值，存为千秋之纪念，足以发扬国威。

"9. 在收买时固应谨慎，但战时搜集丝毫不与国际公法相悖。"

从"要旨"中我们可以清晰地看到，日本借战争的机会"搜集"中国和朝鲜的文物，其目的是为了将"东洋宝物"的精华汇聚于日本，以达到证明日本是"东洋学术之大本营"的无耻目的，进而宣扬所谓的"国威"，发扬所谓的"国光"。同时"要旨"中还特别罗列出"战时搜集宝物"的各种"优势"，这些"优势"是在平时无法达到的，例如"战时别国文物便于获取、价格低廉、方便运输"。更为无耻的是，"要旨"为了让日本军队抛却后顾之忧，毫无羞耻地掠夺中国、朝鲜文物，居然宣称战时掠夺文物是为了所谓的抢救文物，为了所谓的防止文物灭失，为了所谓的使其免于战火破坏。

在"方法"部分，更是悉心详尽地指导军队"如何搜集、运输宝物"：

"第一，搜集者必须遵照陆军大臣或者军团长之指挥，附随于军中适宜之部门，于战地近旁实行搜集和收购。

"第二，将搜集之物品包装坚固，送至兵站部，然后由该部负责运往本邦。

"第三，搜集品运到本邦之后，先进行分类，或者成为皇室御藏品，或者充作帝国博物馆之陈列品。

"第四，派出人员5名，2人由官员兼任；3人选拔坚忍不拔的有识之士，不问官民，临时充任。

…………

"第十一，派出人员配属帝国博物馆总长管辖，但赴战地之后接受军长或者所附随之师长的监督指挥。"[1]

---

[1] 杨志军：《东北亚考古资料译文集·高句丽、渤海专号》，北方文物杂志社，2001年，第143页。

从"方法"中我们可以清晰地看到，日军对中国、朝鲜文物的"搜集、运输、分类"各个环节均需处于军队长官的指挥和监督之下，而且强调要选拔"意志坚定、品德优秀"的人来负责文物"搜集"工作，以"防止文物散失和私分"。掠夺到的文物运输到日本后，或由帝国博物馆收藏，或直接成为皇室御藏。由此可见，日本对中国、朝鲜的珍贵文物觊觎已久，并预谋组织实施掠夺。必须说明的是，宫内省（不同于战后内阁的宫内厅）是凌驾于内阁和军部之上的特殊机构，"（宫内省）所制定的'战时清国宝物搜集方法'可以认为代表了日本最高统治集团的意图"[1]。在这一"政策"的指导下，从甲午战争开始，日本就在侵华战场上有组织、有计划地对中国的各类文物进行了大肆掠夺。

到了抗日战争时期，"战时清国宝物搜集方法"依然得到贯彻和执行，日军为扫除实施日本文化殖民的文化障碍，割断中华民族的文化传承，对中国文物的掠夺更是变本加厉，对于中国珍贵的可移动文物的掠夺也是极为惊人的。

抗战胜利后，"清理战时文物损失委员会"编写的《中国战时文物损失数量及估价总目》统计，"中国战时被劫掠之公私文物3 607 074件又1870箱"[2]，"包括书籍、字画、碑帖、古物、仪器、标本、地图等类别。其中，被劫掠或损毁的书籍公2 253 252册另5 360种411箱44 538部，私488 856册另18 315种168箱1 215部；字画公1 554幅，私13 612幅另16箱；碑帖公455件，私8 922件；古物

---

[1] 李彭元：《清末民初日本对我国文献资源之掠夺》，《图书馆工作与研究》1998年第6期，第47页。
[2] 沈云龙：《近代中国史料丛刊续编·第71辑》，（台北）文海出版社，1983，第117页。

公 17 818 件，私 8 567 件另 2 箱；仪器公 5 012 件另 63 箱，私 110 件另 3 箱；标本公 14 582 件另 1 204 箱，私 17 904 件；地图公 125 件，私 56 003 件；艺术品私 2 506 件；杂件公 648 368 件，私 3 箱"[1]。由上述统计数据可见，当时的国民政府所能统计到的日本掠夺中国的公私文物数量是极为庞大的，但是《中国战时文物损失数量及估价总目》凡例第一条指出，该目录"系根据本会各区各省办事处实地调查所得，以及公私机关、个人申请登记，经本会严格审查之文物损失。其他不属文物范围，以及虽系文物而乏证件者，均经审查后退回原处或转送教育部统计处及行政院赔偿委员会核办"。也就是说，目录所记载的文物都是具有明确的所有权凭证的，或者是有证据证明是被日本军队所掠夺的。

那么由此可见，虽然当时国民政府统计的日本掠夺中国的公私文物数量极为庞大，但是这些仅仅是日本掠夺中国文物的九牛一毛，因为这份目录的统计极为仓促，是在战争结束后的 5 个月的时间内完成的。[2]统计过程中，还受到各种条件限制，例如战后很多被掠文物的中国失主或许在日军掠夺文物的过程中就被日军杀害，或在战争中因为各种原因去世，或因躲避战乱背井离乡，还没来得及返回家乡，根本无法进行被掠文物的登记；而且还有大量私人文物因无法提供所有权证明，国有保管机构因为战乱所有权凭证丢失或者被损毁的情况。这些情况中的文物都没有得到统计。大量的稀世珍物、无价之宝被日军劫去，造成了中国无法挽回的损失。

---

[1] 王云霞：《追索二战期间日本掠夺中国文物：问题与对策》，《文物》2021 年第 12 期，第 83 页。
[2] 王云霞：《追索二战期间日本掠夺中国文物：问题与对策》，《文物》2021 年第 12 期，第 83 页。

第五章 运河边上的忠魂——史可法和他的铁炮

日军对我国的不可移动文物的破坏数量也是极大的，日本的非法考古和盗掘行为是肆无忌惮的，辽上京遗址、安阳殷墟、邯郸赵王城、元上都遗址、云冈石窟、曲阜汉鲁灵光殿遗址、抚顺高句丽遗址等一大批古文化遗址和古墓葬被盗掘，使中国考古资源受到极大的破坏和掠夺。[1]以山西为例，"山西省60多个县的数百座古建筑在战时遭日军不同程度的毁坏。日军大肆盗窃破坏山西古寺庙内的珍贵壁画、石窟彩塑、石雕造像等"[2]。

在日本掠夺中国文物的政策下，扬州地区的珍贵文物自然不能幸免，具有较高历史、科学、艺术价值的史公铁炮也成为日军窥觊的重要目标。陈列于史公祠内的史公铁炮的文物价值至少体现在以下三个方面：

首先，史公铁炮的铸造时间和人员明确。史公铁炮炮身的铭文写明了该炮铸造年代为明代崇祯甲申年（1644年）二月，在史可法担任南京兵部尚书期间监造，在钦天监博士陈于阶、参将江城督造下完成。陈于阶曾经师从徐光启学习西洋器数之学，并精通铳器火药制造演练之法，是史可法物色并专门举荐的火器制造专家。陈于阶不辱使命，监督制造了大量先进的军用火器，这件史公铁炮正是史可法监造、陈于阶督造的先进火器。

其次，史公铁炮的出土地点明确，出土后流传有序，长期陈列于史公祠墓旁，已经成为史可法墓祠的重要组成部分。该炮于安徽

---

[1] 杨群：《日寇侵略性考古和对中国文物的掠夺破坏》，《南方文物》1995年第3期，第91-92页。
[2] 袁军：《日军侵华期间对山西沦陷区的奴化教育》，《晋城职业技术学院学报》2016年第1期，第54页。

芜湖疏通河道时被发现，江苏按察使勒方锜根据炮身铭文对铁炮的来源、款识、重量、尺寸进行了详细考稽，由史可法裔孙运回扬州后专门建亭安放。

最后，史公铁炮被众多名人观摩和记载。史兆霖将铁炮建亭珍藏后，聘请甘泉散馆援编修顾奎摹制铁炮，并留有《史兆霖题记》和勒方锜《史忠正公遗炮记》。同治九年（1870年）江苏巡抚丁日昌拜谒史公时，题"史忠正公遗炮图"，之后又陆续有李文森、杨宜治、沈秉成等清代文人志士观摩铁炮时所题歌诗赞记。这些有关铁炮的图文资料组成《史忠正公遗炮图》纸质长卷，为国家三级文物，极具价值。

从上述三点可见，这尊史公铁炮是具有极高的历史、科学和价值的珍品，符合日军"战时清国宝物搜集方法"中的第三条"战时搜集的长处在于，可以搜集到平时所根本无法到手的珍品"的标准。

同时，史公铁炮身长五尺，首围二尺，尾围三尺，重一千四百余斤，如此硕大和沉重的文物，日本人在平时是很难窃取和掠夺的，也符合"战时清国宝物搜集方法"中的第五条"战时搜集的长处在于，可以有办法运输比平时更加沉重的物品"。因此，史公铁炮被日军掠夺也就在所难免了。而且《江苏文化的劫难（1937—1945）》明确记载，扬州沦陷后，在扬州掠夺史公祠铁炮的是"日军"[1]。为何军队会参与文物的掠夺呢？这也是源于"战时清国宝物搜集方法"，该"政策"中规定："搜集应由士兵协助，派遣有识之士任搜集员。搜集到的物品，一旦送交兵站，然后立即运回日本。运到日本后即作为皇室收藏或收入帝国博物馆。"因此，日本掠夺中国珍贵文物的"政策"，特别

---

[1] 孟国祥：《江苏文化的劫难（1937—1945）》，南京出版社，2013，第56页。

是日军对"战时清国宝物搜集方法"等"文件"的贯彻执行,是史公铁炮被掠夺的根本原因。

三、史公铁炮至今未归

对于被日军掠夺文物的追索,中国一直在积极努力。1945年11月,"中华民国外交部"照会驻日盟军司令部:"在我国未正式将甲午战争以来所损失之物收回以前,日人不得对之作任何形式之变卖或转让。"[1] 然而,弱国无外交,美国主导的盟军司令部仅仅支持"七七"事变之后日本从中国掠夺物品的返还,而且要求在提出返还申请时,还必须附有被掠文物的基本信息、所有权证明材料、日本掠夺情况证明材料、文物在日本的可能地点和持有人等各项材料。根据盟军司令部的内部文件、通告及媒体报道等材料,"从1946—1951年这五年间,盟军司令部共向中国返还了36批次的文物图书类财产"[2],日本返还的大部分为普通书籍、古物、字画、拓本、佛像、寺钟、刺绣织品、家具、饰品等,"文物仅2 000件"[3]。由于返还标准不切实际、返还时间起算点不合理等,加上后期美国对日政策变化、政权更迭,中国绝大多数被掠文物并未获得返还。

新中国成立后,由于国际国内形势的变化,中日两国未能继续

---

[1]《追查被劫古物 教育部将组调查团赴日》,《大公报(重庆版)》,1945年11月21日,第三版。

[2] 王云霞、胡姗辰、李源:《被掠文物回家路——"二战"被掠文物返还的法律与道德问题》,商务印书馆,2021,第132页。

[3] 孟国祥:《大劫难:日本侵华对中国文化的破坏》,中国社会科学出版社,2005,第282页。

就日掠文物的返还开展正常磋商，使该问题成为一个历史遗留问题。于是，史公铁炮也和中国众多的其他文物一样，流失海外。1962年，郭沫若来到扬州，得知史公铁炮被日军掠夺，不禁扼腕叹息，写下"国存与存亡与亡，巍峨庙貌甚堂堂。梅花岭下遗香在，铁爌何时返故邦"的诗句，期盼史公铁炮能够早日回到祖国的怀抱。但是时至今日，史公铁炮仍未能回归祖国。2017年，史可法纪念馆对馆内陈展进行提升改造时，根据国家三级文物《清史忠正公遗炮图》上的题记和图画对铁炮进行了重铸，陈列于史可法墓祠旁边，还原了史兆霖当年建亭陈放的景象，供后人追思纪念。"公去社已屋，我来梅正花。"梅花岭上，恍听江淮战鼓响，西城门上，百世犹闻杀敌声。铁炮虽已不在，然铁炮之魂却与史公精神、史公事迹一起，永远铭刻在扬州人心中，从此成为扬州城精神的不朽象征。

　　文化是一个国家、一个民族的灵魂。无论哪一个国家、哪一个民族，如果不珍惜自己的历史文化，丢掉了承载历史文化的遗存，这个国家、这个民族是立不起来的。日本帝国主义发动侵华战争，不仅是要灭亡当时的中国，更是要消灭我国的历史文化，割断中华文化传承的血脉，扫除其实施文化殖民的障碍，始终将"文化毁灭"作为征服中华民族的重要手段和目标。正因为如此，日军在侵华期间疯狂掠夺中国文物，大肆破坏能够证明中华优秀传统文化的实物。今天，我们通过回顾史公铁炮丢失的惨痛历史，揭露和批判日本侵略者对我国文化遗产的破坏和掠夺的罪行，使人们更加深刻地认识日本帝国主义侵华的实质，以史为鉴，警钟长鸣！！！

第六章 中国大运河遗产点

——扬州盐宗庙的故事

扬州盐宗庙是世界遗产中国大运河的遗产点之一，始建于同治十二年（1873年），庙里供奉的盐宗较有地方特色，分别为海盐生产的创始人夙沙氏、早期盐商的杰出人士胶鬲和食盐专营的创始人管仲。本章介绍了泰州盐宗庙早于扬州盐宗庙建成的情况，认为扬州的盐宗庙是泰州这座盐宗庙的翻版。扬州盐宗庙建成不久便改名为纪念曾国藩的曾公祠，盐宗庙之名即为曾公祠所掩。

第一节　扬州盐宗庙概况

扬州盐宗庙是世界遗产大运河的遗产点之一、扬州市文物保护单位。中国民间有"三百六十行，无祖不立"的说法，也就是各行各业都有自己的"祖师爷"。各行业的从业者祭拜本行业的祖师爷以寻求庇佑，有的还为祖师爷建起庙宇，在重大节日举行隆重的祭祀仪式或庙会活动，形成了一种独特的文化现象。盐业自然也不例外，盐宗庙就是这种文化现象的具体表现之一。

扬州的盐宗庙始建于1873年，也就是同治十二年，《光绪江都县续志》卷十二对盐宗庙有过详细记载："盐宗庙，在南河下康山旁，祀夙沙氏、胶鬲、管仲。同治十二年，两淮商人捐建。"[1] 后来改为祀曾国藩，又称曾公祠。现存建筑有门厅、照厅、大厅，占地约400平方米。盐宗庙的大厅为硬山式，进深七檩，面阔三间，厅前有卷棚，保存基本完好。该庙供奉着夙沙氏、胶鬲、管仲三位盐宗。本书先简要介绍一下扬州盐宗庙里供奉的三位盐宗（图6.1）。

1. 海盐生产的创始人夙沙氏。夙沙为古部落名，"夙"与"宿"古字通用，古籍中的"夙沙氏"也被写成"宿沙氏"。先秦古籍《世本》中就载有"宿沙作煮盐"，这也是至今能找到的关于夙沙氏的最

---

[1]〔清〕谢延庚、刘寿曾：《扬州文库第十二册·光绪江都县续志》，广陵书社，2015，第314-315页。

早记录。到了汉代,许慎《说文解字》一书认为"古者宿沙初作煮海盐"。虞世南的《北堂书钞》引《世本》云:"夙沙氏始煮海为盐,夙沙黄帝臣。"上述记载表明夙沙煮海为盐之事应是发生在四五千年前的黄帝、神农时代,即中国古代农耕生活的开始时期,《北堂书钞》中有记载,改"宿沙瞿子善煮盐,使煮滔沙,虽十宿不能得"。到了明朝,《山堂肆考》记载:"宿沙氏始以海水煮乳煎成盐,其色有青、红、白、黑、紫五样。"由此可见,中国古人普遍认为夙沙氏煮海为盐,开创了制盐之先河,因此,夙沙氏被尊为盐业鼻祖,史称盐神、盐宗。2013年"盐宗夙沙氏煮海成盐传说"入选山东省第三批省级非物质文化遗产名录。

图 6.1 盐宗庙内的三位盐宗

2. 早期盐商的杰出人士胶鬲。胶鬲逢商纣之乱，隐遁经商，贩卖鱼盐，十分辛劳。后来，胶鬲官居商朝的少师，周武王策反胶鬲，要他反商助周，胶鬲答应了。不久，武王伐纣，商纣王得知周武王出兵的消息后，立刻派遣胶鬲去周师对接联系。武王高规格地接见了胶鬲，并请胶鬲回到朝歌后策反军队作为内应，双方约定在15日后到达朝歌地区。为了不误约定时期，胶鬲火速赶回去准备，周武王也率军迅速向东进发。可是天公不作美，这15天中大多都在下雨，道路泥泞，山高路险，周武王的大军行进非常缓慢，有人就建议武王等天气晴好后再行军。武王却说："我与胶鬲已经作了约定，如果我们在15日之内不能按时赶到，商纣王一定认为胶鬲带来的是假的约定，会迁怒于他，胶鬲将有生命危险。同时，如果我们不能按期赶到，就是失信于天下。"于是大军没有休息，而是继续赶路，按期到达。纣王纠集军队和奴隶迎战周师于牧野，然而这些军队大多被胶鬲策反，双方军队一开战，商纣王的军队就立刻倒戈，纣王大败。胶鬲立下大功，于是武王建周之后，"微子胶鬲，皆委质为臣"。

神话小说《封神演义》中也有对胶鬲的描写，大致意思是胶鬲起初隐居在商地，周文王将他推荐给殷纣王做大臣，官居上大夫。苏妲己魅惑君主纣王，独得宠幸。她在宫中制造了一个大坑，坑内放满毒蛇，想要将不听话的宫女和大臣扔进去喂毒蛇。胶鬲看到苏妲己如此残忍，便奋不顾身地上谏劝阻，纣王不但不听，反倒大怒，下令把胶鬲与宫女一起扔进去。胶鬲悲愤，转身跑到窗边，跳楼自杀。这段描写的不是历史事实，但也歌颂了胶鬲大义凛然的气概。

《孟子·告子下》中也提到过胶鬲，"舜发于畎亩之中，傅说举于版筑之间，胶鬲举于鱼盐之中"。这里是将胶鬲作为正面典型来论述的，靠贩卖鱼盐为生的胶鬲虽然出身卑微，但是胶鬲和舜、傅说一样都是经过自己的努力，最后获得了成功。

3. 食盐专营的创始人管仲。管仲是春秋初期的名相、政治家。其所著的《管子》一书中多处提到了"利"，盐利就是其中比较重要的"利"之一。《管子·海王篇》中对盐策多有论述，例如确立盐税为人头税；提出中国最早的盐政理论，将专卖政策应用于盐，实行盐铁专卖，盐的生产、运输、销售、税收都实行统一管理，盐铁专卖的收入用于充实国库。这种制度一直影响和沿用于后世，因此，奉管仲为"盐宗"自是必然。

2003年，山东省寿光市发现一处重要遗址群，时代是商周时期，这一遗址群被命名为"双王城盐业遗址群"[1]，从2008年4月开始，考古人员对遗址进行有计划的发掘，发现多处比较完整的商周时期与制盐有关的重要遗迹，包含制盐作坊遗址、制盐工具盔形器物、两个煮盐用的大型灶台、蒸发池、多个卤水坑井、蓄水坑。双王城盐业遗址群是当时在国家控制下开展的盐业生产的重要基地，规模巨大，是目前沿海地区规模最大的盐业遗址群，比文献记载的东周时期齐国盐业官营制度早数百年。这一遗址虽然距离夙沙氏的时代已经很久远，但是如此大规模的制盐作坊遗址必定是逐渐发展起来的，该遗址的发现可以从一个侧面反映商周时期山东胶东地区依然在传承和发展夙沙氏的制盐技艺，有着悠久的制盐传统（图6.2）。同时大规模的盐业生产也为胶鬲这样贩卖鱼、盐的商人提供了源源不断的货源。类似这样的官方制盐基地的建立，也为管仲食盐专营

---

[1] 燕生东、党浩、王守功等：《山东寿光市双王城盐业遗址2008年的发掘》，《考古》2010年第3期，第18-36页。

思想的提出和实施提供了基础。

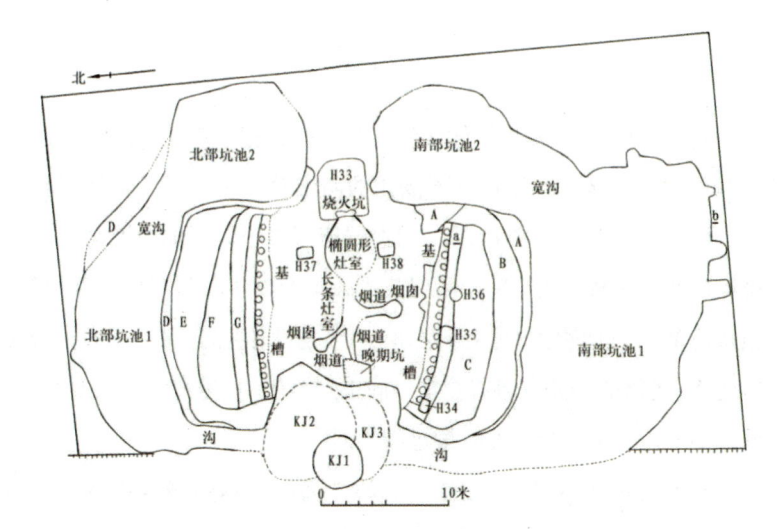

图 6.2 双王城商周制盐作坊主要遗迹分布图[1]

---

[1] 燕生东、党浩、王守功等:《山东寿光市双王城盐业遗址 2008 年的发掘》,《考古》2010 年第 3 期,第 21 页。

第二节　扬州盐宗庙源于泰州盐宗庙

清咸丰年间，扬州成为清军和太平军反复争夺的前沿阵地，太平军攻占扬州城后，原设立于扬州的两淮盐政机构为了维持正常运转，被迫迁出扬州（图6.3），到泰州地区办公，正如两淮盐运使乔松年在《新建盐宗庙记》中所记载："咸丰十年冬，予（注：指乔松年）领盐司事，侨治海陵（注：今泰州）。"[1] 机构的搬迁带动了大批盐官的迁移，扬州的盐商也随着盐官一同来到泰州，使得海陵城（今泰州）繁华一时，官员、商贾的数量远超扬州。

同治元年（1862年），淮南总栈盐商，于泰州城西购得一座占地约十余亩、前后四进的大宅作为盐务公所（又名"小香岩"）。侨治海陵的两淮盐运使乔松年认为："古圣人开美利之源以贻万世，后人必有报祀之典以答其功。"[2] 即使是贩夫走卒也都会寻找自己行业的祖师爷进行祭祀，例如酿酒业祭祀杜康、制茶业祭拜陆羽，更何况于国于民都十分重要的盐业，江淮之间盐利尤饶，上可以佐国赋，下可以给民用。无论是官商胥吏士大夫，还是市井纤夫，靠盐业为生的不下数万人，但是却没有人祭祀盐业的祖师爷，实在是不应该，

---

[1]〔清〕乔松年：《新建盐宗庙记》碑文。
[2]〔清〕乔松年：《新建盐宗庙记》碑文。

第六章 中国大运河遗产点——扬州盐宗庙的故事

图6.3 坐落于扬州的两淮盐运使司

"乃礼之缺欤"[1]。于是，两淮盐运使乔松年倡议，由淮商捐资，将盐务公所左前方的明珠禅院，改成了祭祀盐宗的盐宗庙。"祀夙沙氏，以商贤大夫胶鬲、齐相管夷吾为配，亦如解州之庙，题曰'盐宗'。"[2]这座庙"体量不大，建筑类似普通民居，硬山屋面，前后两进，前面是3间庙门；当中的半圆形门洞上，嵌乔松年题'盐宗庙'石额。门两旁砌八字墙。进庙门是天井，迎面是3间大殿，东西各有1间厢房，构成一组四合院式的建筑群"[3]。泰州盐宗庙面积虽小，但是意义重大，因为两淮盐运使乔松年在建庙前做了一个调研："询之

---

[1]〔清〕乔松年：《新建盐宗庙记》碑文。
[2]〔清〕乔松年：《新建盐宗庙记》碑文。
[3] 曾凡英：《中国盐文化第8辑》，中国经济出版社，2015，第280页。

诸曹,知千百年淮司未举斯祀。"[1] 也就是说在泰州盐宗庙建设之前,千百年来两淮盐运司都没有进行盐宗祭祀的先例,泰州盐宗庙也成了江淮地区历史上第一座官方建立的盐宗庙。

后来建于扬州的盐宗庙其实是泰州的这座盐宗庙的翻版(图6.4)。首先从时间上看,泰州盐宗庙建于1862年(同治元年),而扬州的盐宗庙建于1873年(同治十二年),泰州盐宗庙早于扬州盐宗庙的建设。其次,从祭拜的神祇来看,在泰州建盐宗庙之前,人们仅把煮盐的夙沙与创建专卖盐制的管仲作为盐神和盐宗,而泰州盐宗庙里增加了胶鬲,究其原因,泰州盐宗庙是由盐商们出资兴建的,因而也就将贩盐商人的杰出代表——胶鬲作为盐宗供奉,以祈求得到保佑。扬州盐宗庙内祭拜的也是夙沙、胶鬲和管仲,是泰州盐宗庙神祇的翻版。最后,从组织修建者和捐资人的情况来看,泰州盐宗庙的建设者是躲避太平军战火的扬州盐官和盐商,当太平军战事平息后,这些扬州的盐官和盐商又回到扬州,但是祭拜盐宗庙已经成为官员和盐商的惯例和心灵寄托,"岁时胖飨,祀事昭焉"[2]。甚至有些官员一上任就要专门从扬州赴泰州祭拜,如两淮盐运使方浚颐在《重建邗沟王庙碑记》中写道:"予始摄鹾篆谒盐宗庙,知庙建于前都转乔公。"也就是说方浚颐在同治八年(1869年)刚刚担任两淮盐运使的时候,就去拜谒乔松年所修建的泰州盐宗庙了,长途跋涉的祭拜活动很不方便,因此扬州的盐业官员和盐商们也希望能够在扬州建设一座盐宗庙以方便祭拜。于是,同治十二年,两淮商人捐建了扬州的盐宗庙。扬州盐宗庙一开始建造的时候规模就比较大,

---

[1]〔清〕乔松年:《新建盐宗庙记》碑文。
[2] 朱明松:《扬州碑刻辑考》,广陵书社,2020,第163页。

不仅有五进的殿宇，在盐宗庙后还搭建有戏台，整个庙宇雕梁画栋，豪华气派。（图 6.5）

图 6.4　扬州盐宗庙外景图

图 6.5　中国大运河遗产点——盐宗庙石碑

第三节　扬州盐宗庙改为曾公祠

曾国藩前后担任十年的两江总督，兼管两淮盐政。（图 6.6）

图 6.6　曾国藩浮雕

曾国藩在两江总督任内曾六次巡访扬州。

第一次为同治四年（1865年）三月廿九日，自镇江过江至八濠口，拟于此处开挖新河。

第二次为同治六年（1867年）二月廿五日，赴山东自清江还南。开船40里，至宝应停泊，三十日至扬州城，会客读书，直至三月初二。

第三次下扬州为同治七年（1868年）三月廿六日，阅见湖南会馆、万福桥。

第四次下扬州，系因北上入觐，赴任直隶总督，途经扬州。

第五次下扬州，系同治九年（1870年）闰十月，自直隶赴金陵，回任两江总督，途经扬州。登岸看堤工，屡次见客，皆是自扬州来的迎接者。

第六次下扬州，则是同治十年（1871年）八月十八日，船上见客，扬州西门外看操，直至二十二日，未黎明即开船，恐人纷纷致送也。

同治十一年（1872年）二月，两江总督曾国藩在官署内病故，时年61岁。《清史稿》记载："（曾国藩）薨于位……百姓巷哭，绘像祀之。事闻，震悼，辍朝三日。赠太傅，谥文正，祀京师昭忠、贤良祠，各省建立专祠。"两江总督张树声上折子《奏为淮南北商贩请建已故督臣曾国藩专祠事》。折子中写道："情愿集资于扬州城内建立专祠。"[1] 对于两江总督张树声的上奏，同治帝的批复是"着照所请该部知道"[2]，也就是同意了在扬州建曾国藩专祠的请求。（图6.7）

---

[1] 国家清史编纂委员会：《清宫扬州御档·第17册》，广陵书社，2010，第12346页。

[2] 国家清史编纂委员会：《清宫扬州御档·第17册》，广陵书社，2010，第12347页。

第六章 中国大运河遗产点——扬州盐宗庙的故事

图 6.7 曾公祠简介

实际上，咸丰年间的扬州城屡经兵燹之灾，各行各业都很萧条，人口数量也减少了很多，盐业经济也是每况愈下，这时的扬州盐商们早已元气大伤，钱袋空空如也。于是他们将同治十二年（1873年）修建的扬州盐宗庙充分利用起来，改祀曾国藩，"到了同治十三年，盐宗庙更名为曾公祠，盐宗庙之名即为曾公祠所掩"[1]。

当地政府在2006年对扬州盐宗庙进行了全面修缮，重塑夙沙氏、胶鬲、管仲三位盐宗的汉白玉像。2007年4月，扬州盐宗庙正式对外开放，庙门的门头石额"盐宗庙"为建庙之初的原物，庙内还保留了诸多清同治年间的彩绘，弥足珍贵。（图 6.8）

---

[1] 韦明铧：《扬州盐宗庙散记》，《江苏地方志》2007年第3期，第54页。

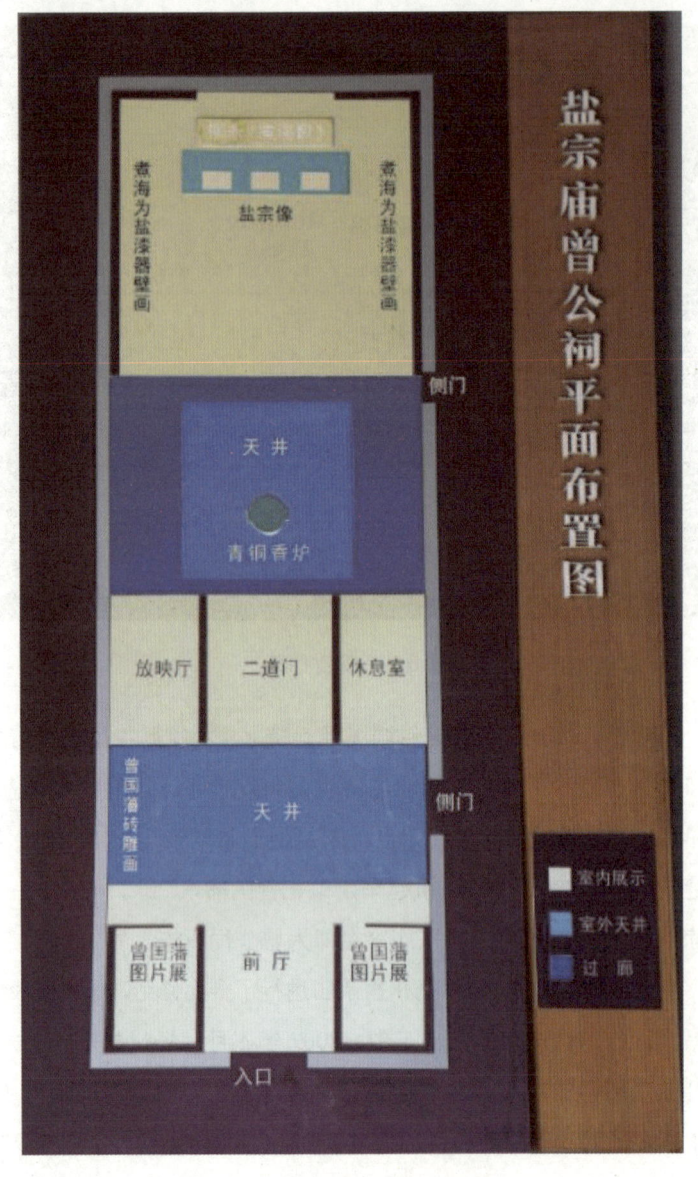

图 6.8　盐宗庙曾公祠平面布置图

第七章

运河之城的极致饮食

——世界级『非遗』富春茶点旧事

扬州因运河而生，因运河而兴，居住在运河边上的扬州人逐渐形成了「早上皮包水」的生活习惯。所谓「皮包水」，就是早上吃早茶。扬州饮茶之风兴于唐代，聚会品茗为扬州茶宴的最初形式。清乾嘉年间，李斗著《扬州画舫录》记载了20多所茶楼、茶坊，如辕门桥的二梅轩、教场的文兰天香、埂子街的丰乐园、花园巷的小方壶等。民国年间，扬州的茶馆、茶社有20多家，以「三春」（富春、冶春、共和春）为代表。2022年11月29日，联合国教科文组织保护非物质文化遗产政府间委员会在摩洛哥公布了新一批人类非物质文化遗产名录，由中国申报的非物质文化遗产项目「中国传统制茶技艺及其相关习俗」顺利入选。在「中国传统制茶技艺及其相关习俗」项目位列其中，实现了从国家级「非遗」到世界级「非遗」的升级。富春茶点制作技艺，大致可以分成两大块：一是「茶」，这个「茶」专指「魁龙珠茶」；二是「点」，这个「点」包含了富春创立之初和继承发扬过程中创新的各类茶点，如三丁包、翡翠烧卖等。但是不管是「茶」还是「点」，都离不开富春这家「店」。下文就从「店」「茶」「点」这三个方面略谈富春的「茶」与「点」的旧事。

第一节　富春茶点的起源
——富春茶社

富春茶社是一家从花木店发展演化而来的茶社。清光绪十一年（1885年）春，陈霭亭在扬州得胜桥巷以1 200吊铜钱的原始资本，租赁了十几间平房和几分空地，雇了4名花工，开办起"富春花局"（图7.1），主要业务是栽培和供应四时花卉盆景。富春花局的经营模式灵活，既可售，也可租；既支持大宗购买也开展零售业务。扬州地区的地主、士绅、富贾，尤其是那些家财巨万的盐商们，都是富春的头等主顾，他们往往会常年买花，以作厅堂的点缀；扬州地区街面上的商号，如盐号、木行、钱庄、银楼，也会或租或买一些花卉盆景作为摆设，富春则按月或按季收取租金。还有一些用户，买来富春花局的花卉作为生产原料，如茶叶店会来买珠兰、茉莉的花头，作窨茶之用。还有一些花贩，从富春买了花后，运到大街小巷叫卖。此外，逢年过节或是逢婚丧嫁娶，富春花局都有生意可做。富春花局广泛的用花群体，为后来的"富春茶社"积累了社会各阶层的客源。

清宣统二年（1910年），陈霭亭去世，富春花局由陈霭亭之子陈步云继续经营。这一时期正处于辛亥革命前后，社会动荡，经济衰落，与经济息息相关的花木生意也经营困难，就在陈步云艰难支撑富春花局的时刻，机遇来了。有一次经常来富春花局买花的周谷人（时任扬州商会会长）来选花的时候，看到富春花局环境优美安静，而且房子空着，花匠闲着，于是向陈步云提了一个建议：在富春花局里设一间茶室，一是可以解决富春花局的经济拮据问题；二是可以解决周谷人对自己父亲饮茶环境复杂的担忧。周谷人70多岁的老父亲周颖孝每天喜欢到茶楼吃茶，但是当时的茶馆多被社会黑恶势力把持，经常有许多地痞流氓在里面解决争端或做不正当的交易，有时还会聚众斗殴。所以周谷人早就萌生了给父亲找一个环境优雅、关系简单的吃茶地点。陈步云听到周谷人的提议后，欣然同意。究其原因，一方面是陈步云认为增设茶社可以盘活富春花局中的闲置房屋和人员，成为解决富春花局经营困难之举措；另一方面陈步云当时除了经营富春花局之外，还在扬州商会兴办的"商业中学"任庶务员，单位的大领导——周谷人会长提出了这样一个切实可行的建议方案，陈步云自然是遵照执行。

周谷人的父亲周颖孝亲自来富春花局看了现场，富春花局就像一个小园林，花木扶疏，亭榭井然，环境幽静，主人热情。周颖孝老人十分高兴，他亲自出面邀约了知己数人，每人预付茶资五六元，凑了将近40元的开办费，作为陈步云的原始资本。陈步云腾出两间房子作为茶室，闲着的花匠做招待员，茶社应用的桌、凳以及茶壶、水铫子等设备，都是临时向"通灵泉"茶馆租用，每天付给租金400文，约合小洋4角，茶馆就这样因陋就简地择吉开张了。

坐下来喝口茶，吃吃茶点；同时，由于富春茶社花木的存在，增添了富春茶社迥别于同行的独一无二的魅力。据著名学者吴白陶先生回忆，他13岁时第一次到富春吃茶，看到的富春就像正在举行菊花展，他说："进了一个小门，就看见了一排花架，上面盆菊盛开，五色缤纷，清香扑鼻，好像今天的菊花展览会。"可以在如此优雅的

第七章 运河之城的极致饮食——世界级"非遗"富春茶点旧事

图 7.1 富春花局

环境中赏花、喝茶、吃茶点，是扬州其他茶馆所不具备的，于是富春逐渐成为扬州城内各个阶层人士休闲娱乐必去的"打卡"地点。

这个应友朋之约偶然开张、将茶馆作为副业性质的富春茶社，不仅在名店众多、强手如林的茶馆行业站住了脚，而且脱颖而出，后来居上。茶社的规模不断扩大，先是增租马姓房屋3间做堂口，加租串殿巷顾姓房屋5间做堆栈，后又加租曹姓房屋5间，以3间作堂口、2间做生产间。1931年前后，富春已经从1915年时的6名生产工、5名招待员和20张桌子的小茶馆，发展为职工人数多达60人的名茶社了。

这其中，仅包包子的工人就有 16 人之多，桌子也增添了 70 余张。富春正常的营业额，平均每天在 200 元左右，每年春节前后，包子生意特别好，几天之内就能做出几千元的营业额。到了抗日战争全面爆发前夕，富春实际资产达到 3 万元以上。依靠富有特色的"茶"与"点"，富春茶社在扬州茶馆业占据了领先地位。（图 7.2）

图 7.2　富春茶社外景

第二节　一壶水煮三省茶
——魁龙珠茶

魁龙珠茶是扬州富春茶社独创，它选用浙江西湖的龙井茶、安徽黄山的魁针茶，再加上富春茶社自己种植的珠兰，三者按照一定的比例混合后窨制而成。用扬子江中水泡沏魁龙珠茶，有西湖龙井之色、黄山魁针之味、扬州珠兰之香，被誉为"一江水煮三省茶"。（图7.3）

图 7.3　魁龙珠茶

魁龙珠茶是怎么发明出来的呢？据陈步云回忆，大概在1921年前后，几位穿长袍马褂的茶痴常来富春啜茶、品茶、评茶。当时富春用的是上好的龙井茶，但是龙井茶不耐泡，茶痴们觉得味道不够，为满足他们的要求，陈步云采取了将几种茶掺杂起来冲泡的办法。处于大运河与长江交汇地带的扬州，自古为水上运输的枢纽，全国各地的名茶在扬州也都有售卖，为了选出满足茶客需求的好茶，陈步云就到街面上购买全国各地的多种名茶，掺杂在一起后冲泡。陈步云一次次征询茶客们的意见后，最终确定用西湖龙井茶和安徽黄山的魁针搭配冲饮最为合适。要是味不够，添些魁针；色重了，减些龙井。在魁针与龙井的搭配已接近完美后，这时又有茶客提出香味不够，怎么才能给茶叶增香呢？陈步云想到了自己家花局生产的数百盆珠兰。珠兰也叫珍珠兰、茶兰，属金粟兰科，为草本状蔓生常绿小灌木，4—6月开花，以5月份为盛花期，花香清香幽雅、鲜爽持久，适于窨制花茶。而且中医认为："芳香之剂，入肝经，兼和胃气，有舒肝和气、解郁之功。"于是陈步云就在魁针与龙井之中加入了珠兰，经过几个月的增增减减，陈步云窨制出了新茶品——魁龙珠茶。魁龙珠茶一经问世，即大受欢迎，因为它不仅口味浓郁，而且耐泡耐喝，特别符合人们"泡"茶馆的需求。魁龙珠茶不仅为富春引来盈门茶客，招来滚滚财源，赢来盛名嘉誉，而且成为中国茶林独树一帜的佳茗。

好茶还要用好水来冲泡，陈步云在他的口述中也说："这种自窨的富春茶，要用滚开的河水现泡。"当时，富春茶社冲泡魁龙珠的水，是用水车自扬州城外扬子江中取来，注入砂缸，矾淀澄清。用此水上铫煎水，俟其鼎沸，而后冲茶，以使收到"头遍开水使茶透，二

第七章 运河之城的极致饮食——世界级"非遗"富春茶点旧事

遍开水使色浓,三遍开水使香溢"的冲泡效果。饮至三开,则精英尽释。尤为重要的是,在冲茶之前,先要以沸水烫涤茶具,使之预热后再下叶于壶,冲水使满。稍待茶熟,引杯而啜,饮至二开,茶味愈浓,令人有神腑清新、身心爽适之感。

20世纪60年代,富春公开了魁龙珠的配方,一时间,扬州茶行纷纷卖起了魁龙珠茶,魁龙珠从"富春名茶"变成了"扬州名茶",但是老扬州的茶友们还是喜欢喝上一口富春茶社生产的魁龙珠茶(图7.4)。

图 7.4 富春茶社的魁龙珠茶简介

第三节　富春茶点的代表性美食
——一品双绝

扬州茶点主要有面条、干丝、淮扬点心等几个系列。各个系列可谓品种繁多，风味独特，有首流传于扬州坊间的顺口溜反映了富春茶点的概况："起个大清早，紧走带慢跑。一路杏花村，一脚到富春。朋友问吃什么好？我把小吃名点表一表：烫干丝，风味高；水晶肴，粉香娇；翡翠烧卖三丁包，蟹黄灌汤小口叼；鸡汤面，彩头浇；酥圆饼，千层糕；芝麻春卷清蒸饺，魁龙珠茶香气飘。"这些富春茶点中，尤以三丁包子、千层油糕、翡翠烧卖最为出名，它们也是富春老店的绝活，富春三丁包被誉为"天下一品"，富春翡翠烧卖和千层油糕被称为"扬州双绝"。

一、天下一品——富春三丁包

富春三丁包子，是由鸡丁、肉丁、笋丁为原料制成的一道扬州传统特色小吃，采用传统发酵方法，面团软中带韧，食不粘牙，口感极佳。正如清人袁枚在《随园食单》中记载的那样："扬州发酵面最佳，手捺之不盈半寸，放松仍隆然而高。"三丁包子馅料中的鸡、肉、笋三种丁必须按照1:2:1的比例搭配，要求鸡丁大、肉丁中、笋丁小，颗粒分明。肉丁选用五花肋条，膘头适中，过肥过精都不好；对鸡

第七章 运河之城的极致饮食——世界级"非遗"富春茶点旧事

肉的要求是肥嫩,一定要选用隔年母鸡;笋则是越新鲜越好,能吃出脆嫩的口感才算合格。三丁包出笼时,必须要挺立笼中,鲫鱼嘴,荸荠鼓,32道褶皱,包子皮吸足了馅心的卤汁,入口松软鲜美。馅心软硬相应,咸中带甜,甜中有脆,油而不腻。(图7.5)

图 7.5 富春包子

扬州还流传着一个有关三丁包的民间故事。传说当年乾隆皇帝下江南,到了扬州以后,特地驾临富春,并提出想吃一种"滋养而不补,味美而不鲜,油香而不腻,松脆而不硬,细嫩而不软"的茶点。富春的厨师们面对乾隆皇帝这个几近苛刻的"命题作文"绞尽脑汁,经过多次试验和品鉴后,达成了选材的共识:针对乾隆皇帝提出的"滋养而不补",选用海参,海参滋养,少用不觉补;针对"味美而不鲜",

271

选用鸡肉,鸡肉味美,少用不觉鲜;针对"油香而不腻",选用猪油,猪油肥香,少用不觉腻;针对"松脆而不硬",选用冬笋,冬笋松脆,少用不觉硬;针对"细嫩而不软",选用虾仁,虾仁细嫩,少用不觉软。于是,富春的厨师们将海参丁、鸡丁、猪肉丁、冬笋丁、虾仁丁混合搅拌而成馅心,再采用传统的手工发面工艺,制作出包子皮,把上述馅料全都包进去,做出一个外形饱满美观,个大而馅多,呈荸荠鼓、鲫鱼嘴形的大包子。乾隆品尝后,赞叹不已,十分满意。后来,富春茶社为了让寻常百姓也能吃到御膳点心,便将五丁大包简化改版为三丁大包。那么,这个有关乾隆皇帝的三丁包传说可信吗?当然不可信,因为乾隆皇帝生活的年代,富春茶社还没有创办,所以乾隆是不可能去富春吃三丁包的。虽然说这个传说有很多演绎和附会的成分,但是故事还是生动形象地反映出三丁包的馅料特点和造型特征,是对三丁包特点的一个很好的概括。

那么富春三丁包子究竟是怎么发明的呢?陈步云回忆道:"富春应市的煨面,制作过程较为复杂,往往累人久等,所以又设计一种白汤面,也就是鸡汤面。白汤面畅销后,每天母鸡消耗量经常在40只左右,鸡汤下了面,而鸡肉、鸡皮等等无法处理,于是我同师傅们研究,将鸡肉切成丁子,外加肉丁和笋丁,做成三丁大包。开始时,食者很少,只好在晚间由店里人、家里人自己受用。不知经过多少时日,三丁大包才逐渐受人欢迎,后来终于成为富春包子的代表。"

正宗三丁大包的取材和制作工艺(按制作15只包子计算)如下:[1]

1. 取猪五花肉100克、熟鸡肉100克、熟冬笋120克,切丁。

---

[1] 胡舰:《富春茶点在扬州饮食文化中的地位与作用》,《南宁职业技术学院学报》2017年第4期,第5页。

2. 炒锅热油，倒入姜葱末 20 克煸香，再放入三丁煸炒，然后加酱油 100 克、绵白糖 70 克、鸡汤 500 克，大火烧沸后再用文火稍焖，入味后再用旺火收汁，待汤汁收至四成时，用湿淀粉 40 克以少量温水调入勾芡调成馅心，稍加翻动后盛起凉透，备用。

3. 取大酵面 150 克于案板上，中间扒一小坑，倒入 9 克食碱溶液，和面，饧面，下 15 个剂子。

4. 包包子，并将包好的包子上笼，旺火沸水蒸约 15 分钟，待包子皮不粘手时即可出笼。

二、扬州双绝——富春千层油糕和翡翠烧卖

1914 年前后，富春茶社聘任了一位绰号"酒大麻子"的黄姓白案厨师，黄师傅创制出翡翠烧卖后，又对传统点心千层油糕制作方法进行了改进和创新，使得这两样茶点大受顾客欢迎，当时就被誉为扬州面点的"双绝"。

翡翠烧卖的馅心是用菜茸做的，因其色碧绿若翡翠，故名翡翠烧卖。据说有一次，社会名流、工商巨头聚会于富春茶社。席间，扬州商会会长提出要吃素馅烧卖。于是，茶社厨师黄师傅便用当地所产"梅岭青菜"，取其叶制茸，以熟猪油、火腿末、绵白糖、食盐拌和成馅，制成烧卖。这几笼绿色馅心的烧卖上桌后，马上被食客一抢而空，翡翠烧卖一炮打响。其实，翡翠烧卖还可根据季节选用不同的青菜做馅心，比如春初用荠菜，仲春用茼蒿、豌豆苗等。翡翠烧卖看起来简单，可制作工序却十分烦琐：将青菜剔净梗茎，只取绿叶，还要用碱水除涩气，然后剁成泥，和以熟猪油、绵白糖、

精盐，点缀以熟火腿末，用极薄的面皮捏成石榴形状。蒸熟时，碧绿透明，色同翡翠。由于采用"要得甜先放盐"的调味手法，口味上采取相辅相承的技巧，糖油重里，盐糖交加，吃起来甜润清香，糖油盈口而不腻口。（图7.6）

图7.6 富春茶点

翡翠烧卖的制作工艺较为复杂，取材和工艺制作（按制作50只烧卖计算）如下：[1]

1. 取青菜叶2 500克，择洗干净后放入沸水锅内，加入食碱25克（保持绿色），焯至三成熟后捞出，用冷水漂洗，凉透，捞出滤除水分，剁碎倒入调馅的容器中，撒上精盐15克拌匀，再放入绵白糖600克搅拌，最后加入熟猪油500克充分拌匀，成为馅心。

2. 取面粉500克放入面缸内，加入沸水150克和面搅拌成半熟面，再加入冷水150克搓揉面团，当面团被揉至软润发光时即可取出，

---

[1] 亦可：《葱绿通透——翡翠烧麦》，《健康生活：下半月》，2011年第9期，第21页。

放置案板上稍饧。

3. 在案板上撒少许面粉,放上饧好的面团搓成长条,下成面剂50个,并将面剂用手逐个拍扁,用两头尖形的擀面杖将面皮擀成中间稍厚、边缘较薄、有折纹并略凸起呈荷叶形的面皮,直径约8厘米(此步骤有一定难度)。

4. 左手托起面皮,挑馅心35克于面皮中间,随即五指合并,包住馅心,五指顶在烧卖坯的四分之一处捏住,形成烧卖的"颈口",让馅心微露,再将烧卖在手心转动一下位置,虎口托住烧卖,用大拇指和食指捏牢"颈口",再在烧卖坯包口上撒上少许火腿蓉,将烧卖放入垫有马尾松针的蒸笼内,间隔摆放,盖上笼盖,用旺火沸水锅蒸4~5分钟,待面皮不粘手时即可出笼。

千层油糕原是福建地区面点品种,富春名厨黄师傅在长期操作实践中,吸取了"千层馒头"的传统制作技艺,为了使千层油糕达到"其白如雪,揭之千层"的效果,采用清肥慢长的起酵方法,面团扦制,糕分64层,层层叠起,中间夹以用糖腌制过的猪油,表层撒以红绿丝,蒸熟切成菱形小块,层次清晰,色泽晶莹,绵软而嫩,甜腻适口。

富春千层油糕和翡翠烧卖作为古今富春的看家经典,一而再、再而三地为老店赢来了不尽殊荣。一百多年的经营实践和执着追求,几代人的不断继承和创新,形成了富春茶点独有的配方和制作工艺,造就了一支技术精湛的面点制作队伍,形成了国家级、省级、市级非遗传承人梯队,今日富春茶点制作技艺已成为我国茶界和餐饮业的翘楚,越发彰显活力和魅力。(图7.7)

图 7.7　富春苹果包

参考资料

1. 邗江县水利志编纂委员会：《邗江县水利志》，江苏人民出版社，1999年。

2. 仪征市博物馆：《仪征出土文物集粹》，文物出版社，2008年。

3. 朱绍侯、张海鹏、齐涛：《中国古代史（新版 上册）》，福建人民出版社，2004年。

4. 〔汉〕司马迁：《史记》，中华书局，1959年。

5. 李智：《扬城宝藏——扬州地区出土文物鉴赏与研究》，上海文艺出版社，2022年。

6. 邗江区文化体育局、邗江政协文史资料委员会：《邗江出土文物精萃》，广陵书社，2005年。

7. 扬州市邗江区文化体育和旅游局：《流光溢彩——邗江文物精萃》，广陵书社，2020年。

8. 王虎华：《瓜洲》，中国文史出版社，2008年。

9. 扬州市邗江区党史地方志办公室：《瓜洲续志》，广陵书社，2021年。

10. 故宫博物院明清档案部：《关于江宁织造曹家档案史料》，中华书局，1975年。

11. 国家清史编纂委员会：《清宫扬州御档》，广陵书社，2010年。

12. 扬州市文物考古研究所：《广陵遗珍——扬州出土文物选粹》，江苏凤凰美术出版社，2018年。

13. 扬州市档案馆、扬州市地方志办公室：《志说扬州运河十二景》，广陵书社，2023年。

14. 孟国祥：《大劫难：日本侵华对中国文化的破坏》，中国社会科学出版社，2005年。

15. 王云霞、胡姗辰、李源：《被掠文物回家路——"二战"被掠文物返还的法律与道德问题》，商务印书馆，2021年。

16. 曾凡英：《中国盐文化第8辑》，中国经济出版社，2015年。

17. 王志敏、韩益之：《介绍江苏仪征发现的几件西周青铜器》，《文物参考资料》，1956年第12期。

18. 张敏：《破山口青铜器三题》，《东南文化》，2002年第6期。

19. 朱国平、王奇志、王正奎：《江苏姜堰天目山西周城址发掘报告》，《考古学报》，2009年第1期。

20. 窦亚平、窦广才：《江苏姜堰天目山西周城址出土青铜块刍议》，《江苏钱币》，2012年第2期。

21. 李则斌、陈刚、盛之翰：《江苏盱眙县大云山汉墓》，《考古》，2012年第7期。

22. 束家平、杭涛、刘刚等：《江苏扬州市曹庄隋炀帝墓》，《考古》，2014年第7期。

23. 白冰：《雷神俑考》，《四川文物》，2006年第6期。

24. 李彭元：《清末民初日本对我国文献资源之掠夺》，《图书馆工作与研究》，1998年第6期。

25. 王云霞:《追索二战期间日本掠夺中国文物:问题与对策》，《文物》，2021年第12期。

26. 韦明铧:《扬州盐宗庙散记》，《江苏地方志》，2007年第3期。

后　记

《扬州运河谈》是我的上一本书《扬城宝藏——扬州地区出土文物鉴赏与研究》姊妹篇，上本书着重从文物鉴定、鉴赏的角度解读历史文化，《扬州运河谈》则更注重讲述扬州运河遗址、遗迹的故事，偏重于宏大叙事，偏重于文献研究。这两本书从2018年开始着手，到今年出版也有7年的时间了，这期间，以梦为马，以汗为泉，常沐三更月，又闻五更鸡，手中徐徐写，头发渐渐稀。所幸，如今都已经成书，对得起自己的辛苦付出，对得起书中讲到的文物和遗迹，亦无大憾也。在此也再次感谢在本书写作和出版过程中给予指导和帮助的老师和朋友们。

最后，我还想用首诗词来结尾，思来想去，也没有什么合适的。最近我和女儿都很喜欢苏东坡，喜欢他的逆境豁达，喜欢他总能在困境中找到自己人生的乐趣，那就用这首苏轼的《定风波》来结尾吧。

　　三月七日，沙湖道中遇雨。雨具先去，同行皆狼狈，余独不觉。已而遂晴，故作此词。

　　莫听穿林打叶声，何妨吟啸且徐行。竹杖芒鞋轻胜马，

后记

谁怕？一蓑烟雨任平生。

料峭春风吹酒醒，微冷，山头斜照却相迎。回首向来萧萧瑟处，归去，也无风雨也无晴。

李 智

2024 年 4 月 29 日于广陵淮海路 33 号